新编21世纪高等职业教育精品教材

婴幼儿托育服务与管理系列

托育服务
政策法规与职业伦理

主　编／黄　鑫　季　宁

副主编／杜彦蝶　王晓燕　姜小燕

参　编／王劭青　张　倩　郑世月　韩卿卿

　　　　申　晨　颜贝贝　张玉杰

中国人民大学出版社

· 北京 ·

图书在版编目（CIP）数据

托育服务政策法规与职业伦理 / 黄鑫，季宁主编
. -- 北京：中国人民大学出版社，2024.10
新编 21 世纪高等职业教育精品教材. 婴幼儿托育服务与管理系列
ISBN 978-7-300-32665-8

Ⅰ. ①托… Ⅱ. ①黄… ②季… Ⅲ. ①学前教育－教育政策－中国－高等职业教育－教材 ②学前教育－教育法－中国－高等职业教育－教材 ③幼教人员－师德－高等职业教育－教材 Ⅳ. ① G61 ② D922.161

中国国家版本馆 CIP 数据核字（2024）第 059071 号

新编 21 世纪高等职业教育精品教材 · 婴幼儿托育服务与管理系列
托育服务政策法规与职业伦理
主　编　黄　鑫　季　宁
副主编　杜彦蝶　王晓燕　姜小燕
参　编　王劭青　张　倩　郑世月
韩卿卿　申　晨　颜贝贝
张玉杰
Tuoyu Fuwu Zhengce Fagui yu Zhiye Lunli

出版发行	中国人民大学出版社		
社　址	北京中关村大街 31 号	邮政编码	100080
电　话	010－62511242（总编室）		010－62511770（质管部）
	010－82501766（邮购部）		010－62514148（门市部）
	010－62515195（发行公司）		010－62515275（盗版举报）
网　址	http://www.crup.com.cn		
经　销	新华书店		
印　刷	北京昌联印刷有限公司		
开　本	787 mm × 1092 mm　1/16	版　次	2024 年 10 月第 1 版
印　张	15	印　次	2024 年 10 月第 1 次印刷
字　数	313 000	定　价	48.00 元

前言

为了贯彻落实《中华人民共和国国民经济和社会发展第十四个五年规划和2035年远景目标纲要》《中华人民共和国职业教育法》《中共中央 国务院关于优化生育政策促进人口长期均衡发展的决定》《国务院办公厅关于促进3岁以下婴幼儿照护服务发展的指导意见》(国办发〔2019〕15号）等要求，加快培养婴幼儿托育服务与管理相关专业人才，发展普惠托育服务体系，深入贯彻以人民为中心的发展思想，在幼有所育、学有所教上持续用力，我们在充分调研托育机构对从事婴幼儿托育服务与管理人才的培养需求的基础上，组织经验丰富的一线教师编写了本教材。

“托育服务政策法规与职业伦理”是婴幼儿托育服务与管理专业的核心课程，是以法学、伦理学、管理学、现代医学、儿童心理学及学前教育学等研究为理论依据，研究婴幼儿托育服务与管理过程中的政策法规与伦理的一门课程。本教材围绕婴幼儿托育服务与管理高素质技能型人才的培养目标，以《中华人民共和国宪法》《中华人民共和国未成年人保护法》《中华人民共和国母婴保健法》《中华人民共和国母婴保健法实施办法》《托儿所幼儿园卫生保健管理办法》等相关法律法规和《国务院办公厅关于促进3岁以下婴幼儿照护服务发展的指导意见》《托育机构设置标准（试行)》《托育机构管理规范（试行)》《托育机构保育指导大纲（试行)》《托育机构婴幼儿伤害预防指南（试行)》《婴幼儿喂养健康教育核心信息》等相关政策文件和专业人才培养方案为指引，以职业院校学生学情为依据，旨在让学生了解婴幼儿托育发展的国家政策，熟悉相关法律法规，掌握并践行托育职业伦理要求，开展托育服务政策法规与职业伦理教育，培养遵纪守法、品德兼修的高素质婴幼儿托育从业人员，使学生树立正确的世界观、人生观和价值观。

全书分为八章：第一章为绪论，概述托育服务政策法规与职业伦理的概念、特点、历史发展以及学习的意义与方法；第二章至第四章分别详述了婴幼儿托育服务政策法规、托育职业法律制度、托育机构管理规范；第五章至第八章分别详述了婴幼儿托育职业伦理、托育人际关系伦理、托育工作任务伦理以及托育职业伦理教育、修养与评价。本教材着眼于高职层次的学生，内容充实丰富、具有可操作性，语言通俗易懂，配以学习目标、案例导入、知识链接和课后习题，具有逻辑性、趣味性和可读性。本教材渗透人文素质教育，以岗位需求为宗旨，满足自主、高效、快捷的学习需求，实用性很强。

本教材教学建议：应针对学情采用灵活多样的教学方式。为了激发学生的学习兴趣、增强学生对相关内容的感性认识，每一章的内容均以案例作为先导，再导出理论知识，这样有利于学生领会理论知识。学生学习时要理论联系实际，注意将所学的知识转化为可操作的技能，培养实践能力和良好的职业法律意识及道德素养。

本教材可供全国高职院校婴幼儿托育服务与管理专业、早期教育专业、学前教育专业及相关专业的师生使用，也可供与托育机构相关的管理者和从业人员参考。

本教材在编写过程中，参考了近年来国内外最新的与婴幼儿托育相关的研究成果，援引了一些教材、专著和权威期刊中的论述，除所列文献外，未尽之处敬请原谅，在此一并表示衷心的感谢。

尽管我们很努力，但由于学术水平和时间有限，书中的错误和疏漏之处在所难免，恳请各位同行和广大读者批评指正，以便今后修改并完善。

编　者

目录

第一章 绪　论

学习目标

知识目标

1. 理解托育、政策法规、伦理、托育服务政策法规与职业伦理的概念、特点；
2. 了解托育服务政策法规与职业伦理的历史发展；
3. 理解托育服务政策法规与职业伦理的意义和方法。

能力目标

1. 掌握学习托育服务政策法规与职业伦理的方法；
2. 能够理论联系实际，提升自身托育服务法律素养与伦理素养。

素养目标

了解国内托育服务政策法规与职业伦理规范，坚定贯彻执行党和国家有关托育服务的大政方针。

案例导入

倔强的幼儿

某托育机构，午餐时间，大多数小朋友坐在餐桌旁津津有味地吃着午餐，2 岁幼儿李某某却对眼前的食物一脸嫌弃，摆出一副不想吃的模样，并不断吵闹，这时托育工作人员王某及时来到李某某的身旁，对其进行情绪安抚，引导孩子安静进餐，但效果不佳，李某某继续哭闹，同时也引起了身边其他小朋友的哭闹，场面一时出现混乱。

问题：面对这种情况，作为一名托育工作人员，应该如何应对？

第一节 概述

一、托育

（一）概念

托育是指托付别人代为养育照顾，它通常是指由婴幼儿的法定监护人之外的人，也就是父母或直系亲属之外的人，在特定时间内的一种持续不断的养育照顾行为。广义上讲，是父母把婴幼儿交给别人抚养教育；狭义上讲，是将婴幼儿交给托育机构抚养和教育。

我们所讲的托育即是狭义的概念，是指 0 ～ 3 岁婴幼儿的法定监护人将婴幼儿托付给托育机构，托育机构以小团体机构式的集体科学养育模式进行抚养和教育，为家长提供的一项代为养育婴幼儿的服务。

托育是“托 + 育”的结合体，主要包括照护、养育以及潜能激发和早期启蒙教育，为 0 ～ 3 岁婴幼儿提供个性化成长方案；还包括家庭式照看、祖辈或保姆照看、临时照护点照看等，以养育照顾为主，能使婴幼儿父母可以更好地平衡工作与家庭。

“托”主要是指照顾、维护婴幼儿的健康。健康的内涵十分广泛，有身体方面的，也有心理方面的，还有社会方面的。身体方面的包括预防疾病，加强营养和锻炼，使婴幼儿有健康的体魄；心理方面的是指培养婴幼儿良好的情绪，注重其健康、积极的情感培育；社会方面的是指培养婴幼儿探索环境、适应社会的能力，同时还要培养婴幼儿良好的交往能力，使婴幼儿不仅有与他人交往的勇气，而且掌握与他人交往的技巧。以前我们更多的是重视婴幼儿身体上的健康，而忽视了婴幼儿心理和社会方面的健康，致使一些婴幼儿情绪不高、波动大，封闭、孤僻，不知道如何与他人交往，这是不能称之为健康的。

“育”主要是指按照体、智、德、美的要求，有目的、有计划地对婴幼儿进行全面发展的教育。如合理安排婴幼儿的饮食、睡眠，帮助他们养成良好的生活习惯；传授知识经验，发展其智力、语言及社会适应能力；培养积极的情感和良好的个性品质。托育具有不同于幼儿园、中小学的特殊性，要从婴幼儿的年龄特点与能力需要出发，加以组织安排。有人认为，托育、幼儿园时期还谈不上素质教育，素质教育应从小学开始。这种观点是十分错误的。促进婴幼儿全面发展、培养高素质的人才是每个托育工作人员义不容辞的责任。

（二）特点

1. 服务对象特殊

托育服务的对象是 0 ～ 3 岁婴幼儿。0 ～ 3 岁这个阶段是个体在生理、心理、社会适应能力等方面最孱弱的阶段，同时也是自出生以后个体的体格、神经和心理发育最迅速的黄金期。一般来说，婴幼儿在 3 岁以前脑力发育速度最快。大部分新生儿脑重为 350 余克，12 个月后已经接近成人的五分之三，24 个月时约占成人的四分之三，到 36 个月时，已几乎如成人的一般。脑科学、教育学等多个学科的实证科学分析也证实，3 岁前这段时间是婴幼儿智力发育、语言习得、情感认知的关键期。美国心理学家本杰明·布鲁姆认为，儿童的心智发展具有一定的规律性，影响其发展的关键因素是 0 ～ 3 岁年龄段的经历。蒙台梭利认为，0 ～ 3 岁婴幼儿的心智具有无意识的吸收性，3 岁之前婴幼儿的语言发展不完全，无法良好表达自身的真实想法，需要成人借助分析来帮助婴幼儿完成他的意愿。

知识链接

0 ～ 3 岁婴幼儿的发展特点

0 ～ 3 岁婴幼儿在语言、知觉、心理三个层面展示出与其他年龄段不同的独有特点。

1. 语言方面

0 ～ 1 岁的婴儿注重于听，从听逐渐过渡到说，但也只是牙牙学语；1 ～ 2 岁的幼儿，经过了一年的准备和积淀，迎来说话的高峰期，在这期间，幼儿非常乐于说话，并且能够从简单的模仿过渡到理解，再过渡到自己去表达，幼儿在表达的过程中会积累自己的词汇量，但是幼儿明白的会比说的更多，因为此时幼儿的表达能力还受限制；2 ～ 3 岁的幼儿基本掌握了语言，能够用语言表达自己的想法，也越来越会表达。

2. 知觉方面

0 ～ 3 岁是知觉能力快速发展的时期。婴儿在 1 个月的时候就喜欢注视眼前的东西；在 3 个月左右的时候已经可以认识简单的图形了，会有闭眼等反应；1 岁时可以感知大小；2 岁左右开始对物体有大小、形状等的概念；3 岁时已经能够区分多种物体了。

3. 心理方面

0 ～ 2 岁是婴幼儿逐渐建立起对外在世界信任的时期。刚出生的婴儿，对一切都感到十分陌生，他们通过感官去感受家人的热情并以此来确立自己可以依靠的人，从而增加对外在世界的信任，获得足够的安全感，在这个阶段，家长需要给予孩子足够的爱；2～3岁的幼儿，无论是在知觉、语言还是在感觉方面都有了发展并产生了自己的想法，不再只依靠父母或者其他外部个体，他们也开始追求小的独立，因此2～3岁的幼儿是比较调皮的，他们开始证明自己；3岁的幼儿开始以自我为中心，喜欢站在自己的角度思考问题，在这个阶段，要注重教育幼儿学会分享。总之，0～3岁是婴幼儿心理发展最快的阶段，家长和托育工作者要利用好此阶段促进婴幼儿的心理向着稳定、健康的方向发展，假如错过了这个时间段抑或是婴幼儿在此阶段没有得到有益的刺激，那么便很难获得或者难以达到理想的心理发展水平。

为此，在托育工作中，托育工作人员要具体问题具体分析，根据0～3岁这个阶段婴幼儿生理、语言、知觉、心理、社会适应能力等方面的不同特点，针对婴幼儿个体开展有针对性的托育工作。

2. 服务内容特殊

托育是“托+育”的结合体，主要是对0～3岁婴幼儿进行看护与养护，通过游戏、小社团的融入、情感培养等方式促进婴幼儿身体发育和动作、认知、语言、社会性与情感等的发展。

3. 服务时间特殊

托育不同于早教、学前教育、小学教育等，它是为0～3岁婴幼儿提供全日托、半日托、计时托、临时托等托育服务，服务时间全天候，灵活多变。

二、政策法规

（一）政策

1. 概念

政策是指国家政权机关、政党组织或者其他社会政治集团为了实现自己所代表的阶级、阶层的利益与意志，以权威形式，标准化地规定在一定的历史时期内应该达到的奋斗目标、遵循的行动准则、完成的明确任务、实行的工作方式、采取的一般步骤和具体措施。简而言之，政策是国家或者政党为了实现一定历史时期的路线和任务而制定的国家机关或者政党组织的行动准则。政策的实质是阶级利益的观念化、主体化、实践化反映。

国家层面的政策，一般分为对内与对外两大部分。对内政策包括财政经济政策、文化教育政策、军事政策、劳动政策、宗教政策、民族政策等。对外政策即外交政策。

2. 特点

（1）阶级性。这是政策的根本特点。在阶级社会中，政策只代表特定阶级的利益，从来不代表全体社会成员的利益、不反映所有人的意志。

（2）时效性。政策是在一定时间内的历史条件和国情条件下推行的现实政策。

（3）表述性。就表现形态而言，政策不是物质实体，而是外化为符号表达的观念和信息，用语言和文字等表达手段进行表述。

（二）法规

1. 概念

法规是指国家机关制定的法律、法令、条例、规则和章程等的总称，是法律效力相对低于宪法和其他法律的规范性法定文件。"法规"一般用"条例""规定""规则""办法"等称谓。

2. 形式

法规主要有如下三种形式：一是由国务院及其所属政府部门根据宪法和法律规定而制定和颁布的行政法规，也称行政规章；二是由省、自治区、直辖市的人大及其常委会根据本行政区域的具体情况和实际需要制定和颁布的地方性法规；三是较大的市（省会、首府）与设区的市、自治州的人大及其常委会制定的地方性法规（须报省、自治区人大常委会批准后施行）。

三、伦理与道德

（一）伦理

"伦理"一词最早是作为两个词运用的，《说文解字》解释说："伦，辈也。从人，仑声。一曰道也。"在这里，"伦"即人伦，指人的血缘辈分关系，后引申为人与人之间的关系。孟子的"父子有亲，君臣有义，夫妇有别，长幼有序，朋友有信"指的就是人和人之间最重要的五种关系。"理，治玉也。从玉，里声。"治玉，是指整理玉石的纹路，后引申为事物的条理、道理和规则。汉语中两者连用即"伦理"，最早见于春秋战国时期的《礼记·乐记》，其中说："凡音者，生于人心者也。乐者，通伦理者也。"伦理就其字面意思来说，就是人伦之理。在西方文化史中，"伦理（ethics）"一词源于古希腊文（ethos），原意为公共场所和驻地，后引申为习俗、风尚、性格、思想方式等意。综上所述，伦理是指调节和规范人与人之间、人与社会之间关系的行为规范的总和。

（二）道德

"道德"一词在中国历史上最早是分开使用的。"道"表示人人涉足、四通八达的街道或道路，引申为事物的变化发展规律或做人的规矩和道理，包括规律、合理、正当、理想、方法、通达等；"德"是指依据一定的原则去行动而有所得，有品质、德行的意思。"道德"一词具有风俗习惯所沿袭下来的人与人之间的行为原则和规范之意，也包含个人思想品质的修养。《辞海》里对“道德”的解释为：道德是社会意识形态之一，是以善恶评价的方式调节人际关系的行为规范和人类自我完善的一种社会价值形态。道德由一定的社会经济基础所决定，并为一定的社会经济基础服务。道德往往代表着社会的正面价值取向，起着判断行为正当与否的作用。道德是人们长期社会实践的产物。道德同政治、法律、文化、宗教等一样，同属于上层建筑，因而也是由经济基础决定的，这是道德的一般本质。

综上所述，道德是指由一定的社会经济关系决定的，是依靠社会舆论、传统习俗和内心信念来维系的，用善恶作为评价标准，用以调整人们之间以及个人与社会之间关系的心理意识、原则规范和行为活动的总和。道德的基本问题就是个人利益与他人利益、集体利益、社会利益的关系问题。

“道德”和“伦理”这两个概念在中国现代汉语中的词义基本相同，在西方文化史中，道德和伦理在原意上也相近。它们都是以人与人之间的关系为研究对象，都是探讨人的行为的善恶标准，都是用来规范人的行为的准则，故人们常把它们作同义词使用。但在严格的科学论述中，两者应有所区别。道德是指道德现象，是具体的、个别的、特殊的，主要是指人们的行为规范、相互责任与义务，如规章制度、守则公约、作风纪律、标语口号等；伦理是道德现象的理论概括、总结，是抽象的、共性的、普遍的，主要探讨社会实践领域中的道德悖论和道德冲突，即人们所面临的价值观念冲突，或对现有道德规范的两难选择。

综上所述，伦理与道德在本质上是相通的。道德是伦理的基础；伦理是对道德的抽象概括。道德更多地强调义务、责任，重视主观、内在与个人状况；而伦理更多地强调价值、冲突、立场，注重客观、外在与社会状况。因此，人们把研究道德的哲学称为伦理学。

（三）伦理学

伦理学作为一个学科，最早创设于公元前 4 世纪的西方。古希腊哲学家亚里士多德命名了“伦理学”这个学科，并在雅典的学园里系统讲授伦理学，留下了《尼各马可伦理学》等三部著作。中国的伦理学研究，早在先秦诸子百家时就已开展。伦理学是以道德现象作为研究对象的科学，即研究道德的起源、本质、作用及发展规律的科学，或者说它是对道德现象的哲学思考，因而伦理学又称道德哲学。

亚里士多德

伦理学以道德作为研究对象，系统化、理论化地阐述道德的起源、本质及社会作用，阐述一定社会的道德核心、道德原则、规范和范畴，并提出相应的道德要求，阐述达到一定道德水平所要开展的道德实践活动。其目的在于规范人们的社会行为，形成适应一定社会、阶级、阶层所需要的道德风尚和精神文明，以稳定社会秩序，巩固一定的经济关系。

伦理学的基本问题是道德和利益的关系问题。这一问题包括两个方面的内容：其一，是经济利益决定道德还是道德决定经济利益，以及道德对社会经济有无反作用的问题。马克思主义认为道德是社会历史的产物，是一定社会经济关系的反映，在人类道德生活领域中，作为经济关系的直接表现，利益是第一位的，而反映利益关系的道德是第二位的，利益决定道德，而道德又反作用于利益。其二，是道德如何反映和调节个人利益和社会整体利益关系的问题，即个人利益服从社会整体利益还是社会整体利益服从个人利益的问题。对这一问题进行不同回答，就形成了不同的道德体系及相应的原则和规范，也规定着不同道德活动的标准、方法和方向。

四、托育服务政策法规与职业伦理

（一）托育服务政策法规

1. 概念

托育政策是指国家、地方为了实现中国特色社会主义新时代百年奋斗目标之民生新进展路线和“幼有所育”任务而制定的行动准则、标准与指导意见。

托育法规是指由国家立法机关依据宪法和法律的规定而制定或认可的用来调整一切托育关系的行为规范的总和。

托育服务政策法规实际上由托育政策与托育法规构成，它们之间既相互联系又相互区别。在托育服务政策法规体系中，大量存在的是托育法规，它在托育工作实践中，特别是在构建和谐托育关系、实现“幼有所育”、补齐民生短板，最终实现坚持儿童优先、保障婴幼儿安全、促进婴幼儿健康成长方面，起着非常重要的保障作用。

2. 种类

（1）托育政策。

2017 年 10 月 18 日，党的十九大报告提出必须取得新进展（幼有所育、学有所教、劳有所得、病有所医、老有所养、住有所居、弱有所扶）7 项民生要求中，“幼有所育”摆在首位，作为补齐民生短板的重要内容，国家着力强调要在此方面不断取得新进展。

2018 年 3 月 5 日，第十三届全国人大一次会议开幕式上，国务院总理李克强在对 2018 年政府工作的建议中提到：要多渠道增加学前教育资源供给，重视对幼儿教师的关心和培养，运用互联网等信息化手段对儿童托育中育儿过程加强监管，一定要让家长放心安心。

2018 年 4 月，上海市出台“1+2”文件（《关于促进和加强本市 3 岁以下幼儿托育服务工作的指导意见》《上海市 3 岁以下幼儿托育机构管理暂行办法》《上海市 3 岁以下托儿托育机构设置标准（试行）》）。文件强调：政府引导，家庭为主，多方参与；鼓励社会组织、企业、事业单位或个人举办托育服务机构；面向 3 岁以下幼儿尤其是 2 ～ 3 岁幼儿实施保育为主、教养融合的婴幼儿照护的全日制、半日制、计时制机构。

2018年11月，安徽省淮北市人民政府出台《关于促进和加强3岁以下婴幼儿照护服务工作的指导意见》。

2018年12月3日，四川省印发《关于加快推进3岁以下婴幼儿托育服务发展的实施意见》的通知，提出要以“坚持家庭为主，托养结合”为原则，做好3岁以下婴幼儿托育服务工作，并明确卫生计生部门是3岁以下婴幼儿托育服务的主管部门。

2019年3月5日，第十三届全国人民代表大会第二次会议在人民大会堂开幕，国务院总理李克强指出：婴幼儿照护事关千家万户，要针对实施全面两孩政策后的新情况，加快发展多种形式的婴幼儿照护服务，支持社会力量兴办托育服务机构，加强儿童安全保障。

知识链接

《关于促进3岁以下婴幼儿照护服务发展的指导意见》

2019年4月，国务院办公厅印发《关于促进3岁以下婴幼儿照护服务发展的指导意见》，提出三个主要任务：

一是加强对家庭婴幼儿照护的支持和指导；

二是加大对社区婴幼儿照护服务的支持力度；

三是规范发展多种形式的婴幼儿照护服务机构。

这是首次由国务院正式出台文件，从国家角度来加快托育事业的发展，可见国家支持托育事业的态度，也为社会力量全面进入托育行业打了一针强心剂。

该指导意见对推动婴幼儿照护服务高质量发展提出明确要求：

1. 建立健全婴幼儿照护服务机构备案登记制度、信息公示制度和质量评估制度，制定机构设置标准和管理规范，推动婴幼儿照护服务专业化、规范化。

2. 通过采取提供场地、减免租金等政策措施，支持社会力量开展婴幼儿照护服务。

3. 加快培育婴幼儿照护相关专业人才。高等院校和职业院校（含技工院校）要根据需求开设婴幼儿照护相关专业，合理确定招生规模、课程设置和教学内容，将安全照护等知识和能力纳入教学内容。

4. 强化地方政府的主要责任和部门监管责任，要“依法逐步实行工作人员职业资格准入制度，对虐童等行为零容忍，对相关个人和直接管理人员实行终身禁入”。

2019年5月29日，李克强总理主持召开国务院常务会议指出，按照《政府工作报告》部署，以社区为基本依托，加快发展养老、托幼、家政等服务业，是改善民生、应对人口老龄化、支撑实施全面二孩政策的重要举措，有利于较大力度增加就业、扩大服务消费促内需、推动社会合理分工和经济转型升级。会议决定加大对养老、托幼、家政等社区家庭服务业的税费政策优惠。

2019 年 6 月 28 日，国家六部委发布《关于养老、托育、家政等社区家庭服务业税费优惠政策的公告》。

2019 年 7 月 1 日，湖北省卫健委印发《关于开展促进 3 岁以下婴幼儿照护服务发展示范试点工作的通知》，决定开展促进 3 岁以下婴幼儿照护服务发展示范试点工作，力争 2020 年在全省建成一批具有示范效应的婴幼儿照护服务机构，初步满足人民群众的婴幼儿照护服务需求。

2019 年 8 月 7 日，中国银保监会发布《关于推动银行业保险业支持养老、家政、幼托等社区家庭服务业发展的试点方案》。

2019 年 8 月 16 日，江西省南昌市发布《南昌市开展 3 岁以下婴幼儿照护服务机构建设试点的实施方案》，在西湖区（省级试点）、东湖区、青山湖区、经济技术开发区四个基础条件较好的县区，率先启动规范化的婴幼儿照护服务机构建设示范试点工作。

2019 年 9 月 26 日，青海省人民政府发布《关于促进 3 岁以下婴幼儿照护服务发展的实施意见》。

2019 年 10 月 9 日，国家发改委和国家卫健委联合发布《支持社会力量发展普惠托育服务专项行动实施方案（试行）》的通知，方案明确了示范托育机构每个托位补贴 1 万元。

2019 年 10 月 29 日，吉林省人民政府发布《关于促进 3 岁以下婴幼儿照护服务发展的实施意见》。

2019 年是托育元年，2020 年各地托育机构呈爆发式增长，随着国家和地方相关政策逐步落地，越来越多的托育机构进入市场，托育机构迎来黄金发展期。

2020 年 4 月 26 日，山东省人民政府发布《关于促进 3 岁以下婴幼儿照护服务发展的实施意见》。

2022 年 10 月 16 日，习近平总书记在党的二十大报告中指出：“我们深入贯彻以人民为中心的发展思想，在幼有所育、学有所教、劳有所得、病有所医、老有所养、住有所居、弱有所扶上持续用力，人民生活全方位改善……建成世界上规模最大的教育体系、社会保障体系、医疗卫生体系……人民群众获得感、幸福感、安全感更加充实、更有保障、更可持续，共同富裕取得新成效。”“我们要实现好、维护好、发展好最广大人民根本利益，紧紧抓住人民最关心最直接最现实的利益问题，坚持尽力而为、量力而行，深入群众、深入基层，采取更多惠民生、暖民心举措，着力解决好人民群众急难愁盼问题，健全基本公共服务体系，提高公共服务水平，增强均衡性和可及性，扎实推进共同富裕。”

（2）托育法规。

2019 年 12 月 19 日，国家卫生健康委办公厅、中央编办综合局、民政部办公厅、市场监管总局办公厅联合发布《托育机构登记和备案办法（试行）》，自印发之日起施行。这对指导各地做好工作，推动建立健全备案登记、信息公示等制度，加强托育机构监督管理，促进婴幼儿照护服务高质量发展具有重要意义。

知识链接

《托育机构登记和备案办法（试行）》

第一条　为贯彻落实《国务院办公厅关于促进3岁以下婴幼儿照护服务发展的指导意见》（国办发〔2019〕15号）精神，规范托育机构的登记和备案管理，依据《国家卫生健康委关于印发托育机构设置标准（试行）和托育机构管理规范（试行）的通知》（国卫人口发〔2019〕58号）及相关规定，制定本办法。

第二条　本办法适用于为3岁以下婴幼儿提供全日托、半日托、计时托、临时托等服务的托育机构。

第三条　举办托育机构的，应当按照本办法规定办理登记和备案。

法律、行政法规另有规定的，依照有关规定执行。

第四条　举办事业单位性质的托育机构的，向县级以上机构编制部门申请审批和登记。

举办社会服务机构性质的托育机构的，向县级以上民政部门申请注册登记。

举办营利性托育机构的，向县级以上市场监督管理部门申请注册登记。

第五条　托育机构申请登记时，应当在业务范围（或经营范围）中明确托育服务内容。

托育机构申请登记的名称中可包含“托育”字样。

第六条　登记机关应当及时将托育机构登记信息通过共享、交换等方式推送至同级卫生健康部门。

第七条　县级卫生健康部门负责辖区内已登记托育机构的备案。

第八条　托育机构应当及时向机构所在地的县级卫生健康部门备案，登录托育机构备案信息系统，在线填写托育机构备案书、备案承诺书，并提交以下材料扫描件：

（一）营业执照或其他法人登记证书；

（二）托育机构场地证明；

（三）托育机构工作人员专业资格证明及健康合格证明；

（四）评价为“合格”的《托幼机构卫生评价报告》；

（五）消防安全检查合格证明；

（六）法律法规规定的其他相关材料。

提供餐饮服务的，应当提交《食品经营许可证》。

第九条 卫生健康部门在收到托育机构备案材料后，应当在5个工作日内提供备案回执和托育机构基本条件告知书。

卫生健康部门发现托育机构备案内容不符合设置标准和管理规范的，应当自接收备案材料之日起15个工作日内通知备案机构，说明理由并向社会公开。

第十条 托育机构变更登记、注销登记后，应当及时登录托育机构备案信息系统向卫生健康部门变更备案信息或报送注销信息。

第十一条 卫生健康、编制、民政、市场监管等部门应当将托育服务有关政策规定、托育机构登记和备案要求、托育机构有关信息在官方网站公开，接受社会查询和监督。

第十二条 省级卫生健康、编制、民政、市场监管部门可结合当地实际情况制定实施细则。

第十三条 本办法自印发之日起施行。

2019年10月8日，国家卫生健康委组织制定并发布了《托育机构设置标准（试行）》和《托育机构管理规范（试行）》。托育机构的设置标准和管理规范的制定发布对于加强托育机构专业化、规范化、法治化建设与管理，促进婴幼儿照护服务高质量发展具有重要意义。

（二）托育职业伦理

1. 概念

托育职业伦理是指调整托育活动中人与人、人与社会及人与自然之间关系的行为规范的总和。托育职业伦理由托育职业态度、托育职业理想、托育职业责任、托育职业技能、托育职业纪律、托育职业良心、托育职业荣誉和托育职业作风八个要素构成。

托育职业伦理也称托育职业道德，是社会一般道德在托育实践领域中的特殊体现，是在托育实践中形成的，以善恶作为评价标准，用来约束、规范托育工作人员的行为，是调整托育实践中的各种道德关系，引导托育工作人员人格完善的行为准则和行为规范的总和。

2. 特点

托育职业伦理本质上就是托育工作人员的职业道德，它不仅具有职业道德的一般特征，也具有其特殊性，具体如下：

（1）托育工作的角色多重性。托育是“托＋育”的结合体，主要包括照护、养育以及潜能激发和早期启蒙教育，为0～3岁婴幼儿提供个性化成长方案。这就决定了托育工作人员在工作中需要扮演父母或者监护人与教师的双重角色，甚至扮演包括朋友在内的多重角色。多重角色决定了多重责任、多重职业伦理要求与职业道德规范要求。

（2）托育工作的严谨性。托育工作的严谨性、科学性要求托育工作人员必须以托育科学理论为指导，严格执行婴幼儿照护操作规程，准确执行婴幼儿早期启蒙教育理论要求。托育工作人员是否严格遵守托育工作制度，认真细心做好各项托育工作，做到准确、及时、无误，直接关系托育工作质量，关系婴幼儿身体发育、动作、语言、认知、情感与社会性等方面是否全面发展，具有重要的基础性作用。

（3）托育工作的慎独性。托育工作人员的服务对象是 0 ～ 3 岁的婴幼儿，这个阶段是个体在生理、心理、社会适应等方面最孱弱的阶段。0 ～ 3 岁婴幼儿的心智具有无意识的吸收性，婴幼儿语言发展未完全，无法良好表达自身的真实想法，需要成人借助分析来帮助婴幼儿完成他的意愿。这就要求托育工作人员具有高度自觉性，在没有外部监督的情况下，守住自己的职业道德信念，严格按照托育道德要求行动，达到“慎独”的最高职业道德境界，做一个优秀的托育工作人员。

（4）托育工作的耐心性。由于在 3 岁之前婴幼儿语言发展未完全，无法良好表达自身真实想法，因而托育工作人员在对 0 ～ 3 岁婴幼儿进行照护、养育和早期启蒙教育过程中要有极大的耐心与之沟通交流，要有母亲般的包容之心。

第二节　托育服务政策法规与职业伦理的历史发展

托育服务政策法规与职业伦理是人类社会实践长期发展的产物，是人类文明史上的璀璨明珠。为了进一步认识托育服务政策法规与职业伦理的本质和特征，我们有必要回顾一下它们的发展历程，弄清托育服务政策法规与职业伦理发展的脉络，探索它们的发展规律。

一、国外托育服务政策法规与职业伦理的历史发展

（一）国外托育服务政策法规的历史发展

真正意义上的托育机构或托育组织起源于西方，而现代意义上的托育机构则是伴随着工业革命和妇女解放运动的兴起才开始在西方出现，与之相应的托育服务政策法规也随之诞生与发展。

英国的托育服务起步较早，中世纪时期教会与慈善团体扮演着照顾失孤儿童的重要角色。在第二次世界大战期间，妇女跟随战士上战场或为了增加家中经济来源外出务工，民间兴起的托育机构解决了家中无人照顾幼儿的问题。战争结束后，社会上兴

起了一股托育服务思潮，人们开始重视婴幼儿早期教育，政府出台了一系列的政策法规和标准，形成了 0 ～ 5 岁儿童保育教育的统一体系。2008 年 9 月，英国颁布新的早期基础教育体系（Early Years Foundation Stage，EYFS），并纳入英格兰《儿童保育法案》（Childcare Act 2006），以此促进 0 ～ 5 岁学前儿童早教水平，促进婴幼儿发展，为婴幼儿未来学习和生活打下坚实的基础。EYFS 体系包含 7 个学习领域、28 项早期教育目标、117 个评价标准，并依此对所有的托幼机构进行统一评估。重视对婴幼儿的教育经验和学前教育，并为了满足婴幼儿托育照顾的需求，教育部门在英国各地普设托育中心、儿童中心并提供全日制的托育照顾、时段制托育、课后照顾等。高品质的学前教育环境和托育对婴幼儿的教育和学习效果有显著的影响。英国政府 2017 年起为所有 2 岁儿童提供每年 600 小时的免费教育，并将 3 岁儿童的免费教育时间增至每周 30 个小时。

美国政府对于婴幼儿早期教育同样很重视，先后出台了一些法律法规，以保证婴幼儿从出生起接受正规的教育，特别是来自低收入家庭的学龄前儿童。创立于 1964 年的美国幼儿教育协会（National Association for the Education of Young Children，NAEYC）是美国幼儿教育的权威机构，在 20 世纪 80 ～ 90 年代，协会推进了婴幼儿早期教育标准的制定。1979 年，美国国会通过《儿童保育法》；1981 年，美国密苏里州教育部门创办了“父母即老师”的家教项目，已将项目推广至全美 47 个州；1988 年，美国教育部推出《平等开端计划》(Even Start Program)；2002 年，布什总统签署了《不让一个儿童落后法》(No Child Left Behind Act)。经过几十年的发展，美国的托育市场发展得比较成熟，每个州都会对各类日托班的标准有立法要求。

1975 年瑞典颁布了《学前学校法》，规定地方政府有完善公立托幼体系的责任，1 ～ 5 岁婴幼儿的托幼服务由市政部门提供，国家教育署统一管理，托育机构以公立为主，兼有家庭日托所等多种形式，全年、全日开放，照护时间灵活，体现出托育服务旨在减轻家长负担、提供妇女就业、促进妇女发展的服务定位；1969 年，以色列创立了“学前儿童家长指导项目”；1977 年，美国的“零到三”作为一个国家非营利组织成立，通过家访项目评估，为家长、政策制定者和教育者提供信息支持；日本推行免费托育的人口政策，并为社会全体 3 岁幼儿以及 2 岁以下贫困家庭婴幼儿提供免费教育；法国政府自 2004 年开始实施“托儿所计划”，举办 0 ～ 3 岁托儿所的企业可以获得免税优惠政策；2017 年，巴西投入 10 亿美元预算发展“快乐儿童项目”，对贫困家庭 0 ～ 3 岁婴幼儿开展家访，综合了来自健康、社会福利、教育、司法和文化等各部门的行动，以支持儿童早期发展。

进入新时代，西方国家与社会越来越重视婴幼儿早期教育发展，把托育服务视为政府责任的一部分，投入资金，制定相关的规章和法规，从托育机构的标准、课程设置、教学内容和软硬件设施等方面推动早期教育的发展；同时，还鼓励企业和家庭、社区广泛参与，提供多样化托育服务，婴幼儿早期教育正在经历从看护向教育的拓展。在经济合作与发展组织（OECD）的成员中，约1/3的0～3岁婴幼儿受到不同形式的正式照料。

（二）国外托育职业伦理的历史发展

早期的西方托育职业伦理思想多发端于古希腊、古罗马时期的师德思想，例如柏拉图（Plato）认为由教师对儿童进行经常监督，必须使儿童服从教师，如果儿童不服从就进行威胁和殴打；对于儿童游戏也要强调纪律，认为如果游戏中缺乏纪律，儿童随后在生活中就会效仿，再要求他们长大后成为严肃而守法的人是绝无可能了。亚里士多德（Aristotle）提倡"习惯成自然"，认为教师必须在学习、品德、人格、习惯上为学生树立良好的榜样，为人师表。昆体良（Quintilianus）认为教师必须在道德上是值得学习的榜样，既不能允许学生失德，更不能允许自己失德；教师要以父母般的感情对待自己的学生，既爱护备至，又严格要求。

到了文艺复兴时期，西方教育思想家崇尚自由精神，强调发展儿童的积极性和独立性，激发儿童的创造性，反对教师的权威主义和对学生的体罚。例如维夫斯（Vives）提出教师要尊重儿童，"没有比教师用残酷和威胁、发怒、鞭打要求儿童做这做那更为愚蠢的了。"伊拉斯谟（Erasmus）强调教师要关心儿童的身心发展，尊重儿童的个性，鼓励与严厉并重，在对学生有深入了解的基础上，说服教育学生。夸美纽斯（Comenius）强调家庭是儿童的第一所学校，父母是儿童的第一位老师，儿童是使我们不忘谦逊、和蔼、仁慈、协调等美德的镜子；认为对儿童的教育应当遵循儿童的自然性原则，教育内容要由简到繁，从感觉（看、听、尝、触）训练到宗教信仰的培养，形成梯度，循序渐进；教育方法应简单灵活，易于操作；要重视对儿童的道德培养，从饮食起居一直到宗教礼仪，要求合理得当。

18世纪，意大利为了宣扬宗教主张，推动宗教在社会中的发展、传播，由神父创立教徒家庭儿童看护所，解决教徒参加宗教活动的后顾之忧，因而带有明显的宗教色彩和慈善性质。这时期的西方托育职业伦理多具有宗教色彩，例如托马斯·阿奎那（Thomas Aquinas）强调教学过程中学生的个体差异性，认为教师应当充分考虑到学生的心智活动状况和学生的个人经验以及接受知识的能力，努力调动学生的积极性，激发学生的思考，避免盲目地向学生灌输知识。安瑟伦强调教育应当解放儿童的心智，赋予其自由，实现全面自由发展，而不是禁锢儿童的思想，用条条框框束缚他们的自由，摧毁他们的身心。

1837年，福禄贝尔（Fröbel）在勃兰根堡创办了一所发展儿童活动本能和自发活动的机构，即儿童游戏活动学校，招收3～7岁儿童，并运用自己在数学和建筑学方面的专长，为儿童设计了6套玩具，称为恩物，以球、立方体和圆柱体为基本形态，供儿童触摸、抓握。1840年，他为这个机构创造了一个新词——幼儿园。同时，他在欧洲首先给了妇女专业位置——幼儿园教师。近代美国，为了维护和加强富人阶层与穷人阶层的隔离，出现了名义上的托育机构和托育组织，为了保护富人阶层家庭的孩子免于接触贫穷，以照顾贫穷儿童为名设立了“中途之家”。近代西方托育职业伦理思想强调教师要顺应儿童成长的层次性、规律性组织教学活动，顺应儿童的身心发展进行教育，培养学生在德、智、体各方面的能力。例如裴斯泰洛齐（Pestalozzi）认为教师要引导学生向善，激发他们纯洁的、高尚的道德情感，使学生认识到善，具有纯净的心灵，要依照自然法则发展儿童道德、智慧和身体各方面的能力，并均衡发展。卢梭（Rousseau）认为儿童自然自由地发展就像植物生长发育那样，教师要像园丁一样照顾托育儿童，给儿童提供一个自我开拓心灵的空间。福禄贝尔认为，游戏是儿童的内在本能，尤其是活动本能的自发表现，因而对儿童的教育不应加以束缚、压制，也不应拔苗助长，而是应当顺应其本性，满足其本能的需要，如同园丁顺应植物的本性，给植物施以肥料，配合以合适的日照、温度。

福禄贝尔

伴随着工业革命和妇女解放运动的兴起与影响，现代意义上的托育机构开始在西方出现，目的在于代替妇女照顾婴幼儿，承接其托育工作，增加妇女就业机会，同时增进儿童的生活及发展经验。到 20 世纪二三十年代，西方社会开始出现由国家运行或是由国家补贴的公立托育机构，并在公立小学中开设幼儿团体托育服务。20 世纪 60 年代中期，为了满足工薪家庭日益增长的托育需求，各种日托、半日托机构如雨后春笋般不断涌现。现代西方托育职业伦理强调儿童中心、群体养育，例如杜威（Dewey）提出了著名的“儿童中心说”，认为教育就是儿童生活的过程，而不是将来生活的预备，教育就是要给儿童提供保证其成长或充分生活的条件；儿童的发展就是原始的本能生长的过程，教育不是把外面的东西强迫儿童去吸收，而是要使人类与生俱来的能力得以发展，反对把从外面强加的目的作为儿童成长的正式目标；强调为适应新民主主义教育的要求，教师必须有渊博的知识和教育专业方面的理论修养，要求教师尊重、爱护儿童，保护儿童的天性。1968 年，美国国家教育协会正式制定了《教育职业伦理准则》，并成为学校聘用教师与获得教师许可证的基本条件。

杜威

1980 年以来，伴随着男女平等、女权主义的兴起，妇女就业越来越普及，托育需求进一步被放大，托儿所和托育机构在西方取得了长足发展，提供高质量的幼儿教育与托育服务成为托儿所、托育机构服务发展的目标，托育机构逐渐演变为集保育与教育功能于一体的组织与机构。20 世纪 80 年代，美国教育界对教师道德行为和品质的研究实现了由重视“专业地位”提升的教师专业化向重视“专业素质”提高的教师专业化发展的转变。20 世纪 80 年代之后，英国构建了发展性教师评价制度、校本培训模式等，到了 90 年代，英国建立了全国标准培训课程和统一的培训制度。

进入 21 世纪，国外托育表现出类型越来越多样化、职能越来越专业化的趋势，甚至出现了夜间和假期托育服务，即全日托，相应的托育职业伦理要求越来越完善、科学。2011 年英国早期基础教育协会发布早期基础教育专业人员《伦理守则》，强调早期基础教育工作人员要有工作热情，在重复工作过程中与婴幼儿建立亲密联系，在确保安全的情况下，鼓励婴幼儿自由探索，加强与婴幼儿互动以建立积极的关系等。

二、国内托育服务政策法规与职业伦理的历史发展

（一）国内托育服务政策法规的历史发展

国内托育服务政策法规的发展较晚，中国最早的幼儿教育始于清末，相对应的幼儿教育政策法规也是从这个时期开始出现的。

1904 年年初，清政府颁布了《奏定学堂章程》，该章程为学前教育专门制定了《奏定蒙养院章程及家庭教育法章程》，规定蒙养院作为学前教育的专门机构，这是中国近代学前教育的第一个法规，中国的近代学前教育开始产生并逐步发展起来。

1922 年，北洋军阀政府教育部通过《学制系统改革案》，11 月颁布《学校系统改革案》，又称“壬戌学制”或“新学制”。

1932 年，中华民国政府教育部颁布《幼稚园课程标准》，规定幼稚教育总目标为增进幼稚儿童的身心健康、力谋幼稚儿童应有的幸福与快乐、培养人生基本的优良习惯（包括身体、行为等各方面的习惯）、协助家庭教养幼稚儿童，并谋家庭教育的改进。这是我国第一个由国家颁布的幼稚园课程标准，是我国的教育专家和学者在总结自己实践的基础上，吸收和借鉴西方学前教育思想与教育方法的结晶，建立起的符合我国实际与儿童身心发展需要的课程理论体系，结束了中国自清末以来幼儿园课程外国化、宗教化和非科学化的混乱局面，特别是运用团体、分组和个别的方式，组织开展教学活动的方法，无疑是历史的进步。

新中国成立伊始，托儿所的主办机构主要是厂矿企业中的工会组织。托儿所对于工人而言主要是社会福利性质。1955 年 2 月，中华全国总工会在北京召开“全国工会厂矿企业托儿所工作会议”，确定厂矿企业托儿所工作方针。1956 年，教育部、卫生部、内务部联合发布《关于托儿所、幼儿园几个问题的联合通知》，对托儿所、幼儿园的管理和领导等问题作了明确具体的规定。“托儿所和幼儿园应依儿童的年龄来划

分，即收3周岁以下的儿童者为托儿所，收3～6周岁的儿童者为幼儿园”，在管理和教育等业务上，“在托儿所方面，则统一由卫生行政部门领导；幼儿园统一由教育行政部门领导。”通知指出：“托儿所、幼儿园应贯彻整顿、巩固、稳步发展并以工厂、机关、团体、群众自办为主的方针……发展重点应放在工业地区和大、中城市。至于农村，应根据需要与自愿的原则，提倡农业生产合作社或互助组办理季节性的托儿所和幼儿园。”

1978年，党的十一届三中全会召开，伴随着改革开放，幼儿教育事业也进入了新的发展阶段，与幼儿教育相关的政策、法规也进入了快速发展时期。1979年6月18日，第五届全国人民代表大会第二次会议《政府工作报告》中指出“要十分重视发展托儿所、幼儿园，加强幼儿教育”。1979年7月，教育部、卫生部、计委等13个单位联合召开全国托幼工作会议，作出了由国务院设立“托幼工作领导小组”的决定，以加强对托幼工作的领导。1979年10月，中共中央、国务院转发《全国托幼工作会议纪要》，明确了“坚持‘两条腿走路’的方针，恢复、发展、整顿、提高各类托幼组织”。这次会议强调托幼事业是一项社会性的事业，需要全党全社会的重视和关心。1980年11月，卫生部颁发了《城市托儿所工作条例（试行草案）》，确定了我国托儿所制度，指出托儿所是3岁前儿童的集体保教机构，必须贯彻实行以保为主、保教并重的方针，为把儿童培育成体格健壮、品德良好、智力发达的下一代打下基础。1981年6月，卫生部妇幼卫生局颁布《三岁前小儿教养大纲（草案）》，提出了托儿所教养工作的具体任务。

1993年后，随着社会主义市场经济的确立，企事业单位剥离社会职能及集体经济的萎缩，企事业单位主办的托儿所和幼儿园开始大幅减少。1993年11月，党的十四届三中全会通过的《关于建立社会主义市场经济体制若干问题的决定》，指出国有企业改革的方向是建立现代企业制度。从1997年开始，国有企业开始大规模分离托儿所、幼儿园等社会化职能。2003年，国务院办公厅转发教育部等部门发布的《关于幼儿教育改革与发展的指导意见》，提出5年（2003—2007年）幼儿教育改革的总目标是：形成以公办幼儿园为骨干和示范，以社会力量兴办幼儿园为主体，公办与民办、正规与非正规教育相结合的发展格局。根据城乡的不同特点，逐步建立以社区为基础，以示范性幼儿园为中心，灵活多样的幼儿教育形式相结合的幼儿教育服务网络，为0～6岁儿童和家长提供早期保育和教育服务。文件明确坚持实行地方负责，分级管理和有关部门分工负责的幼儿教育管理体制，但始终没有提及托儿所，更不用说明确的管理部门。在这一阶段，随着单位福利制度的瓦解，原有的城市托幼服务体系受到巨大冲击，政府对幼儿托育的投入不足，大多数企业迫于利润压力也停止提供托儿所服务，3岁以下的托幼机构几乎绝迹。

进入新时代，伴随全面放开生育二孩、三孩政策，新增婴幼儿的家庭产生强烈的托育服务需求，而原有的托儿所等托育服务却严重萎缩，相关托育服务法律法规和政策不健全，婴幼儿托育服务缺乏规范管理。为此，国家不断出台相关托育政策，制定各类托育法规。2010 年 3 月 1 日，为提高托儿所、幼儿园卫生保健工作质量，保证儿童的身心健康，卫生部、教育部联合发布《托儿所幼儿园卫生保健管理办法》，自同年 11 月 1 日起施行。2016 年 4 月 27 日，国务院总理李克强主持召开国务院常务会议，提出办好农村学前教育，支持普惠性托儿所和幼儿园尤其是民办托幼机构发展。2017 年 6 月 13 日，国务院副总理刘延东在促进儿童健康发展座谈会上强调，要着眼全面两孩政策实施后的新需求，扎实推进托育服务和普惠性学前教育发展。2017 年 10 月，党的十九大报告将“幼有所育”摆在“新进展”7 项民生要求的首要位置，着力强调要在“幼有所育、学有所教”等方面不断取得新进展，补齐民生短板。2018 年 3 月，在十三届全国人大一次会议上，国务院总理李克强所作的政府工作报告中专门提到：“要多渠道增加学前教育资源供给，重视对幼儿教师的关心与培养，运用互联网等信息化手段对儿童托育中育儿过程加强监管，一定要让家长放心安心。”2019 年 5 月，国务院办公厅正式印发《关于促进 3 岁以下婴幼儿照护服务发展的指导意见》，预示着中国托育事业开启了新的篇章。2019 年 6 月 28 日，国家六部委联合发布《关于养老、托育、家政等社区家庭服务业税费优惠政策的公告》，此前李克强总理在国务院常务会议上提出的税费优惠政策正式落地实施。2019 年 10 月 8 日，国家卫生健康委发布《托育机构设置标准（试行）》和《托育机构管理规范（试行）》，加强托育机构专业化、规范化建设。2019 年 10 月 9 日，国家发改委和卫健委联合发布《支持社会力量发展普惠托育服务专项行动实施方案（试行）》。2019 年 12 月 19 日，国家卫生健康委办公厅、中央编办综合局、民政部办公厅、市场监管总局办公厅联合发布《托育机构登记和备案办法（试行）》，自印发之日起施行。2020 年 12 月 14 日，国务院办公厅印发《关于促进养老托育服务健康发展的意见》，强调地方各级政府要建立健全“一老一小”工作推进机制，结合实际落实本意见要求，促进养老、托育健康发展。2021 年 1 月 12 日，国家卫生健康委组织颁布《托育机构保育指导大纲（试行）》，指出托育机构保育工作应当遵循婴幼儿发展的年龄特点与个体差异，通过多种途径促进婴幼儿身体发育和心理发展。2021 年 1 月 20 日，国家卫生健康委组织发布《托育机构婴幼儿伤害预防指南（试行）》，指出托育机构应当最大限度地保护婴幼儿的安全健康，切实做好伤害防控工作，建立伤害防控监控制度，制定伤害防控应急预案。该指南主要针对窒息、跌倒伤、烧烫伤、溺水、中毒、异物伤害、道路交通伤害等 3 岁以下婴幼儿常见的伤害类型，为托育机构管理者和工作人员在安全管理、改善环境、加强照护等方面开展伤害预防提供技术指导和参考。2021 年 6 月 17 日，国家卫生健康委、民政部、发改委共同制定《“十四五”积极应对人口老龄化工程和托育建设实施方案》，指出以“一老一小”为重点完善人口服务体系，扩大养老托育服务有效供给，提升服务质量，完善服务体系，不断满足人民日益增长的美好生活需要。2024 年 3 月，上述三部门对该方案进行了修订。2021 年 6 月 26 日，中共中央、国务院印发《关于优化生育政策促进人口长期均衡发展的决定》，强调要发展普惠托育服务体系，将婴幼儿照护服务纳入经济社会发展规划，强化政策引导，通过完善土地、住房、财政、金融、人才等支持政策，引导社会力量积极参与。2021 年 8 月 20 日，十三届全国人大常委会第三十次会议通过《中华人民共和国人口与计划生育法》的修订，明确托育机构的设置和服务应当符合托育服务相关标准和规范，若违反将由卫生健康主管部门处以相应的行政处罚。

（二）国内托育职业伦理的历史发展

我国托育职业伦理思想萌芽于古代教育思想，是伴随我国古代教育伦理思想的产生与发展而产生与发展的。

远古时期，生产力极其低下，教育是伴随生产生活过程而产生的，由部落首领或者长者担任教育工作者，他们言传身教，向年轻人甚至是儿童传授生产生活技能与经验，在此过程中产生了一些粗浅简单的教育活动行为习惯与朦胧的教育伦理意识。

奴隶社会早期即春秋以前，教育伦理虽然已经出现，但很不系统，往往夹杂于政治伦理之中。

春秋时期，随着具有划时代意义的私学兴起，专职教师职业开始出现，这时教师职业伦理才真正产生。例如孔子办私学，广收学生，创立了许多有关教师职业伦理方面的理论，后世以《论语》一书集中反映了出来。其中“默而识之，学而不厌，诲人不倦，何有于我哉？”体现了有关“学”“诲”的师德；“其身正，不令而行；其身不正，虽令不从。”体现了“以身作则”“言传身教”的师德。此外，还有有教无类、不耻下问、因材施教、循循善诱等有关教师职业伦理方面的著名言论，形成了我国教育史上第一个教师职业伦理规范体系。百家争鸣时期，荀子、墨子、孟子等将教师职业伦理体系进一步发展。孟子继承了孔子的教育思想，强调“教者必以正”，并提出了必备反省、知耻、改过等教师职业道德修养；荀子则将教师与天地君亲相提并论，在提高教师地位的同时，也在道德信仰和专业知识方面对教师提出了非常严格的要求，强调教师要以身作则，须具备德行、信仰、能力、知识四个方面的条件，即“严师而惮”“耆艾而信”“诵说而不陵不犯”“知微而论”。

汉代时期，伴随“罢黜百家，独尊儒术”，儒家教育伦理思想得到了进一步巩固和发展。例如汉代思想家杨雄在《法言》中明确提出“师者，人之模范也”，要求教师要为学生作出表率，成为学生效仿的楷模；董仲舒强调“善为师者，既美其道，有慎其行”，指出身为教师要有高尚的道德品质、过硬的知识才干、谨言慎行的言谈举止等。

唐宋时期，我国文化教育达到了顶峰，这个时期的教育伦理思想也对我国后世教师职业伦理规范的建立和发展产生了深远的影响。例如唐代韩愈在《师说》中指出教师的责任在于“传道、授业、解惑”，提出“弟子不必不如师，师不必贤于弟子”，要求教师甘为人梯，培养学生勇于超越的精神；宋代朱熹一生热爱教育，在白鹿洞书院讲学期间，曾亲自题写《白鹿洞书院教条》，第一次用学规的形式提出了对教师和学生的道德规范要求，其中把“博学”“审问”“慎思”“明辨”“笃行”作为教师的道德规范。

明清时期，随着教育职业活动的蓬勃发展，人们对教师职业伦理的认识也在教育实践中不断加以丰富和完善。例如王夫之认为，教学者要“正其志”，“善教人者，示以至善以亟正其志，志正，则意虽不立，可因事以裁成之”。“欲明人者先自明”，否则大义不知其纲，微言不知其隐，“实则昏昏也”，这样的人是不能担当教师之职的。

中国最早的“幼儿教育”始于清末，1903 年，武昌成立了最早的“湖北省立幼稚园”，北京也成立了“京师第一蒙养院”。1904 年，创始了中国现代教育的第一个学制（癸卯学制）。蒙养院是清末教育体制中最初级的学校，其宗旨是辅助家庭教育，附设在育婴堂和敬节堂内，入学年龄为 3 ～ 7 岁，每日授课不超过 4 个小时，以女子师范毕业生为教师，分官立、公立、私立 3 种，设院董一人管理事务，以“老成端谨而又和平耐烦者充之”，“以乳媪和保姆任保育教导之事”，教导游戏、歌谣、谈话、手技 4 项。

1912 年 9 月，中华民国南京临时政府教育部颁布“壬子癸丑学制”。按学制的规定，学前教育机构的名称为蒙养园，附属于小学和女子师范学校、女子高等师范学校，已纳入真正教育机构之中，蒙养园保托幼儿者为保姆，保姆须女子，有国民学校正教员或助教员之资格，或经检定合格者充之。1922 年，北洋军阀政府教育部创立壬戌学制（又称新学制），规定在小学下设幼稚园，招收 6 岁以下儿童。幼稚园制度确定以后，伴随着幼稚园数量上的较大发展和各种实验活动的开展，尤其是随着陶行知与陈鹤琴提出的“注重幼稚教育案”，1932 年，中华民国政府教育部在幼稚园课程标准中强调要注重儿童社会化和多方面能力的培养，提出量力而行、因材施教，并采取奖励机制激发儿童的学习兴趣，使儿童能够健康、快乐地成长，并成为对国家和社会的有用之人。

1938 年，中国战时儿童保育会在武汉成立，这是抗战时期成立的一个民间性质的救济、教育难童的团体，它以挽救、收养战区难童，培养民族幼小主人为宗旨，首要任务是抢救战区难童，并把抢救来的难童送到武汉。为了收容他们，3 月筹备成立了保育院。到 1938 年 9 月中旬的半年中，共收容难童 9 070 人，经保育会帮助转移至后方的难童人数则更多。整个抗战期间，战时儿童保育会抢救和保育了近 3 万名难童，成为抗战时期各难童救济团体中成效最突出的一个。战时儿童保育会对儿童的教养主要是通过保育院来实现的。各

延安保育院

省先后成立了战时儿童保育分会，普遍设立了儿童保育院。其中陕甘宁边区分会成立于1938年7月4日，由邓颖超负责。

新中国成立后，借鉴苏联的经验，我国开始增设托儿所，鼓励妇女参加劳动生产。1951年，中央政府明确新学制，实施幼儿教育的机构叫作幼儿园，招收3～7岁的幼儿，主要设立在厂矿之中。根据1951年的统计，各种类型的保育机构已有18 940处（包括托儿所、幼儿园、保育院、幼稚园等），收容儿童共578 988人，尤以农忙托儿所和工矿托儿所发展最快。1952年，全国工矿、企业、机关、学校中的托儿所已达2 738处，在大中城市中还建立了街道托儿站4 346处。到1976年，中国的托育机构也随着社会的变化而浮沉，在人民公社时期，很多农村都办起了托儿所和幼儿园，但是大多数都难以维持。

1978年12月，党的十一届三中全会召开，国家进入了有中国特色社会主义建设时期，幼儿教育事业也进入了新的发展阶段，逐步确立了以保为主、保教并重的托育方针，规定幼儿教师“做儿童的榜样，爱护和尊重小儿，态度亲切，动作轻柔，方法一致”的托育任务。至1995年，全国有各级各类托儿所、幼儿园近45万所，既有各企业、事业、机关、部队自筹经费自办的集体托儿所和幼儿园，又有少数的民办托儿所，大中城市儿童的入园要求基本上都能得到满足。20世纪90年代末，随着社会主义市场经济的确立，企事业单位剥离社会职能及集体经济的萎缩，企事业单位主办的托儿所和幼儿园开始大幅减少，与此同时，农村幼儿园减少的幅度也非常大。在此期间，托育职业伦理以1984年的《中小学教师职业道德要求》为标志，将师德规范从早期的道德标杆发展为对教师队伍进行综合治理的有效手段，对托育教师队伍建设起着越来越重要的作用。

进入新时代，伴随“单独二孩”、全面放开生育二孩、三孩等政策实施，新增婴幼儿的家庭产生强烈的托育服务需求，叠加人们对高质量陪伴、高水平与高层次托育服务的诉求，托育职业伦理进入了新阶段。新时代的托育观认为儿童就是儿童，是独立的个体，要创造条件，促进儿童在生理、心理、语言、社会、艺术等方面的全面发展，尊重儿童是能动的个体，肯定儿童发展的自身能量，托育教师要协助儿童完成具体的操作性活动并进行自主反思，给儿童充分的自由，让儿童自己发挥。2016年9月，在第32个教师节来临之际，习近平总书记在北京市八一学校考察时强调：“广大教师要做学生锤炼品格的引路人，做学生学习知识的引路人，做学生创新思维的引路人，做学生奉献祖国的引路人。”2019年3月，习近平总书记在主持召开学校思想政治理论课教师座谈会上强调教师“要有堂堂正正的人格，用高尚的人格感染学生、赢得学生”，习近平总书记关于师德的论述已成为新时代托育职业伦理发展的基本准则与法治方向。

第三节　学习托育服务政策法规与职业伦理的意义和方法

不管是从国际托育发展趋势还是从国内托育改革发展方向来看，托育服务政策法规与职业伦理在托育工作中的作用都至关重要。托育工作人员的伦理道德素质与法律素质对托育工作质量有重要影响，我们应严格遵守托育服务政策法规，认真遵循托育道德规范，做全心全意为婴幼儿服务的托育园丁，促进托育工作向专业化、科学化、系统化方向发展。对所有学习托育服务政策法规与职业伦理的人来说，都有必要弄清楚“为什么要学习托育服务政策法规与职业伦理”和“怎样才能学好托育服务政策法规与职业伦理”的问题。

一、学习托育服务政策法规与职业伦理的意义

学习托育服务政策法规是贯彻以德治国和依法治国方略的客观必然，广大婴幼儿托育专业学生要努力学习托育服务法律知识，勇于实践，不断提升自身托育服务法律素质，为将来成为一名合格的托育园丁做好法律知识、法律意识和法律素养的充分准备。学习托育职业伦理的主要目的在于学习托育道德知识，培养道德情感，增强道德意志，养成优良的道德品质，提高道德实践能力，提升道德修养，使自己成为有理想、有道德、有文化和有纪律的社会主义“四有”托育工作人员，并能为建设和发展中国特色社会主义伟大事业担当大任，具体表现在以下几个方面。

（一）有利于提高托育工作人员的问题应对能力

现代托育服务是一门艺术，它不仅需要高水平的保育技术与教育技巧，更需要托育工作人员具有高尚的职业道德修养和法律素养。单纯的技术与技巧并不能从根本上保证托育服务质量，只有将托育技术与托育人文素养统一起来才能达到真正提高托育服务质量的目的。学习托育服务政策法规与职业伦理，可以提高托育专业学生及社会托育工作人员的职业道德素养和法律素养，激发他们掌握和提高托育知识和技术的热情，提升他们在托育工作实践中发现问题、分析问题、解决问题的能力，从而不断提高托育服务质量。

（二）有利于建设和谐社会

托育服务机构是社会精神文明的窗口，托育职业文明是社会文明的重要组成部分，其中和谐的托育人际关系是建设以人民为中心的和谐托育的核心和关键。运用伦理、道德和法律的手段来协调托育工作人员、婴幼儿、婴幼儿监护人三者之间的利益关系，将

有利于充分发挥三者的主观能动性，解决托育服务纠纷，缓解托育服务矛盾，协调托育工作人员、婴幼儿、婴幼儿监护人三者关系，从而有利于社会主义和谐社会建设。

（三）有利于促进托育服务政策法规与职业伦理的发展

当前我国关于婴幼儿托育服务的政策法规与伦理体系存在适应功能发挥滞后、目标达成功能发挥不充分、整合功能效用低、潜在模式维持功能呈现负向作用等问题。通过学习研究托育服务政策法规与职业伦理原理与规律，推动托育服务政策法规与职业伦理体系从“补缺型”转向“普惠型”，提升其对社会发展的适应水平；从“边缘”转向“战略”，强化其目标达成功能；从“道德”转向“伦理”，从“政策”转向“法律”，发挥伦理、法律制度体系的整合功能；坚持以人民为中心的发展思想，以需求和问题为导向，推进供给侧结构性改革，建立完善促进婴幼儿照护服务发展的政策法规体系、标准规范体系和服务供给体系，从而整体上推动托育服务政策法规与职业伦理的科学化、系统化发展。

（四）有利于建设法治与德治国家

现代托育工作事业的建设发展必须放在新时代社会建设发展的大范畴中去思考。德治与法治是社会建设的两个基本途径和手段，学习托育服务政策法规与职业伦理，必然要求广大托育工作人员依法托育和以德托育，保障婴幼儿的生命健康与发展权利，维护婴幼儿的生命健康与发展利益，树立依法托育和以德托育的现代托育服务观念，促进婴幼儿健康成长、广大家庭和谐幸福、经济社会持续发展。

二、学习托育服务政策法规与职业伦理的方法

作为一门实践性很强的学科，托育服务政策法规与职业伦理对我们的托育职业生涯极其重要。俗话说“工欲善其事，必先利其器”，学习该课程必须要根据其性质和特点，除了要满足学习一般知识的基本要求外，还需要注意运用以下有效的学习方法才能达到理想效果。

（一）马克思主义哲学是学习托育服务政策法规与职业伦理课程的总方法

哲学是关于自然、社会和人类思维发展的最一般规律的科学，哲学既是世界观又是方法论，它不仅告诉我们如何去认识世界，而且告诉我们如何去改造世界。马克思主义哲学是科学的世界观和方法论，尤其是辩证唯物主义是我们学习托育服务政策法规与职业伦理、有效解决托育服务政策法规与职业伦理问题的科学指导。

（二）学习托育服务政策法规与职业伦理课程的具体方法

1. 社会调查法

它是通过对现实社会中存在的各种现象和问题进行搜集、整理与分析，并力求找到某些共同点与规律的分析方法。没有调查就没有发言权。通过社会调查可以掌握大量第

一手资料。例如，学习托育职业伦理与卫生法律法规必须深入医疗卫生实践的第一线，理论与实际相结合，才能及时发现问题、有效研究问题，最后找到解决问题的方法。

2. 历史考察法

任何社会现象都有产生和发展的历史，托育服务政策法规与职业伦理是人类社会发展到一定阶段的产物。学习托育服务政策法规与职业伦理，需要利用历史考察法系统考察托育服务政策法规与职业伦理产生和发展的历史沿革，深入分析托育服务政策法规与职业伦理与其他社会意识形态之间的相互联系，只有这样才能揭示托育服务政策法规与职业伦理的本质及发展规律。

3. 比较分析法

它是通过论证不同事物之间的异同点并分析其原因与条件来揭示该事物本质与规律的方法。学习托育服务政策法规与职业伦理一定要坚持同国外、同历史比较的方法，即不断总结前人的优秀成果，同时广泛吸收国外成功的经验，这样才能更好地制定有中国特色的托育服务政策法规与完善职业伦理体系，充分发挥托育服务政策法规与职业伦理的实效性。

4. 系统分析法

学习托育服务政策法规与职业伦理，要把其作为一个系统来对待，应用系统的方法去分析。例如：托育道德包括托育道德意识、托育道德活动和托育道德规范三个子系统，这三个子系统是相互关联、相互促进、相互制约的有机整体。因此，学习托育服务政策法规与职业伦理要应用系统分析法。

本章小结

本章主要介绍了托育的概念与特点；政策法规的概念与特点；托育服务政策法规与职业伦理的概念、特点与种类；国内外托育服务政策法规与职业伦理的历史发展；学习托育服务政策法规与职业伦理的意义和方法。通过学习，掌握有效学习托育服务政策法规与职业伦理的方法，理解托育服务政策法规与职业伦理理论基础知识，了解国内外托育服务政策法规与职业伦理的历史发展。

同步练习

一、单项选择题（将正确选项的字母填入括号中）

1. 托育服务的对象是（　　）。

A. 0～3 岁婴幼儿　　B. 3～6 岁幼儿

C. 6～9 岁幼儿　　D. 9～12 岁幼儿

2. 托育政策是指国家、地方为了实现中国特色社会主义新时代百年奋斗目标之民生新进展路线和“（　　）”任务而制定的行动准则、标准与指导意见。

A. 住有所居　　B. 幼有所育

C. 老有所养　　D. 劳有所得

3. 托育职业伦理是指调整（　　）活动中人与人、人与社会及人与自然之间关系的行为规范的总和。

A. 文化　　B. 经济

C. 政治　　D. 托育

4. 夸美纽斯强调（　　）是儿童的第一所学校，父母是儿童的第一位老师。

A. 学校　　B. 家庭

C. 社会　　D. 国家

5. 进入新时代，伴随全面放开生育二孩、三孩政策，新增婴幼儿的家庭产生强烈的（　　）服务需求。

A. 托育　　B. 管教

C. 学习　　D. 工作

二、多项选择题（将正确选项的字母填入括号中）

1. 托育法规对于加强托育机构（　　）建设与管理，促进婴幼儿照护服务高质量发展具有重要意义。

A. 自由化　　B. 专业化

C. 规范化　　D. 法治化

2. 托育职业伦理不仅具有职业道德的一般特征，也具有其特殊性，包括（　　）。

A. 托育工作的角色多重性　　B. 托育工作的严谨性

C. 托育工作的慎独性　　D. 托育工作的耐心性

3. 现代意义上的托育机构是伴随着（　　）的兴起才开始在西方出现的。

A. 工业革命　　B. 妇女解放运动

C. 环境保护　　D. 文艺复兴

4. 学习托育服务政策法规与职业伦理的意义是（　　）。

A. 有利于提高托育工作人员的问题应对能力

B. 有利于建设和谐社会

C. 有利于促进托育服务政策法规与职业伦理的发展

D. 有利于建设法治与德治国家

5. 新时代的托育观认为（　　）。

A. 儿童就是儿童，是独立的个体

B. 促进儿童在生理、心理、语言、社会、艺术等方面的全面发展

C. 尊重儿童是能动的个体

D. 肯定儿童发展的自身能量

三、判断题（下列描述中，对的在括号中画“√”，错的在括号中画“×”）

1. 托育、幼儿园时期还谈不上素质教育，素质教育应从小学开始。(　　)

2. 托育等同于早教、学前教育、小学教育。(　　)

3. 1978 年，党的十一届三中全会召开，伴随着改革开放，幼儿教育事业也进入了新的发展阶段，幼儿教育相关的政策、法规也进入了快速发展时期。(　　)

4. 进入新时代，国家不断出台相关托育政策，制定各类托育法规。(　　)

5. 不管是从国际托育发展趋势还是从国内托育改革发展方向来看，托育服务政策法规与职业伦理在托育工作中的作用都至关重要。(　　)

第二章 托育服务政策法规概述

学习目标

知识目标

1. 掌握我国托育法规和托育政策的理论概述；

2. 梳理我国托育服务法律的发展和托育服务政策法规，包括婴幼儿托育服务的价值、婴幼儿托育服务政策概述、婴幼儿托育服务法律概述、婴幼儿托育服务政策法规等的历史演进。

能力目标

1. 能够分清托育行为的善与恶、合法与违法；

2. 理解托育服务政策法规与服务对象、社会、科学技术的关系，能够在托育服务政策法规的制约下进行服务行为的选择与抉择。

素养目标

1. 理解政策法规对托育事业发展的重大意义；

2. 树立正确的托育服务政策法规观念，学会敬畏生命、尊重生命，树立责任意识，学会从人文的角度理解并处理托育服务中发生的各种关系。

案例导入

婴幼儿照护个人所得税专项附加扣除

2022 年 3 月，国务院印发《关于设立 3 岁以下婴幼儿照护个人所得税专项附加扣除的通知》，要求自 2022 年 1 月 1 日起，纳税人照护 3 岁以下婴幼儿子女的相关支出，按照每个婴幼儿每月 1 000 元的标准定额扣除。具体扣除方式上，父母可以选择由其中一方按扣除标准的 100% 扣除，也可以选择由双方分别按扣除标准的 50% 扣除。2023 年 8 月，国务院印发《关于提高个人所得税有关专项附加扣除标准的通知》，自 2023 年 1 月 1 日起，3 岁以下婴幼儿照护专项附加扣除标准由每个婴幼儿每月1 000元提高到2 000元。3岁以下婴幼儿照护专项附加扣除政策实施后，纳税人照护3岁以下婴幼儿子女的，以及子女年满3岁处于学前教育阶段或全日制学历教育阶段的，均可以按照每个子女每月2 000元的标准在计算缴纳个人所得税前定额扣除。3岁以下婴幼儿照护专项附加扣除实行“申报即可享受、资料留存备查”的服务管理模式。纳税人可通过个人所得税App填报或向单位提供婴幼儿子女的姓名、证件类型及其号码，以及本人与配偶之间扣除分配比例等信息即可，无须向税务机关报送证明资料，同时需要将子女的出生医学证明等资料留存备查。

问题：作为一名托育工作人员，如何看待这一婴幼儿照护政策的变化？

第一节 托育服务立法的发展

一、托育服务法律渊源

法律渊源简称法源，它指的是根据法律效力的来源不同而形成的法律类别。根据宪法规定的原则，我国托育服务法律渊源见图2－1。

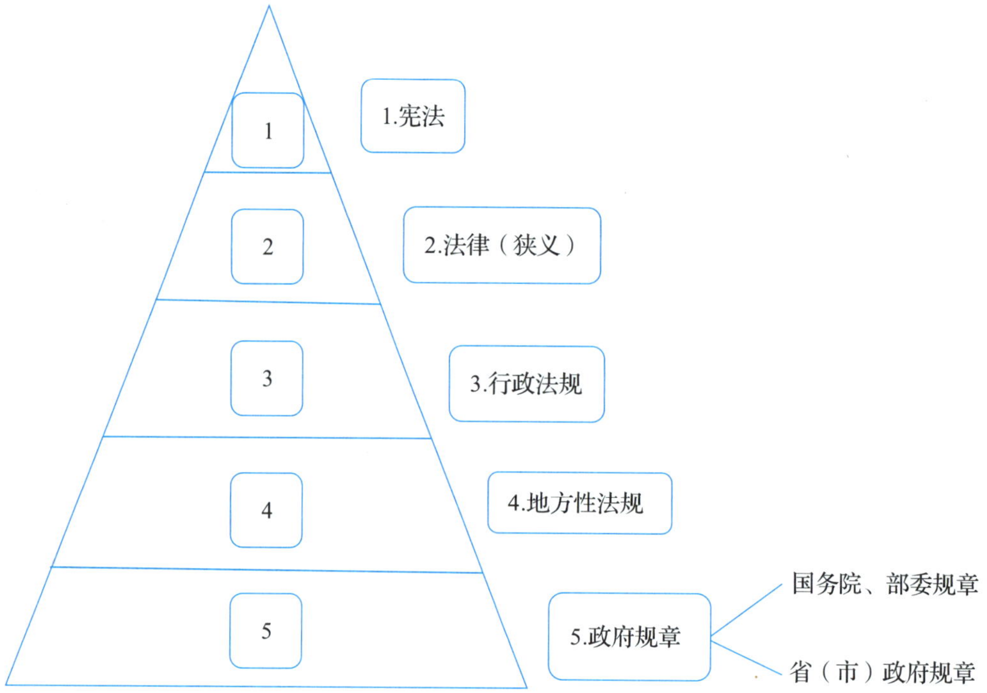

图2－1 我国托育服务法律渊源

（一）宪法

党的二十大报告指出，“完善以宪法为核心的中国特色社会主义法律体系”。宪法是国家的根本大法，是我国一切立法的依据，是母法。《中华人民共和国宪法》（以下简称《宪法》）由全国人民代表大会（即国家最高权力机关）制定，具有最高的法律效力，任何法律法规都不得与宪法相违背，否则归于无效。

宪法作为托育服务法律的法源，一是规定了托育服务法律的基本指导思想和立法依据；二是直接规定了保教工作活动的基本法律规范。

1. 规定了托育服务法律的基本指导思想和立法依据

（1）规定了国家机构实行民主集中制原则；

（2）规定了社会主义法治原则；

（3）规定了有关国家根本制度和任务的许多原则；

（4）规定了各民族一律平等，保障各少数民族的合法权利和利益，帮助各少数民族地区加速经济和文化的发展，各民族都有使用和发展自己的语言和文字的自由，都有保持或改革自己的风俗习惯的自由等原则。

2. 规定了保教工作活动的基本法律规范

（1）规定了教育、卫生、计划生育的国家管理原则；

（2）规定了公民的受教育权利；

（3）规定了从事教育工作的公民，有进行创造性工作的自由；

（4）规定了父母的抚养教育义务；

（5）规定了国务院、县级以上地方各级人民政府和民族自治地方的自治机关领导和管理相关工作的权限。

通过以上可见，我国宪法是托育服务法律的基本法源。

（二）法律（狭义）

《宪法》规定，全国人民代表大会和全国人民代表大会常务委员会均有权制定法律。这里所说的法律，不是指广义的法律（即各种法律规范的总和），而是指由国家最高权力机关及其常设机构所制定的规范性文件，即狭义的法律。

在我国，这种法律形式是整个社会主义法律的重要的法律渊源之一，其法律地位和法律效力仅次于《宪法》。目前，我国尚未制定直接针对托育服务行业的法律，含有托育服务内容、对托育服务行业有涉及的法律主要有：《中华人民共和国民法典》《中华人民共和国刑法》《中华人民共和国人口与计划生育法》《中华人民共和国未成年人保护法》《中华人民共和国家庭教育促进法》等。

（三）行政法规

行政法规是指国家最高行政机关制定和发布的规范性文件。这是国家最高行政机关依据国家宪法和法律（狭义）的规定而行使其职权的一种表现，也是使其行政权得以通行的必要措施。

（四）地方性法规

地方性法规是指省、自治区、直辖市的人民代表大会，省、自治区的人民政府所在地的市和国务院批准的较大的市的人民代表大会所制定的规范性文件的法律形式。

（五）政府规章

调整托育服务法律关系的规范主要是由国家卫生健康委发布的规章，主要有：《托育机构设置标准（试行）》（2019 年 10 月 8 日）、《托育机构管理规范（试行）》（2019 年 10 月 8 日）、《托育机构登记和备案办法（试行）》（2019 年 12 月 19 日）、《托育机构保育指导大纲（试行）》（2021 年 1 月 12 日）、《托育机构负责人培训大纲（试行）》（2021 年 8 月 23 日）、《托育机构保育人员培训大纲（试行）》（2021 年 8 月 23 日）等。

国务院办公厅发布的《关于促进 3 岁以下婴幼儿照护服务发展的指导意见》提出，到 2020 年，婴幼儿照护服务的政策法规体系和标准规范体系初步建立，到 2025 年，婴幼儿照护服务的政策法规体系和标准规范体系基本健全。

二、法律关系

托育服务法律关系是指托育服务法律规范在调整托育服务活动过程中所形成的人与人之间的权利和义务关系。

（一）构成

托育服务法律关系由主体、客体、内容三要素构成，三要素的具体内涵有其自身的特点。

1. 主体

托育服务法律关系的主体是指参与某一托育服务关系并在其中享有权利和承担义务的组织或者个人。一般来说，托育服务法律关系的主体主要包括国家监管机关、托育服务机构、从业人员、婴幼儿及家长、企事业单位、社会团体和公民个人等。

作为托育服务法律关系的主要主体方，托育服务机构是指《托育机构设置标准（试行）》第三条规定的机构，即经有关部门登记、卫生健康部门备案，为 3 岁以下婴幼儿提供全日托、半日托、计时托、临时托等托育服务的机构。

关于托育服务机构的从业人员，暂无国家层面的规定，保育员证、育婴员证、婴幼儿发展引导员证、幼儿园教师资格证等均可作为托育服务机构从业人员上岗凭证。

2. 客体

托育服务法律关系的客体是指托育服务法律关系主体的权利和义务共同指向的对象。它主要包括托育服务行为、托育服务财产和精神产品。

3. 内容

托育服务法律关系的内容是指托育服务法律关系主体享有的权利和承担的义务。

（二）产生、变更和消灭

法律事实是引起法律关系产生、变更和消灭的直接原因。

法律事实是指由法律规定的能够引起法律关系产生、变更和消灭的客观情况。通常根据它与人的意志的关系，分为事件和行为两种。事件是指与人的意志无关的客观现象，如人的死亡、时间的流逝、不可抗力因素等；行为是指人的有意识的活动，可分为积极的作为和消极的不作为，以及合法行为和违法行为。

三、国内托育服务立法的历史演进

本书以 1983 年和 2019 年两个节点作为托育服务政策法规演进的分界点，将 1949 年至今的托育服务法律法规演进划分为 3 个阶段，即第一阶段（1949—1983 年）、第二阶段（1984—2018 年）和第三阶段（2019 年至今）。1984 年是《中共中央关于经济体制改革的决定》出台时间，标志着我国逐渐告别计划经济时代，开始探索建立社会主义市场经济体制。将 1984 年作为托育服务政策的一个时间节点，可以清晰地看出我国托育服务事业受到经济体制改革的重大影响。2019 年国务院办公厅发布的《关于促进 3 岁以下婴幼儿照护服务发展的指导意见》则是新时期托育服务政策的分水岭。

（一）第一阶段（1949—1983 年）

新中国成立初期，由于国家经济建设对妇女劳动力的需求，托育服务政策基本服务于妇女就业之需。

1949 年 3 月，中国妇女第一次全国代表大会上通过的《中国妇女运动当前任务的决议》指出，要逐步解除束缚妇女的封建习俗，通过开办托儿所等方式发展妇女儿童福利事业，改善妇女生产。1950 年 8 月，在中华全国总工会召开的第一次全国女工工作会议上，普通劳工阶层妇女的子女也被纳入公共照顾范围。同年 9 月，中华全国民主妇女联合会第三次执行委员会扩大会议对新中国成立以来的妇女工作进行了总结：“妇女只有参加生产才能真正享受男女平等的各项权利，因此各地妇联应配合工会、生产机关，教育组织妇女参加生产，围绕生产方针，进行儿童保育、妇婴卫生等工作。”在妇女组织的推动下，城市托幼服务率先作为职工的集体福利在劳动法规中得到了确立。1951 年 2 月，政务院颁布《中华人民共和国劳动保险条例》，规定了女工人和女职员的生育待遇。1953 年 1 月，《中华人民共和国劳动保险条例实施细则修正草案》第五十一条规定：“实行劳动保险的企业的女工人女职员，有四周岁以内的子女二十人以上，工会基层委员会与企业行政方面或资方协商单独或联合其他企业设立托儿所。”1955 年，国务院批准的《教育部关于工矿企业自办中学、小学和幼儿园的规定》提出，各工矿、企业利用单位财政预算创办托幼机构，以此解决本单位职工子女的入托需求。这一时期，托儿所、幼儿园没有明确的划分标准。为此，教育部小学教育司致函政务院文化教育委员会，陈述了托儿所、幼儿园的划分和领导关系问题。[①]1956 年 2 月，教育部、卫生部等部门联合颁发了《关于托儿所、幼儿园几个问题的联合通知》，明确了招收 3 周岁以下的儿童者为托儿所，收 3 ～ 6 周岁的儿童者为幼儿园，托儿所由卫生行政部门领导，幼儿园则由教育行政部门领导。这及时解决了妨碍保教事业发展的领导管理体系问题，托儿所工作得到了整顿与提高。同年 3 月，教育部颁布的《关于中小学、师范学校的托儿所工作的指示》指出，为解决女教师带孩子的困难，应动员多方力量，积极举办各种类型的托儿所。政府坚持“两条腿走路”的方针发展托幼服务。

1958 年 5 月，党的八大二次会议召开，会议确定了“鼓足干劲、力争上游、多快好省地建设社会主义”的总路线。在此背景下，托幼事业的快速发展也随之而来，改变了新中国成立以来托幼服务平稳发展的局面。1958 年 9 月颁布的《中共中央、国务院关于教育工作的指示》指出，在短时间内完成学龄前儿童大多都能入托儿所、幼儿园的任务。同年 12 月，党的八届六中全会通过了《关于人民公社若干问题的决议》，将“办好托儿所和幼儿园”列入人民公社发展的任务中。在当时强调数量的形势下，“三天托儿化”“一夜托儿化”“实行寄宿制，消灭三大差别”等情况纷纷在农村出现，远远超越了当时我国农村经济发展水平，违背了托幼事业发展的客观现实。[②]1960 年 7 月，中共中央批转劳动部、全国总工会、妇联党组的《关于女工劳动保护工作的报告》指出，公共托幼服务的开展提高了女工的出勤率。

“晚、稀、少”的计划生育政策开始推行之后，提高人口素质成为这一时期托幼服务发展的新动力。与实现妇女解放、强调儿童“看护”相比，“优生优育”话语体系更加强调对儿童的“教育”。

1978 年 9 月，中国妇女第四次全国代表大会指出：哺乳室、托儿所、幼儿园等幼托事业，是实现家务劳动社会化的重要方面。1979 年 3 月，在全国妇联第四届常务委员会第二次扩大会议上，全国妇联副主席罗琼在发言中提出：“恢复和发展托儿所、幼儿园、哺乳室，减轻职工的后顾之忧。”1979 年的《政府工作报告》中提出要加强幼儿教育，重视托儿所、幼儿园的发展。同年 7 月 24 日至 8 月 7 日，经中共中央和国务院批准，由教育部、卫生部、劳动总局、全国总工会和全国妇联联合召开了全国托幼工作会议，这是新中国成立以来托幼工作空前受到重视的一次会议。会议就加强托幼工作的统一领导和分工合作、保障托幼工作经费和保教人员福利待遇、坚持托幼服务“两条腿走路”的方针、努力提高保教质量等问题提出了指导性意见。10 月，中共中央、国务院转发了《全国托幼工作会议纪要》。1980 年 1 月，国务院托幼工作领导小组及其办事机构成立，便于托幼事业的集中管理。1982 年中央机构改革，撤销了国务院托幼工作领导小组及其办事机构，这导致了后来托育服务管理分工不清、职责不明的问题。

---

①② 刘彦华. 中国学前教育史. 北京：光明日报出版社，2010：142.

1980 年 11 月，卫生部颁发的《城市托儿所工作条例（试行草案）》对托儿所进行了重新定位，强调托儿所以保为主、坚持保教并重的发展方针。

1981 年 6 月，卫生部妇幼卫生局颁布的《三岁前小儿教养大纲（草案）》较为详细地阐明了 3 岁以前儿童教养的各方面问题，这是我国历史上第一部为 3 岁前儿童制定的教养大纲。1983 年人民公社制度被取消，农村托幼服务不再是以人民公社为供给主体的集体福利事业，转而依托乡镇政府。

此阶段的托育服务政策呈现出如下特征：第一，托育服务政策服务于妇女解放和国家经济建设；第二，托育服务政策的重点是关注城市，较少关注农村地区婴幼儿照护；第三，托幼事业具有较强的福利属性。

（二）第二阶段（1984—2018 年）

1984 年 10 月，党的十二届三中全会通过《中共中央关于经济体制改革的决定》后，为增强企业活力，企业开始将托育服务推向社会。1985 年 12 月，卫生部颁发《托儿所、幼儿园卫生保健制度》，就托儿所生活制度、饮食营养等多项工作作出了详尽的规定。1987 年 9 月，城乡建设环境保护部、国家教育委员会颁布了《托儿所、幼儿园建筑设计规范（试行）》，对托儿所建筑设计、建筑设备等作出了规范要求。同年 10 月，国务院办公厅转发了国家教育委员会等部门《关于明确幼儿教育事业领导管理职责分工的请示的通知》，明确托幼事业必须在政府统一领导下，依靠多方面力量，多渠道发展托幼事业。1988 年 8 月，国务院办公厅转发国家教委等八部门出台的《关于加强幼儿教育工作意见的通知》，指出幼儿教育不属于义务教育，养育子女是家长应尽的义务，家长送子女入园要承担一定的费用。至此，托幼服务不再被列入国家的福利保障范围，家庭按需向市场购买，儿童照顾责任重新回归家庭。

1992 年 2 月，国务院发布了《九十年代中国儿童发展规划纲要》。这是我国第一部以儿童为主体、促进儿童发展的国家行动计划。政策对象主要是 3 岁以上儿童。1994 年 10 月，第八届全国人民代表大会常务委员会第十次会议通过了《中华人民共和国母婴保健法》，详细规定了女性婚前、孕产期的母婴保健工作，并从技术、管理、法律责任等方面对相关人员、部门作出要求。1994 年 12 月，卫生部、国家教委颁发《托儿所、幼儿园卫生保健管理办法》，具体安排了托幼机构的保健工作，2010 年，卫生部、教育部进行了修订。1995 年发布的《中国妇女发展纲要（1995—2000）年》提出，“提倡夫妻共同承担家务劳动和抚育子女”，并要发展托幼事业和家务劳动服务事业，使职业妇女的家务负担得到减轻。1999 年 6 月，《中共中央国务院关于深化教育改革全面推进素质教育的决定》指出，重视婴幼儿的身体发育和智力开发，普及婴幼儿早期教育的科学知识和方法。2001 年 5 月，国务院颁发的《中国儿童发展纲要（2001—2010 年）》在发展学前教育的部分提到了发展 0 ～ 3 岁儿童早期教育，建立并完善 0 ～ 3 岁儿童教育管理体制。紧接着 5 月，国务院又印发了《关于基础教育改革与发展的决定》，提出依托社区发展多种形式的儿童早期教育服务。2003 年 3 月，国务院转发教育部、中央编办等部门《关于幼儿教育改革与发展指导意见的通知》，强调为 0 ～ 3 岁儿童提供早期保育和教育服务，不断提升家长和看护人员的科学育儿能力。也就是说，对于 3 岁以下婴幼儿的早期教育，政府主要提供科学的育儿指导，其照顾责任主要在家庭。2006 年 12 月，中共中央、国务院发布的《关于全面加强人口和计划生育工作统筹解决人口问题的决定》再次强调，大力普及婴幼儿抚养和家庭教育的科学知识，开展婴幼儿早期教育。

2010 年 2 月，全国妇联、教育部等部门颁布《全国家庭教育指导大纲》，明确了 0 ～ 3 岁年龄段家庭教育指导的内容及要求。同年 7 月，中共中央、国务院颁布的《国家中长期教育改革和发展规划纲要（2010—2020 年）》提出要重视 0 ～ 3 岁婴幼儿教育。2011 年颁布的《中国儿童发展纲要（2011—2020 年）》强调 0 ～ 3 岁儿童综合发展机构的公益性和普惠性，并指出要加快培养 0 ～ 3 岁儿童早期教育专业化人才。《中国妇女发展纲要（2011—2020 年）》提出，开展托幼等家庭服务，使妇女能够更好地平衡工作和家庭的双重责任，发展公共托幼服务，为婴幼儿家庭提供支持。为了探索发展 0 ～ 3 岁婴幼儿早期教育的模式与经验，2012 年 4 月，《教育部办公厅关于开展 0 ～ 3 岁婴幼儿早期教育试点工作有关事项的通知》印发，实现了我国 0 ～ 3 岁婴幼儿早期教育实践方面的重要突破。同年 6 月，教育部印发的《国家教育事业发展第十二个五年规划》提出，积极开展公益性 0 ～ 3 岁婴幼儿早期教育指导服务。2015 年 1 月，国务院办公厅印发的《国家贫困地区儿童发展规划（2014—2020 年）》做出部署，从新生儿的出生健康开始，到营养、卫生保障，再到开展婴幼儿早期保教。同年 6 月，国家质量监督检验检疫总局和中国国家标准化管理委员会发布《早期教育服务规范》。

为了适应我国人口、经济发展的新形势，促进人口长期均衡发展，自 2011 年以来，我国生育政策相继作出“双独二孩”、“单独二孩”到“全面三孩”的调整。国家开始重视与生育政策相配套的托育服务体系建设。2016 年 1 月，中共中央、国务院颁布的《关于实施全面两孩政策改革完善计划生育服务管理的决定》指出，要合理配置儿童照料等公共服务资源，引导和鼓励社会力量举办普惠性托儿所。2017 年 1 月国务院印发的《国家教育事业发展“十三五”规划》提出，发展 0 ～ 3 岁婴幼儿早期教育，探索建立以幼儿园和妇幼保健机构为依托，面向社区、指导家长的公益性婴幼儿早期教育服务模式。2017 年 10 月，党的十九大报告强调坚持在发展中保障和改善民生，“幼有所育”首次被单独列出，排在七项民生事务之首，成为我国新时期民生发展的重要目标。同年 12 月，中央经济工作会议在北京举行，指出要解决好婴幼儿照护和儿童早期教育服务问题。2018 年国务院《政府工作报告》中提到运用互联网等信息化手段对儿童托育中育儿过程加强监管。

这一时期，婴幼儿照护服务呈现家庭化、早教化和城市化趋势，家庭出现了入托难、入托贵问题，加剧人口少子化。

（三）第三阶段（2019年至今）

2019年1月，国家发展和改革委员会、中央宣传部、教育部等18个部门印发的《加大力度推动社会领域公共服务补短板强弱项提质量 促进形成强大国内市场的行动方案》提出增加托育服务有效供给。同年3月的《政府工作报告》根据“全面两孩”政策实施后的新情况，作出加快发展多种形式的婴幼儿照护服务、支持社会力量兴办托育服务机构的决定。3月26日，人力资源和社会保障部办公厅颁布了劳动关系协调员等16项国家职业技能标准，其中包括育婴员和保育员的国家职业技能标准。

为了促进解决“幼有所育”问题，2019年5月，《国务院办公厅关于促进3岁以下婴幼儿照护服务发展的指导意见》发布，从总体要求、主要任务、保障措施、组织实施4个方面对婴幼儿照护服务工作进行统筹规划，首次明确了有关部门在0～3岁婴幼儿照护服务事业中的具体职责，并指出国家、社区、市场、家庭等主体在婴幼儿照护中的角色和作用。2019年6月，财政部、税务总局、国家发展和改革委员会等部门颁布《关于养老、托育、家政等社区家庭服务业税费优惠政策的公告》，详细阐述了养老、托育、家政等社区家庭服务业的各项税费优惠政策。2019年8月，《中国银保监会办公厅关于推动银行业保险业支持养老、家政、托幼等社区家庭服务业发展的试点方案》指出，银行保险机构要规范婴幼儿照护服务机构的授信准则，不断创新开发相关保险产品，促进托幼事业健康发展。在师资队伍建设上，2019年9月，教育部等7部门出台《关于教育支持社会服务产业发展 提高紧缺人才培养培训质量的意见》，从学科布局、人才培养、职业培训、教学标准等方面对育幼领域人才培养体系提出新要求。2019年10月，国家发展和改革委员会、国家卫生健康委员会印发《支持社会力量发展普惠托育服务专项行动实施方案（试行）》，方案明确了3岁以下托育服务属于非基本公共服务范围，坚持社会化发展托育服务，在全国城市范围内，通过财政支持的方式引导普惠性托育服务的发展。同月，为了加强托育机构专业化、规范化建设，国家卫生健康委员会印发了《托育机构设置标准（试行）》和《托育机构管理规范（试行）》，就托育机构的设置要求、场地设施、人员规模、托收管理、保育管理、健康安全管理、人员管理等多项内容作出了明确规定。2019年12月，国家卫生健康委员会、民政部等部门制定了《托育机构登记和备案办法（试行）》。2020年1月，国家发展和改革委员会、国家卫生健康委员会发布《关于组织实施普惠托育服务专项行动的通知》，明确各省份申报托位数、部门职责等内容。2020年7月，国家卫生健康委员会组织编写了《婴幼儿喂养健康教育核心信息》。2020年7月，国务院办公厅发布的《关于支持多渠道灵活就业的意见》指出，增强托幼服务业的吸纳就业能力，开展托幼技能的针对性培训，并落实培训补贴和生活费补贴。2020年10月，人力资源和社会保障部、民政部、财政部等部门颁发《关于实施康养职业技能培训计划的通知》，明确了婴幼儿照护服务从业人员的培训制度、培训标准体系、职业技能评价体系等内容。这弥补了我国托育服务政策在从业人员职业认证标准和培训体系上的缺失。

2020年10月，《中共中央关于制定国民经济和社会发展第十四个五年规划和二〇三五年远景目标的建议》指出实施人口老龄化国家战略需要制定人口长期发展战略，优化生育政策，提高优生优育服务水平，发展普惠托育服务体系。2020年12月，国务院办公厅发布《关于促进养老托育服务健康发展的意见》，从政策体系、服务供给、发展环境、监管服务4个方面展开，系统阐述了如何推动养老托育服务健康发展。2021年1月，国家卫生健康委员会颁布《托育机构保育指导大纲（试行）》，根据婴幼儿的月龄特点，提出了营养与喂养、睡眠、生活与卫生习惯、动作、语言、认知、情感与社会性7个方面的发展目标、保育要点以及指导建议。同月，国家卫生健康委员会办公厅又发布了《托育机构婴幼儿伤害预防指南（试行）》，针对3岁以下婴幼儿常见的伤害类型，为托育机构从业人员开展伤害预防提供了技术指导与参考。2021年《政府工作报告》指出要发展婴幼儿照护服务。2021年3月，国家发展和改革委员会、中央宣传部、教育部等部门共同印发《国家基本公共服务标准（2021年版）》，第一部分是幼有所育，具体包括优孕优生服务、儿童健康服务以及儿童关爱服务三方面的内容。2021年5月，国家卫生健康委员会、国家发展和改革委员会印发《关于开展全国婴幼儿照护服务示范城市创建活动的通知》，旨在形成一批可复制、可推广的典型经验，探索一批切实管用的政策举措。2021年6月，为积极应对人口老龄化，扩大养老托育服务有效供给，国家发展和改革委员会、民政部、国家卫生健康委员会共同制定了《“十四五”积极应对人口老龄化工程和托育建设实施方案》，2024年3月，对该方案进行了修订。

为了适应人口形势新变化、高质量发展的新要求，2021年7月，中共中央、国务院颁布的《关于优化生育政策促进人口长期均衡发展的决定》提出，实施一对夫妻可以生育三个子女的政策及配套支持措施，国家进一步放开生育政策，同时致力于健全托育服务体系。同年7月，为了推进实施《“十四五”积极应对人口老龄化工程和托育建设实施方案》，落实养老托育项目的中央预算内投资支持标准，国家发展和改革委员会等部门印发了《关于编报积极应对人口老龄化工程和托育建设2021年中央预算内投资计划建议的通知》。2021年8月，国家卫生健康委颁布《托育机构负责人培训大纲（试行）》和《托育机构保育人员培训大纲（试行）》。2021年12月2日，人社部办公厅颁发《婴幼儿发展引导员国家职业技能标准（2021年版）》和《保育师国家职业技能标准（2021年版）》。2021年12月，国家卫生健康委颁布《托育机构婴幼儿喂养与营养指南（试行）》和《托育综合服务中心建设指南（试行）》。2022年1月19日，国家卫生健康委员会办公厅等颁发《托育机构消防安全指南（试行）》。

党的二十大报告指出：“优化人口发展战略，建立生育支持政策体系，降低生育、养育、教育成本。”在“幼有所育”上持续用力，明确将“幼有所育”纳入保障和改善民生的重要内容。

该时期婴幼儿照护服务政策有3个特点：一是养老托育政策一体化；二是婴幼儿照护服务政策体系化和精准化；三是服务于人口生育政策。

第二节　托育服务政策法规

一、托育机构的相关政策法规

（一）托育机构法人地位

一所托育机构要成为独立的法人，必须具备以下条件。

1. 依法成立

所谓依法成立，是指法人须依照法律的规定成立。一是托育机构法人设立的目的、宗旨、组织形式、活动范围等必须符合《托育机构设置标准（试行）》《托育机构管理规范（试行）》《托育机构登记和备案办法（试行）》等法律法规的规定；二是托育机构法人的成立必须依照法律规定的程序。非依照法律规定程序成立的托育机构，不仅不能成为独立法人，还要承担违法经营的法律责任。

2. 有必要的财产和经费

托育机构要进行正常的保教工作，成为独立法人单位，必须具备相应的硬件设施和经费保障，这是托育机构法人作为民事主体独立进行民事活动的物质基础，也是法人独立承担民事责任的财产保障。由于托育机构的类型、规模不同，其所需的必要财产和经费也相应地有所区别。

3. 有自己的名称、组织机构和场所

托育机构法人的名称是自己区别于其他教育机构的符号，有了自己的名称，托育机构法人才能以自己的名义进行法律活动，并以自己的名义享受权利和承担义务。托育机构法人的名称应当能反映自己的性质，并符合法律关于托育机构法人名称的规定，不得使用法律禁止使用的名称。《托育机构登记和备案办法（试行）》第五条规定“托育机构申请登记的名称中可包含‘托育’字样”。

4. 能独立承担法律责任

这里的法律责任主要是指民事法律责任。能独立以自己的名义承担法律责任有三层含义：首先，托育机构法人能以自己的名义承担法律责任，而不是以他人的名义承担法律责任；其次，托育机构法人有能力承担法律责任；最后，托育机构法人能以自己独立的财产承担相应的法律责任，而不能以他人的财产承担法律责任。

（二）托育机构的设立

托育机构作为实施保教工作，对婴幼儿提供托育服务的组织机构，其设置必须要符合国家和社会公共利益的需要。只有具备法律规定的开办条件，托育机构才可能保证正常履行婴幼儿托育服务的效果。

1. 托育机构设置的条件

（1）要有符合条件的完备材料。根据《托育机构登记和备案办法（试行）》第八条的规定，托育机构应当及时向机构所在地的县级卫生健康部门备案，登记托育机构备案信息系统，在线填写托育机构备案书、备案承诺书，并提交以下材料扫描件：1）营业执照或其他法人登记证书；2）托育机构场地证明；3）托育机构工作人员专业资格证明及健康合格证明；4）评价为“合格”的《托幼机构卫生评价报告》；5）消防安全检查合格证明；6）法律法规规定的其他相关材料。提供餐饮服务的，应当提交《食品经营许可证》。

（2）有合格的工作人员。托育机构应配置综合管理、保育照护、卫生保健、安全保卫等工作人员。根据《托育机构设置标准（试行）》《托育机构管理规范（试行）》的有关规定，托育机构的工作人员必须具备任职资格，应取得相应的职业技能证书，如育婴师证、保育师证、保安员证等。

（3）有符合规定标准的托育服务场所及设施、设备等。申请举办托育机构应当具备符合相关标准要求的场地和设施，这是托育机构完成保教工作任务的基本条件。具体标准应当符合《中华人民共和国未成年人保护法》《中华人民共和国建筑法》《中华人民共和国消防法》《托儿所幼儿园卫生保健管理办法》等法律法规，以及《托儿所、幼儿园建筑设计规范》《建筑设计防火规范》等国家标准或者行业标准，应当符合《托育机构设置标准（试行）》《托育机构管理规范（试行）》《托育机构登记和备案办法（试行）》等要求。

（4）有必要的经营资金和稳定的经费来源。申请设置托育机构，必须通过财政拨款、自有资金和社会捐赠等合法途径筹集到设立托育机构所必须具备的最低限额的经费，托育机构举办者在审批时提交财产及经费来源的证明文件。国家通过各种政策、法规鼓励和支持社会力量发展婴幼儿托育服务行业，《国务院办公厅关于促进3岁以下婴幼儿照护服务发展的指导意见》中就规定：“充分发挥市场在资源配置中的决定性作用，梳理社会力量进入的堵点和难点，采取多种方式鼓励和支持社会力量举办婴幼儿照护服务机构。鼓励地方政府通过采取提供场地、减免租金等政策措施，加大对社会力量开展婴幼儿照护服务、用人单位内设婴幼儿照护服务机构的支持力度。鼓励地方政府探索试行与婴幼儿照护服务配套衔接的育儿假、产休假。创新服务管理方式，提升服务效能水平，为开展婴幼儿照护服务创造有利条件、提供便捷服务。”

2. 托育机构设置的程序

托育机构的设立除了要求举办者需要具备设置托育机构的基本条件外，还要求托育机构举办者必须按照有关的规定履行申办托育机构的相应程序。《托育机构登记和备案办法（试行）》第三条规定：“举办托育机构的，应当按照本办法规定办理登记和备案。”

目前，我国对不同性质的托育机构的设立实行登记注册和审批两种程序性管理制度，无论哪种形式设立的托育机构均须实行备案。

（1）登记注册。登记注册是指行政主管部门对举办托育机构的申请者提交的设立托育机构的报告进行审核，如果没有发现违背法律、法规规定的情形，拟办的托育机构符合设立条件和设置标准，就予以登记注册，使其取得合法地位。根据《托育机构登记和备案办法（试行）》第四条的规定，举办社会服务机构性质的托育机构的，向县级以上民政部门申请注册登记。举办营利性托育机构的，向县级以上市场监督管理部门申请注册登记。托育机构办理完注册登记后，还须到主管部门进行备案。《托育机构登记和备案办法（试行）》第七条规定："县级卫生健康部门负责辖区内已登记托育机构的备案。"

（2）审批。审批一般包括审核、批准和备案等几个环节。行政机关根据托育机构的设置标准和审核程序，不仅要审核举办的托育机构是否符合法律规定的基本条件和有关设置标准，而且要审核、论证其是否符合本地区的托育服务事业发展规划等。

二、托育机构从业人员相关政策法规

托育机构从业人员是对在托育机构中从事婴幼儿照护的工作人员的总称。《托育机构设置标准（试行）》第十八条第一款规定："托育机构应当根据场地条件，合理确定收托婴幼儿规模，并配置综合管理、保育照护、卫生保健、安全保卫等工作人员。"

（一）托育机构从业人员从业资格的取得要件

1. 积极要件

积极要件是指取得托育机构从业人员资格必须具备的条件。托育机构从业人员资格取得要件包括以下两点：

（1）思想道德要求。良好的政治思想水平和道德修养是取得托育机构从业人员资格的重要条件。

（2）业务要求。要具有保教工作能力，这是完成保教工作任务的必备条件，其具体要求有三项：第一，强调应当具有婴幼儿照护经验或相关专业背景，受过相关培训；第二，强调应当经过妇幼保健机构组织的卫生保健专业知识培训并合格；第三，强调应当取得公安机关颁发的保安员证，并由获得公安机关颁发保安服务许可证的保安公司派驻。

2. 消极要件

消极要件是指不能取得托育机构从业人员从业资格证的情况。《托育机构管理规范（试行）》第三十三条规定："托育机构工作人员应当具有完全民事行为能力和良好的职业道德，热爱婴幼儿，身心健康，无虐待儿童记录，无犯罪记录，并符合国家和地方相关规定要求的资格条件。"

（二）托育机构从业人员聘任制度

1. 概述

《托育机构管理规范（试行）》第三十六条规定："托育机构应当依法与工作人员签订劳动合同，保障工作人员的合法权益。"托育机构从业人员聘任制度是指托育机构和托育机构从业人员双方在平等、自愿的基础上，以签订聘任合同的方式，确认托育机构从业人员受聘的职务及双方权利和义务关系的托育机构从业人员任用制度。

与其他劳动合同一样，托育机构从业人员聘任合同是托育机构从业人员在平等、自愿的基础上与托育机构签订的劳动关系合同，因此具有民事契约的性质。

在聘任制度下，托育机构从业人员与托育机构在遵守双方地位平等的原则下，托育机构从业人员与托育机构签订聘任合同，进而明确双方的权利、义务和责任。

2. 程序与内容

（1）招聘。招聘是指托育机构通过各种途径公开选拔保教工作所需从业人员并与之签订聘任合同的过程。招聘应当具有公开、公正、自愿、平等等特点。

托育机构与受聘人签订的聘任合同应当具备以下具体条款：聘任合同期限；工作内容；劳动保护和劳动条件；劳动报酬；劳动纪律；聘任合同终止的条件；违反聘任合同的责任。

托育机构与新任托育机构从业人员的聘任合同可以约定试用期，但试用期不得超过6个月。托育机构从业人员在与托育机构签订聘任合同时应仔细审查合同文本，以免自己的合法权益受到侵害。

（2）续聘。续聘是指托育机构从业人员的聘期届满后，托育机构与从业人员就续聘签订聘任合同。值得注意的是，如果托育机构从业人员在同一托育机构连续工作满10年以上，当事人双方同意续延聘任合同的，如果托育机构从业人员提出订立无固定期限的聘任合同，应当订立无固定期限的聘任合同。

（3）解聘。解聘是指托育机构单方面解除聘任合同的行为。一般情况下，托育机构不得单方面解除与托育机构从业人员的聘任合同，但在托育机构从业人员严重违反托育机构纪律或因严重失职给托育机构造成重大损失等特定情况下，托育机构可以单方解除聘任合同。

依照《中华人民共和国劳动合同法》第三十九条的规定，劳动者有下列情形之一的，用人单位可以解除劳动合同：

1）在试用期间被证明不符合录用条件的；

2）严重违反用人单位的规章制度的；

3）严重失职，营私舞弊，给用人单位造成重大损害的；

4）劳动者同时与其他用人单位建立劳动关系，对完成本单位的工作任务造成严重影响，或者经用人单位提出，拒不改正的；

5）因本法第二十六条第一款第一项规定的情形致使劳动合同无效的；

6）被依法追究刑事责任的。

依照《中华人民共和国劳动合同法》第四十条的规定，有下列情形之一的，用人单位提前30日以书面形式通知劳动者本人或者额外支付劳动者一个月工资后，可以解除劳动合同：

1）劳动者患病或者非因工负伤，在规定的医疗期满后不能从事原工作，也不能从事由用人单位另行安排的工作的；

2）劳动者不能胜任工作，经过培训或者调整工作岗位，仍不能胜任工作的；

3）劳动合同订立时所依据的客观情况发生重大变化，致使劳动合同无法履行，经用人单位与劳动者协商，未能就变更劳动合同内容达成协议的。

在下列情况下，用人单位不得解除合同：患职业病或者因工负伤并被确认丧失或者部分丧失劳动能力的；患病或者非因公负伤，在规定的医疗期内的，女性从业人员在孕期、产期、哺乳期的。

（4）辞聘。辞聘是指托育机构从业人员单方面解除与托育机构的聘任合同。在托育机构未按照聘任合同约定支付劳动报酬或者未按照聘任合同约定提供劳动条件时，托育机构从业人员随时可以解除和托育机构的聘任合同。在其他情况下，托育机构从业人员如果单方辞聘，需要提前30天通知托育机构。

3. 聘任争议解决

托育机构从业人员的聘任问题按照《中华人民共和国劳动法》的规定处理。

按照有关规定，托育机构从业人员与托育机构间的聘任合同争议可以首先提交当地人事仲裁部门仲裁。如果对仲裁结果不服，自收到仲裁裁决之日起15日内向人民法院提起诉讼，人民法院应当依法受理。一方当事人在法定期间内不起诉又不履行仲裁裁决、另一方当事人向人民法院申请执行的，人民法院应当依法执行。

三、婴幼儿保护相关政策与法规

（一）国外政策与法规

对婴幼儿保护的国际公约文献可以分成两类：第一类是规定基本人权保护，并不限于婴幼儿群体；第二类是包括婴幼儿在内的儿童保护，是针对儿童这一特殊群体的权利保护规定。

1.《儿童权利宣言》

《儿童权利宣言》于1959年11月20日获得联合国大会通过。《儿童权利宣言》明确了各国儿童应享有的各项基本权利。《儿童权利宣言》包括10条准则，规定了儿童应享有健康成长和发展、受教育的权利。《儿童权利宣言》还指出儿童在任何情况下都应首先受到保护和救济，不应受到任何形式的忽视、虐待和剥削。联合国大会发布这一宣言的目的是希望儿童能够享有《儿童权利宣言》中说明的各项权利和自由，享有幸福的童年，并号召所有父母、其他个人以及各类组织、各国政府按照《儿童权利宣言》的准则逐步采取立法和其他措施，以儿童利益最大化为原则，保障儿童的这些权益。

2.《儿童权利公约》

《儿童权利公约》是联合国 1989 年 11 月 20 日第 44 届联合国大会第 25 号决议通过的，是第一部有关保障儿童权利且具有法律约束力的国际性约定，于 1990 年 9 月 2 日在世界生效。

《儿童权利公约》中规定的儿童最基本的权利可以概括为 4 种，即：

（1）生存权——每个儿童都有其固有的生命权和健康权。包括有权接受可达到的最高标准的医疗保健服务。

（2）受保护权——不受危害自身发展影响的、被保护的权利。包括保护儿童免受歧视、剥削、酷刑、虐待或疏忽照料，以及对失去家庭的儿童和难民儿童的基本保障。

（3）发展权——充分发展其全部体能和智能的权利。儿童有权接受正规和非正规的教育，以及儿童有权享有促进其身体、心理、精神、道德和社会发展的生活条件。

（4）参与权——参与家庭、文化和社会生活的权利。儿童有参与社会生活的权利，有权对影响他们的一切事项发表自己的意见。

《儿童权利公约》是历史上获得最广泛批准的人权条约，揭示了一个重要的理念：儿童享有一个人的全部权利，是拥有完整自身权利的人，他们并非其父母的归属品，也不是任何决定的被动接受者。《儿童权利公约》指出，18 岁以前均属于童年，这是与成人期相分离的阶段。在这一特殊且受保护的阶段，必须让儿童有尊严地成长、学习、玩耍、发展并成就自我。《儿童权利公约》第 19 条明确了保护儿童权利的方式和方法，成为国际社会有史以来最为广泛批准的人权条约，改变了全世界众多儿童的生活。

（二）国内政策与法规

1. 法律保护条款

《中华人民共和国宪法》《中华人民共和国未成年人保护法》《中华人民共和国人口与计划生育法》《中华人民共和国家庭教育促进法》等系列法律法规，从自由权、尊严权、生存权、发展权、受保护权、参与权、反歧视、反家庭暴力、反虐待等角度进行了规定，保护包括婴幼儿在内的公民权利不受侵犯。

《中华人民共和国宪法》第二章规定了公民的基本权利和义务，指明中华人民共和国公民在法律面前一律平等，国家尊重和保障人权。任何公民享有宪法和法律规定的权利，同时必须履行宪法和法律规定的义务。第三十七条第一款规定中华人民共和国公民的人身自由不受侵犯；第三十八条规定中华人民共和国公民的人格尊严不受侵犯；第四十九条第一款规定婚姻、家庭、母亲和儿童受国家的保护。

《中华人民共和国未成年人保护法》第三条规定国家保障未成年人的生存权、发展权、受保护权、参与权等权利。未成年人依法平等地享有各项权利，不因本人及其父母或者其他监护人的民族、种族、性别、户籍、职业、宗教信仰、教育程度、家庭状况、身心健康状况等受到歧视。第四条规定保护未成年人，应当坚持最有利于未成年人的原则。处理涉及未成年人事项，应当符合下列要求：给予未成年人特殊、优先保护；尊重未成年人人格尊严；保护未成年人隐私权和个人信息；适应未成年人身心健康发展的规律和特点；听取未成年人的意见；保护与教育相结合。

《中华人民共和国人口与计划生育法》第十一条规定加强母婴保健和婴幼儿照护服务，促进家庭发展的措施。第四十一条第二款规定托育机构有虐待婴幼儿行为的，其直接负责的主管人员和其他直接责任人员终身不得从事婴幼儿照护服务工作，构成犯罪的，依法追究刑事责任。

《中华人民共和国家庭教育促进法》第十七条规定未成年人的父母或者其他监护人实施家庭教育，应当关注未成年人的生理、心理、智力发展状况，尊重其参与相关家庭事务和发表意见的权利。第二十三条规定未成年人的父母或者其他监护人不得因性别、身体状况、智力等歧视未成年人，不得实施家庭暴力。

2. 婴幼儿保护相关政策与规章

我国颁布有《中国儿童发展纲要（2021—2030年）》《“十四五”国民健康规划》《关于推进儿童友好城市建设的指导意见》《国务院办公厅关于促进3岁以下婴幼儿照护服务发展的指导意见》《国务院办公厅关于促进养老托育服务健康发展的意见》《托育机构设置标准（试行）》《托儿所、幼儿园建筑设计规范》《托育机构消防安全指南（试行）》《托育机构管理规范（试行）》《托儿所幼儿园卫生保健管理办法》《托育机构保育指导大纲（试行）》《托育机构婴幼儿伤害预防指南（试行）》《托育机构婴幼儿喂养与营养指南（试行）》《婴幼儿喂养健康教育核心信息》等文件和规章，从婴幼儿照护发展规划、托育机构设置、托育机构管理、婴幼儿照护服务指导等方面进行了明确。

《中国儿童发展纲要（2021—2030年）》明确加强儿童早期发展服务。建立健全多部门协作的儿童早期发展工作机制，开展涵盖良好健康、充足营养、回应性照护、早期学习、安全保障等多维度的儿童早期发展综合服务。加强对家庭和托育机构的婴幼儿早期发展指导服务。

《“十四五”国民健康规划》明确指出：完善托育服务机构设置标准和管理规范，建立健全备案登记、信息公示和质量评估等制度，加快推进托育服务专业化、标准化、规范化。

《国务院办公厅关于促进3岁以下婴幼儿照护服务发展的指导意见》明确了家庭为主、托育补充；政策引导、普惠优先；安全健康、科学规范；属地管理、分类指导的总体要求。强调按照儿童优先的原则，最大限度地保护婴幼儿，确保婴幼儿的安全和健康。

《托育机构设置标准（试行）》和《托育机构管理规范（试行）》，从托育机构设置要求、场地设施、人员规模、备案管理、收托管理、保育管理、健康管理、安全管理、人员管理、监督管理等层面进行了细致的规范，以确保收托婴幼儿的健康与安全。

《国务院办公厅关于促进养老托育服务健康发展的意见》第十九条规定：完善养老托育服务综合监管体系。以养老托育机构质量安全、从业人员、运营秩序等方面为重点加强监管。

“十四五”社会发展与公共服务主要指标规定在“幼有所育”方面，到2025年每千人口拥有3岁以下婴幼儿托位数4.5个。

《关于推进儿童友好城市建设的指导意见》第二十一条规定，提升灾害事故防范应对能力。推动落实儿童密集场所安全主体责任和行业监管责任，有效防范应对各类灾害事故风险。强化防灾减灾安全教育，增强儿童防灾减灾意识和自救互救能力。储备面向儿童需求的重要应急物资。

本章小结

自2019年国务院办公厅印发《关于促进3岁以下婴幼儿照护服务发展的指导意见》至今，国家各部门陆续出台各级各类托育服务相关政策文件，多数省、自治区、直辖市等也出台了各地区的关于促进3岁以下婴幼儿照护服务发展的实施意见，总体政策措施基本落地。

为了保障和维护婴幼儿托育权利，促进托育事业公平普惠发展，我国亟待出台和实施托育专门法律，这不仅对于我国托育事业的发展具有重要意义和价值，还能够有效应对当前托育服务发展面临的困境和难题，适应和满足新形势下我国托育服务发展的新要求。托育服务法律应重点明确托育服务的性质、宗旨与地位，并且规定政府职责、财政投入、托育服务教师、保育与教育、法律责任等方面的问题，从而形成以《中华人民共和国宪法》《中华人民共和国未成年人保护法》等为导引，以托育服务法律为核心的托育服务法律体系，有力保障托育服务事业的健康、快速发展。

同步练习

一、单项选择题（将下列正确选项的字母填入括号中）

1. 托育服务长期以来主要依靠中央及地方出台的其他相关教育政策、法规等来进行规范和保障，主要为与（　　）相关的法律法规，用客观法理规定引导托育服务的发展。

A. 学前教育　　B. 基础教育

C. 高等教育　　D. 职业教育

2. 托育机构与新任托育机构从业人员的聘任合同可以约定试用期，但试用期不得超过（　　）个月。

A. 3　　B. 4

C. 5　　D. 6

3. 联合国1989年通过的（　　），是第一部有关保障儿童权利且具有法律约束力的国际性约定。

A.《儿童权利宣言》　　B.《儿童权利公约》

C.《联合国宪章》　　D.《儿童法》

4. 2019年，《关于促进3岁以下婴幼儿照护服务发展的指导意见》由（　　）印发，由此开始了我国托育服务事业发展的新时代。

A. 国家发展和改革委员会　　B. 国家卫生健康委员会

C. 国务院　　D. 民政部

5. 从责任主体看托育服务政策法规内容的变迁，多元主体协同发展阶段起始于（　　）。

A. 1949年　　B. 1978年

C. 2000年　　D. 2016年

二、多项选择题（将下列正确选项的字母填入括号中）

1.《托育机构设置标准（试行）》规定托育机构从业人员取得从业资格必须具备的要件有（　　）。

A. 具有良好的政治思想水平和道德修养

B. 具有婴幼儿照护经验或相关专业背景，受过相关培训

C. 须经卫生保健专业知识培训合格

D. 具有完全民事行为能力和良好职业道德，无犯罪记录

2. 托育服务立法遵循的基本原则包括（　　）。

A. 婴幼儿权益优先原则

B. 公益普惠原则

C. 公平原则

D. 政府主导与社会协同原则

3. 托育服务法律关系的客体是指托育服务法律关系主体的权利和义务共同指向的对象。它主要包括（　　）。

A. 托育服务行为　　B. 托育服务财产

C. 托育服务精神产品　　D. 托育服务机构及其工作人员

4. 一所托育机构要成为独立的法人，必须具备的条件有（　　）。

A. 依法成立

B. 有必要的财产和经费

C. 有自己的名称、组织机构和场所

D. 能独立承担法律责任

5. 托育机构设置的条件包括（　　）。

A. 要有符合条件的完备材料

B. 有合格的工作人员

C. 有符合规定标准的托育服务场所及设施、设备等

D. 有必要的经营资金和稳定的经费来源

三、判断题（下列描述，对的在括号中画“√”，错的在括号中画“×”）

1. 托育服务长期以来主要依靠中央及地方出台的其他相关教育政策、法规等来进行规范和保障，用法律规定引导托育服务的发展。（　　）

2. 托育服务法律关系是由主体、客体、内容三要素构成的。（　　）

3. 托育机构从业人员在试用期间被证明不符合录用条件的，托育机构可以解除劳动合同。（　　）

4. 从法的价值讲，法律是自由的障碍。（　　）

5. 托育发展要为弱势婴幼儿能够公平地获得托育服务提供更加有力的制度保障，实现形式公平与实质公平的统一。（　　）

第三章 托育职业法律制度

学习目标

知识目标

1. 熟悉托育机构从业人员的国家职业技能标准及托育职业有关法律规定；
2. 理解托育双方的权利和义务及违反托育法规、政策应承担的法律责任；
3. 了解托育机构负责人和保育人员的培训与管理工作；
4. 了解我国的托育职业资格与管理制度。

能力目标

1. 具备托育职业资格与管理制度规定的必备技能；
2. 能够担负起托育机构从业人员的管理与培训工作，能够承担托育服务法律责任。

素养目标

增强自身的职业技能标准和权责意识，通过提升托育职业道德素质与法治素养，成为新时代托育服务事业的合格建设者和可靠接班人，成为新时代新职业的奋进者、开拓者、奉献者。

案例导入

托育机构设置的相关法规

2019 年，国家卫健委虽然制定了《托育机构设置标准（试行）》和《托育机构管理规范（试行）》，并于 2019 年 10 月 8 日起施行，要求卫生监督机构加强监督执法，但是，对于托育机构违反托育服务相关标准和规范、虐待幼儿的行为，并无明确的处罚条款。

修订后的《中华人民共和国人口与计划生育法》已于 2021 年 9 月 1 日施行，首次以法律的形式，将托育机构（3 岁以下婴幼儿照护服务）管理确定为卫生健康行政部门的监管职责，赋予卫生健康部门执法处罚权，并明确托育机构的法律责任，托育机构不再是法外之地。

托育机构违反托育服务相关标准和规范、有虐待婴幼儿行为的，将按照《中华人民共和国人口与计划生育法》第四十一条的规定予以警告、罚款、停业、停止托育服务，直至追究刑事责任：

1. 托育机构违反托育服务相关标准和规范的，由卫生健康主管部门责令改正，给予警告；拒不改正的，处五千元以上五万元以下的罚款；情节严重的，责令停止托育服务，并处五万元以上十万元以下的罚款。

2. 托育机构有虐待婴幼儿行为的，其直接负责的主管人员和其他直接责任人员终身不得从事婴幼儿照护服务；构成犯罪的，依法追究刑事责任。

问题：作为一名托育工作人员，应如何看待国家卫健委有关托育机构设置的法规变化？

第一节　托育职业资格与管理制度

一、托育机构从业人员

党的二十大报告提出要在“幼有所育”上持续用力，由此，托育机构从业人员准入标准亟待明确，何种人员可担任托育机构婴幼儿照护服务专业人员？有何职业标准要求？本节将论述托育机构从业人员的职业内涵、国家职业标准，以期推动从业人员工作的标准化与规范化。

（一）婴幼儿发展引导员

婴幼儿发展引导员是指从事 0 ～ 3 岁婴幼儿身心健康发展引导并对婴幼儿看护人提供辅助咨询服务工作的人员。

1. 职业技能等级

本职业共设 4 个等级，分别为四级 / 中级工、三级 / 高级工、二级 / 技师、一级 / 高级技师。

2. 申报条件

具备以下条件之一者，可申报四级 / 中级工：

（1）取得相关职业[①]五级/初级工职业资格证书（技能等级证书）后，累计从事本职业或相关职业工作3年（含）以上。

（2）累计从事本职业或相关职业工作4年（含）以上。

（3）取得技工学校本专业或相关专业[②]毕业证书（含尚未取得毕业证书的在校应届毕业生）；或取得经评估论证、以中级技能为培养目标的中等及以上职业学校本专业或相关专业毕业证书（含尚未取得毕业证书的在校应届毕业生）。

具备以下条件之一者，可申报三级/高级工：

（1）取得本职业或相关职业四级/中级工职业资格证书（技能等级证书）后，累计从事本职业或相关职业工作5年（含）以上。

（2）取得本职业或相关职业四级/中级工职业资格证书（技能等级证书），并具有高级技工学校、技师学院毕业证书（含尚未取得毕业证书的在校应届毕业生）；或取得本职业或相关职业四级/中级工职业资格证书（技能等级证书），并具有经评估论证、以高级技能为培养目标的高等职业学校本专业或相关专业毕业证书（含尚未取得毕业证书的在校应届毕业生）。

（3）具有大专及以上本专业或相关专业毕业证书，并取得本职业或相关职业四级/中级工职业资格证书（技能等级证书）后，累计从事本职业或相关职业工作2年（含）以上。

具备以下条件之一者，可申报二级/技师：

（1）取得本职业或相关职业三级/高级工职业资格证书（技能等级证书）后，累计从事本职业或相关职业工作5年（含）以上。

（2）取得本职业或相关职业三级/高级工职业资格证书（技能等级证书）的高级技工学校、技师学院毕业生，累计从事本职业或相关职业工作3年（含）以上；或取得本职业或相关职业预备技师证书的技师学院毕业生及本科院校毕业生，累计从事本职业或相关职业工作2年（含）以上。

具备以下条件之一者，可申报一级/高级技师：

（1）取得本职业或相关职业二级/技师职业资格证书（技能等级证书）后，累计从事本职业或相关职业工作5年（含）以上。

（2）具有研究生教育本专业或相关专业毕业证书，并取得本职业或相关职业二级/技师职业资格证书（技能等级证书）后，累计从事本职业或相关职业工作3年（含）以上。

---

① 相关职业（婴幼儿发展引导员）有：育婴员、保育师、孤残儿童护理员、生殖健康咨询师、母婴护理员、幼儿教育教师、儿科护士、儿科医师等职业。下同。

② 本专业或相关专业有：中等职业教育的幼儿保育、母婴照护专业，高等职业教育专科的婴幼儿托育服务与管理、早期教育、学前教育专业及健康管理、护理、儿童康复治疗等专业，普通高等学校本科的学前教育专业及临床医学、护理学、妇幼保健医学等专业，研究生教育的学前教育学、少儿卫生与妇幼保健学二级学科及儿科学、护理学、中医儿科学等专业，技工院校的婴幼儿托育及相关护理、幼儿教育、健康服务与管理、健康与社会照护等专业。下同。

3. 鉴定方式

分为理论知识考试、技能考核以及综合评审。理论知识考试以笔试、机考等方式为主，主要考核从业人员从事本职业应掌握的基本要求和相关知识要求；技能考核主要采用现场操作、模拟操作及笔试等方式进行，主要考核从业人员从事本职业应具备的技能水平；综合评审主要针对技师和高级技师，通常采取审阅申报材料、答辩等方式进行全面评议和审查。

理论知识考试、技能考核和综合评审均实行百分制，成绩皆达60分（含）以上者为合格。

4. 职业要求

（1）道德素养。遵纪守法，诚信服务；爱岗敬业，恪尽职守；关爱孩子，尊重差异；认真观察，积极回应；好学善思，主动发展。

（2）业务素养。婴幼儿发展引导员必须掌握孕期引导知识、婴幼儿身心发育知识、婴幼儿发展引导知识、婴幼儿照护基本知识、婴幼儿安全知识。

知识链接

婴幼儿发展引导员业务知识

孕期引导知识，包括孕产妇身心变化规律及特点、胎儿发育规律及特点、孕期营养和运动知识；

婴幼儿身心发育知识，包括婴幼儿生理发育规律及特点、婴幼儿心理发育规律及特点等知识；

婴幼儿发展引导知识，包括婴幼儿动作发展及其环境营造、婴幼儿认知发展及其环境营造、婴幼儿语言发展及其环境营造、婴幼儿情感与社会性发展及其环境营造等知识；

婴幼儿照护基本知识，包括婴幼儿营养与喂养、婴幼儿睡眠与日常生活习惯、婴幼儿常见病与预防、婴幼儿回应性照护、婴幼儿早期学习及机会创设、婴幼儿发展及养育环境评估知识；

婴幼儿安全知识，包括婴幼儿安全的基本理念、婴幼儿日常居家与出行安全、婴幼儿伤害预防、婴幼儿常见伤害紧急处理知识。

婴幼儿发展引导员需要具备孕期引导、照护引导、发展引导、发展测评与咨询的能力。要能够提醒孕妇并讲解重点产检项目及注意事项，指导孕妇识别常见症状，给予保健指导，指导孕妇识别临产征兆，做好分娩物品准备。

知识链接

婴幼儿发展引导员的业务能力

心理健康方面：能够帮助孕产妇了解孕期及产后常见的心理反应，指导孕产妇表达内心感受与想法，指导孕产妇合理宣泄负面情绪。

营养与运动方面：能依据膳食指南及膳食宝塔指引孕产妇膳食，指导孕产妇适宜增重，指导孕产妇选择适宜的常见运动方式；能介绍母乳喂养的重要性，指导看护人进行配方奶喂养，正确使用喂养工具并进行辅食添加；引导婴幼儿养成良好的饮水习惯，创设安静宽松愉快的进餐环境，协助婴幼儿进餐、学习独立地进餐，指导看护人制定适宜的食谱。

保健护理方面：指导看护人掌握婴幼儿盥洗的方法、两便清洁方法；培养婴幼儿用眼习惯、口腔卫生习惯，培养婴幼儿安全睡眠；识别不同月龄婴幼儿的情绪变化及回应措施；掌握婴幼儿预防接种的知识，婴幼儿常见症状的护理知识与方法。

安全防护方面：指导看护人掌握婴幼儿居家安全知识、出行安全知识、饮食安全知识、用药安全知识以及避免做出妨碍婴幼儿身心健康发展的行为。

动作发展方面：指导看护人创设适宜婴幼儿动作发展的环境；了解婴幼儿先天性反射，知道婴幼儿粗大动作与精细动作发展的基本规律；掌握婴幼儿艺术教育的方法。

语言发展方面：指导看护人结合实物和动作，引导婴幼儿倾听和理解语言；引导婴幼儿使用声音、动作词汇等进行简单的互动和交流；指导看护人培养婴幼儿阅读的兴趣和习惯，指导看护人吟唱童谣和儿歌。

认知发展方面：指导看护人掌握婴幼儿感知觉发展、注意记忆发展、思维想象发展的规律和特点；指导看护人创设适宜的情境，提供适宜婴幼儿感知觉发展的材料；启发婴幼儿进行简单的分类配对和排序等游戏活动。

发展测评方面：指导看护人了解婴幼儿身心发展指标，观察记录婴幼儿发展状况；能使用适宜的沟通技巧，了解婴幼儿发展及照护状况。

环境评估方面：指导看护人了解婴幼儿生活用品、玩具和图书材料等的配备要求，以及婴幼儿照护环境创设的状况。

资源咨询方面：帮助看护人了解社区婴幼儿医疗保健机构，了解社区婴幼儿保育和教育机构，了解社区婴幼儿游戏场所。

（二）保育师

保育师是指在托育机构中通过创设适宜环境，合理安排一日生活和活动，为 3 岁以下婴幼儿提供生活照料、安全看护、平衡膳食和早期学习的机会，促进婴幼儿身体和心理全面发展的婴幼儿照护服务人员。

1. 职业技能等级

本职业共设5个等级，分别为：五级/初级工、四级/中级工、三级/高级工、二级/技师、一级/高级技师。

2. 申报条件

具备以下条件之一者，可申报五级/初级工：

（1）累计从事本职业或相关职业①工作1年（含）以上。

（2）本职业或相关职业学徒期满。

具备以下条件之一者，可申报四级/中级工：

（1）取得本职业或相关职业五级/初级工职业资格证书（技能等级证书）后，累计从事本职业或相关职业工作4年（含）以上。

（2）累计从事本职业或相关职业工作6年（含）以上。

（3）取得技工学校本专业或相关专业②毕业证书（含尚未取得毕业证书的在校应届毕业生）；或取得经评估论证、以中级技能为培养目标的中等及以上职业学校本专业或相关专业毕业证书（含尚未取得毕业证书的在校应届毕业生）。

具备以下条件之一者，可申报三级/高级工：

（1）取得本职业或相关职业四级/中级工职业资格证书（技能等级证书）后，累计从事本职业或相关职业工作5年（含）以上。

（2）取得本职业或相关职业四级/中级工职业资格证书（技能等级证书），并具有高级技工学校、技师学院毕业证书（含尚未取得毕业证书的在校应届毕业生）；或取得本职业或相关职业四级/中级工职业资格证书（技能等级证书），并具有经评估论证、以高级技能为培养目标的高等职业学校本专业或相关专业毕业证书（含尚未取得毕业证书的在校应届毕业生）。

（3）具有大专本专业或相关专业毕业证书，并取得本职业或相关职业四级/中级工职业资格证书（技能等级证书）后，累计从事本职业或相关职业工作2年（含）以上。

---

① 相关职业（保育师）有：育婴员、婴幼儿发展引导员、母婴保健技术服务人员、母婴护理员、健康管理师、公共营养师、幼儿教育教师、助产士、儿科护士、儿科医师等。下同。

② 技工学校本专业为婴幼托育，相关专业包括护理、幼儿教育、健康服务与管理、健康与社会照护、公共营养保健、家政服务等。

职业学校本专业包括中等职业教育的婴幼儿托育，高等职业教育专科的婴幼儿托育服务与管理，高等职业教育本科的婴幼儿发展与健康管理等。

职业学校相关专业包括中等职业教育的幼儿保育、母婴照护、护理、中医护理、营养与保健、现代家政服务与管理等；高等职业教育专科的早期教育、学前教育、护理、食品营养与健康、健康管理、医学营养、预防医学、助产、特殊教育、心理健康教育、现代家政服务与管理、心理咨询等；高等职业教育本科的护理、儿童康复治疗、健康管理、学前教育、现代家政管理等，以及普通高等学校本科的教育学类、护理学类、心理学类、公共卫生与预防医学类、儿科学、健康服务与管理、公共事业管理、家政学等。下同。

（4）具有本科及以上本专业或相关专业毕业证书，累计从事本职业或相关职业工作2年（含）以上。

具备以下条件之一者，可申报二级/技师：

（1）取得本职业或相关职业三级/高级工职业资格证书（技能等级证书）后，累计从事本职业或相关职业工作4年（含）以上。

（2）取得本职业或相关职业三级/高级工职业资格证书（技能等级证书）的高级技工学校、技师学院毕业生，累计从事本职业或相关职业工作3年（含）以上；或取得本职业或相关职业预备技师证书的技师学院毕业生，累计从事本职业或相关职业工作2年（含）以上。

具备以下条件者，可申报一级/高级技师：

取得本职业或相关职业二级/技师职业资格证书（技能等级证书）后，累计从事本职业或相关职业工作4年（含）以上。

3. 鉴定方式

分为理论知识考试、技能考核以及综合评审。理论知识考试以笔试、机考等方式为主，主要考核从业人员从事本职业应掌握的基本要求和相关知识要求；技能考核主要采用模拟操作等方式进行，主要考核从业人员从事本职业应具备的技能水平；综合评审主要针对技师和高级技师，通常采取审阅申报材料、答辩等方式进行全面评议和审查。

理论知识考试、技能考核和综合评审均实行百分制，成绩皆达60分（含）以上者为合格。

4. 职业要求

（1）道德素养。品德高尚，富有爱心；敬业奉献，素质优良；尊重差异，积极回应。

（2）业务素养。身心健康，人格健全；热爱婴幼儿，认真负责；亲切和蔼，善于沟通；观察敏锐，动作灵活。

知识链接

保育师专业要求

保育师主要负责婴幼儿的日常生活照料，安排游戏活动，促进婴幼儿身心健康，使婴幼儿养成良好的行为习惯，应当具有婴幼儿照护经验或相关专业背景，受过婴幼儿保育相关培训和心理健康知识培训。同时，必须具备专门的资格，符合特定的要求。目前有3个方面要求：一是要达到符合规定的学历；二是要具备相应的专业知识与专业能力；三是要符合与其职业相称的其他有关规定。

保育师应掌握的基础知识包括婴幼儿生理与心理知识，婴幼儿营养与喂养知识，婴幼儿安全照护、伤害预防知识与急救常识，婴幼儿常见病及保健知识，传染病及预防知识，婴幼儿生活环境创设知识、婴幼儿支持性环境创设知识、家园合作共育的基本知识，以及相关的法律法规知识。

知识链接

保育师的实践能力

在日常工作中，保育师的实践能力要求包括环境创设、生活照料、安全健康管理、早期学习支持、合作共育等方面，具体为：

（1）具有依规布置日常照料和游戏空间的环境创设能力；

（2）能够对常见的危险品进行保管并具有物品的使用、登记的物品管理能力；

（3）具有配置常用的消毒液，按程序对婴幼儿活动场所及各类设施设备、用品材料等进行清洁消毒及记录的清洁消毒能力；

（4）具有识别婴幼儿困倦的信号，为其创设良好的睡眠环境，安抚婴幼儿入睡，做好睡眠巡视和看护的睡眠照料能力；

（5）具有为婴幼儿测量身高体重，进行晨检午检晚检、全日健康观察，开展适宜锻炼的健康管理能力；

（6）具有发现一日生活中的潜在风险，预防磕碰伤、挤压伤、跌倒伤、异物伤等常见伤害，并做好一日生活过程看护的伤害预防能力；

（7）具有为婴幼儿提供多种形式的活动机会，保证其充足活动时间，保护婴幼儿对周围环境与事物的好奇心、求知欲，提供可信赖的环境探索，加以适当的语言示范的早期发展支持能力；

（8）具有与同事交流婴幼儿的基本表现，整理日常保育文档与资料，能向家长描述婴幼儿在机构的基本情况，展示家园共育信息的合作共育能力。

（三）托育机构负责人

1. 概述

托育机构负责人是指负责托育机构全面工作的人员。其办托思想端正，正确理解贯彻党和国家的托育服务方针政策；规范办托行为，具备履行岗位职责必备的基本知识与能力；增强管理能力，能够科学组织与管理托育机构。

2. 职责

托育机构负责人要掌握《中华人民共和国未成年人保护法》《中华人民共和国母婴保健法》《中华人民共和国母婴保健法实施办法》《中华人民共和国食品安全法》《托儿所

幼儿园卫生保健管理办法》等相关法律法规，认真学习《国务院办公厅关于促进3岁以下婴幼儿照护服务发展的指导意见》《托育机构设置标准（试行）》《托育机构管理规范（试行）》《托儿所、幼儿园建筑设计规范》《建筑设计防火规范》《托育机构登记和备案办法（试行）》《托育机构保育指导大纲（试行）》《托育机构婴幼儿伤害预防指南（试行）》《婴幼儿喂养健康教育核心信息》等相关政策文件。

托育机构负责人要具有基本职业道德与专业理念，具备职业认同，履行岗位职责与行业规范，尊重婴幼儿权利及家庭合法权益，掌握心理健康知识；具备科学的儿童观、保育观、与家庭及社区合作共育观念，以及医育结合的理念。具体要求如下：

（1）端正办托思想。熟悉并执行托育服务相关政策法规，增强法治意识，履行岗位职责，遵守行业规范。具备良好的职业道德，树立正确科学的儿童观、保育观。

（2）规范办托行为。理解托育机构管理岗位要求，能够建立信息管理、健康管理、疾病防控和安全防护监控制度，制定安全防护、传染病防控等应急预案，确保婴幼儿的安全和健康。根据婴幼儿身心发展特点和规律，制定科学的保育方案，合理安排一日生活和活动，提供支持性环境，满足婴幼儿健康成长的需要。

（3）提升管理能力。规划托育机构发展，加强保育的组织与管理，增强对保育人员的指导、检查和评估，引领托育机构质量提升。与家庭、社区密切合作，整合各方资源支持托育机构保育工作，向家长、社区提供照护服务和指导服务，帮助家庭增强科学育儿能力。

二、托育机构从业人员的管理与培训

2021年8月，为了深入贯彻《国务院办公厅关于促进3岁以下婴幼儿照护服务发展的指导意见》，切实加强托育服务人才队伍建设，国家卫生健康委员会组织制定了《托育机构负责人培训大纲（试行）》和《托育机构保育人员培训大纲（试行）》。要求各级卫生健康部门要统筹做好托育机构负责人和保育人员岗位培训总体规划，确立托育机构负责人和保育人员岗位培训制度，将其作为急需紧缺人员纳入培训规划，分批次开展培训工作。各级卫生健康部门要遴选一批基础较好的优质教材和课程资源，推进托育机构负责人和保育人员培训相关教材建设，充分发挥高校、行业学（协）会和示范托育机构力量，开发高质量培训指导教材和资源库。各级卫生健康部门要对托育机构负责人和保育人员培训机构加强监管，建立定期评估机制，形成动态管理、有进有出的竞争管理机制。

（一）托育机构负责人的培训与管理

1. 培训方式

采用理论和实践相结合、线上与线下相结合的方式。培训总时长不少于60学时，其中理论培训不少于40学时，实践培训不少于20学时。

2. 培训目标

通过培训，参训托育机构负责人端正办托思想，正确理解贯彻党和国家的托育服务方针政策；规范办托行为，具备履行岗位职责必备的基本知识与能力；增强管理能力，能够科学组织与管理托育机构。

3. 培训内容

理论培训与实践培训。

知识链接

托育机构负责人培训内容

1. 理论培训

（1）法律法规和政策文件。《中华人民共和国未成年人保护法》《中华人民共和国母婴保健法》《中华人民共和国母婴保健法实施办法》《中华人民共和国食品安全法》《托儿所幼儿园卫生保健管理办法》等相关法律法规，《国务院办公厅关于促进3岁以下婴幼儿照护服务发展的指导意见》《托育机构设置标准（试行）》《托育机构管理规范（试行）》《托儿所、幼儿园建筑设计规范》《建筑设计防火规范》《托育机构登记和备案办法（试行）》《托育机构保育指导大纲（试行）》《托育机构婴幼儿伤害预防指南（试行）》《婴幼儿喂养健康教育核心信息》等相关政策文件。

（2）职业道德。职业认同，岗位职责，行业规范，儿童权利，婴幼儿家庭合法权益，心理健康知识。

（3）专业理念。儿童观，保育观，与家庭、社区合作共育观念，医育结合理念。

（4）规范发展。登记备案，托育服务协议签订，收托健康检查，收托信息管理，信息公示，机构发展规划，机构发展反思与改进。

（5）卫生保健知识。室内外环境卫生，设施设备、用品、材料等卫生消毒，婴幼儿常见疾病、传染病、伤害的预防与控制，科学喂养与膳食添加，睡眠环境与照护，晨午检与全日健康观察，体格锻炼，心理行为保健，工作人员健康管理。

（6）安全防护。安全消防知识，食品安全知识，场地设施，婴幼儿适龄的家具、用具、玩具、图书、游戏材料等配备要求，安全防护措施和检查，突发事件应急预案与处理。

（7）保育管理。婴幼儿生理、心理发展知识，一日生活和活动安排与组织，生活与卫生习惯培养，动作、语言、认知、情感与社会性等方面保育要点，户外活动要求与组织，游戏安排与组织，环境创设与利用。

（8）人员队伍管理。人员配备与资格要求，人员劳动合同签订，人员合法权益保障，人员职位晋升与工作激励，人员岗前培训与定期培训，人员安全与法治教育，人员专业发展规划，人员心理健康管理。

（9）外部关系。家长会议、家长接待与咨询、家长委员会、家长开放日等与家庭合作相关的要求与策略，向家庭、社区提供照护服务和指导服务的内容与策略，配合主管部门业务指导的内容与要求。

2. 实践培训

（1）机构规范设置。托育机构场地、建筑设计、室内外环境、设施设备、图书与游戏材料等规范设置的实践观摩与学习。

（2）日常管理制度。信息管理、健康管理、膳食管理、疾病防控、安全防护、人员管理、人员培训、财务管理、家长与社区联系等制度的建立与实施，年度工作计划制订与定期报告，托育机构质量评估制度的建立与落实。

（3）保育活动组织。入托、晨检、饮食、饮水、如厕、盥洗、睡眠、游戏、离托等一日生活安排与指导，动作、语言、认知、情感与社会性等保育活动组织与指导，环境创设，照护服务日常记录和反馈，保育人员工作的检查和评估。

（4）应急管理训练。婴幼儿常见伤害急救基本技能，防范、避险、逃生、自救的基本方法，消防、安全保卫等演练，突发意外伤害的处理程序，安全突发事件应急处理程序。

4. 培训原则

（1）岗位胜任原则。培训应以托育机构负责人岗位要求为重点，通过系统培训引导与自主学习反思相结合的方式，促进托育机构负责人明晰岗位工作任务，具备胜任岗位职责的基本知识与能力。

（2）需求导向原则。培训应以托育机构负责人在管理工作中的重点与难点为出发点，综合考虑岗位需求和发展需要，按需施教，优化培训内容，确保托育机构负责人学以致用、用以促学、学用相长。

（3）多元方式原则。培训可通过专题讲座、网络研修、研讨交流、案例分析、返岗实践等多元方式，借助互联网等手段，推动托育机构负责人理论学习和现场观摩相结合、线上学习与线下研修相结合，提高培训的便捷性、有效性。

5. 培训考核

培训考核内容分为理论考试和实践技能考核两部分，各级卫生健康部门负责对培训效果进行抽查。

（二）托育机构从业人员的培训与管理

1. 培训方式

采用理论和实践相结合、线上与线下相结合的方式。培训总时长不少于 120 学时，其中理论培训不少于 60 学时，实践培训不少于 60 学时。

2. 培训目标

通过培训，参训托育机构从业人员熟悉托育服务法规与政策，树立法治意识与规范托育思想；学习托育工作的基本技能与方法，强化安全托育意识；掌握婴幼儿早期发展与回应性照护的知识与策略，提升科学托育素养。

（1）增强规范托育意识。熟悉托育服务相关政策法规，遵守托育机构从业人员岗位职责和基本规范；具备良好的职业道德和专业认同感；树立正确的托育观念，坚持儿童优先，保障儿童权利。

（2）掌握安全托育方法。切实做好安全防护工作，最大限度地保护婴幼儿的安全和健康；掌握婴幼儿卫生保健、生活照料等托育工作的基本方法和操作规范。

（3）提升科学托育能力。合理安排婴幼儿的生活和活动，具备促进婴幼儿早期发展的能力，满足婴幼儿身体发育和心理发展的需要；掌握与家庭及社区沟通合作的技巧，提供科学育儿指导，及时进行专业反思。

3. 培训内容

理论培训与实践培训。

知识链接

托育机构从业人员培训内容

1. 理论培训

（1）法律法规和政策文件。《中华人民共和国未成年人保护法》《中华人民共和国母婴保健法》《中华人民共和国母婴保健法实施办法》《托儿所幼儿园卫生保健管理办法》等相关法律法规；《国务院办公厅关于促进3岁以下婴幼儿照护服务发展的指导意见》《托育机构设置标准（试行）》《托育机构管理规范（试行）》《托育机构保育指导大纲（试行）》《托育机构婴幼儿伤害预防指南（试行）》《婴幼儿喂养健康教育核心信息》等相关政策文件。

（2）职业道德。职业规范，职业责任，儿童权利保护，专业认同，人文素养，心理健康等。

（3）专业理念。儿童观，保育观，医育结合理念等。

（4）卫生保健知识。卫生与消毒，物品管理，生长发育监测，体格锻炼，心理行为保健，婴幼儿常见病预防与管理，传染病预防与控制，健康信息收集。

（5）安全防护。食品安全知识，环境与设施设备防护安全，婴幼儿常见伤害预防与急救，意外事故报告原则与流程等。

（6）生活照料。各月龄营养与喂养要点，进餐照护，饮水照护，睡眠照护，生活卫生习惯培养，出行照护等。

（7）早期发展支持。婴幼儿生理、心理发展知识，婴幼儿个体差异与支持，特殊需要婴幼儿识别与指导，活动设计与组织等。

（8）沟通与反思。日常记录与反馈，与家庭、社区沟通合作，家庭、社区科学养育指导，保育实践反思等。

2. 实践培训

（1）卫生消毒。活动室、卧室等室内外环境卫生清扫、检查和预防性消毒，抹布、拖布等卫生洁具的清洗与存放，床上用品、玩具、图书、餐桌、水杯、餐巾等日常物品的清洁与预防性消毒。

（2）健康管理。晨午检及全日健康观察，运动和体格锻炼，健康行为养成，计划免疫宣传与组织等。

（3）疾病防控。发热、呕吐、腹泻、惊厥、上呼吸道感染等常见疾病的识别、预防与护理，手足口、疱疹性咽炎、水痘、流感等婴幼儿常见传染病的识别、报告与隔离，贫血、营养不良、肥胖等营养性疾病，先心病、哮喘、癫痫等疾病婴幼儿的登记和保育护理。

（4）安全防护。窒息、跌倒伤、烧烫伤、溺水、中毒、异物伤害、动物致伤、道路交通伤害等常见伤害急救技能，地震等重大自然灾害的逃生流程与演练，火灾、踩踏、暴力袭击等突发事件的预防与应急处理。

（5）饮食照护。膳食搭配，辅食添加，喂养方法，进餐环境创设，进餐看护与问题识别，独立进餐、专注进食、不挑食等饮食习惯培养，辅助婴幼儿用水杯饮水等。

（6）睡眠照护。睡眠环境创设，困倦信号识别，睡眠全过程观察、记录与照护；规律就寝、独立入睡等睡眠习惯培养，睡眠问题的识别与应对，婴幼儿睡眠的个别化照护等。

（7）清洁照护。刷牙、洗手、洗脸、漱口等盥洗的方法，便器的使用方法，尿布/纸尿裤/污染衣物的更换，便后清洁的方法，如厕习惯培养，婴幼儿大小便异常的处理等。

（8）活动组织与支持。一日生活和活动的安排，生活和活动环境的创设与利用，活动材料的配备，动作、语言、认知、情感与社会性等活动的组织与实施，游戏活动的支持与引导，婴幼儿行为观察与分析，婴幼儿需求的识别与回应等。

4. 培训原则

（1）岗位胜任原则。培训应以托育机构保育人员岗位要求为重点，通过系统培训引导与自主学习反思相结合的方式，促进保育人员明晰岗位工作任务，具备胜任岗位职责的基本知识与能力。

（2）需求导向原则。培训应以托育机构保育人员在保育工作中的重点和难点为出发点，综合考虑岗位需求和发展需要，按需施教，优化培训内容，确保保育人员所学即所需、所学即所用、学用相长。

（3）多元方式原则。培训应通过专题讲座、网络研修、研讨交流、案例分析、返岗实践等多元方式，借助互联网等手段，推动托育机构保育人员理论学习和实践观摩相结合、线上学习与线下研修相结合，提高培训实效性。

5. 培训考核

培训考核内容分为理论考试和实践技能考核两部分，各级卫生健康部门负责对培训效果进行抽查。

第二节 托育双方的权利与义务

一、婴幼儿权利及其保护

（一）权利与婴幼儿权利

1. 权利

权利是指道德、法律或习俗所认定为正当的利益、主张、资格、力量或自由。

按照道德的存在形态，可划分为道德权利（天赋的权利）、法律权利（法律规定的权利）、实有权利（实际享有的权利）；按照不同年龄的权利主体，可分为未成年人权利和成年人权利等。未成年人权利又可细分为学龄前儿童权利和学龄儿童权利。学龄前儿童权利包括 3 岁以下婴幼儿权利和 3 岁至入小学前儿童的权利。

2. 婴幼儿权利

本书所说的婴幼儿，是指 3 岁以下的儿童。婴幼儿权利是指为保障 3 岁以下儿童的身心健康成长，维护其作为人之为人的尊严和道德基础，被习俗或法律所认定的利益或主张。

（二）婴幼儿权利的性质

1. 独立性

婴幼儿权利的独立性表现在两个方面：一是婴幼儿个人权利的独立性，主要是指婴幼儿作为个人拥有的权利，是针对社会而言的，社会要承担一定的责任来保护婴幼儿的权利。二是婴幼儿集体权利的独立性，包含两层含义：（1）婴幼儿集体权利与婴幼儿个人权利、成年人权利不同，有其特殊性，是独立存在的；（2）在婴幼儿集体权利范畴内，各个特别的群体享有的权利不尽相同，具有独立性。

2. 受保护性

婴幼儿权利具有受保护性，这是由婴幼儿特殊的生理因素决定的。婴幼儿没有权利意识，其权利由父母或其他监护人代为决定，这会存在“粘连性”，所以对婴幼儿权利提供法律保护是十分必要的。

3. 整体性

婴幼儿权利的整体性是指婴幼儿权利的相互依赖和不可分割。婴幼儿的各项权利之间相互联系，例如生命权与健康权，首先有生命的存在才能谈健康，也只有健康才能使生命得以持续。婴幼儿各项权利之间不是截然分开的，各项权利的落实与否会对其他权利的享有产生影响。

（三）婴幼儿权利的内容

1. 生存权

生存权是指与生存相关的各种权利的总称，是人权的基本性权利，既包括肉体上的权利也包括精神上的权利。婴幼儿的生存权主要包括生命权、健康权、人格尊严权。

（1）生命权。生命权是自然人依法享有的生命不受非法侵害的权利，是以自然人的生命维持和安全利益为内容的权利。任何人不得剥夺婴幼儿的性命，不可殴打、体罚、伤害婴幼儿的身体，父母和老师要采取所有必要的措施保障婴幼儿的安全。

（2）健康权。健康权是指自然人依法享有的以保持自身及其器官以及身体整体的功能安全为内容的人格权。其内容主要包括健康保持权和特定情形下的健康利益支配权。父母、学校和社会要保障给婴幼儿提供均衡的饮食和营养，督促引导婴幼儿进行科学适量的运动，为婴幼儿提供日常保健，为他们的身体健康打下良好的基础。

（3）人格尊严权。所有人要积极为婴幼儿提供充实而适当的生活，要在各项事务中保障婴幼儿的尊严，不得辱骂、侮辱、体罚婴幼儿，成年人要平等对待婴幼儿，尊重他们的意愿。

1）姓名权，是指自然人依法享有的决定、使用、改变自己姓名，并禁止他人干涉、盗用、冒用的权利。任何人不得盗用、冒用、剥夺婴幼儿的姓名，不能称呼婴幼儿带有贬义的外号。

2）名誉权，是指公民或法人享有的就其自身特性所表现出来的社会价值而获得社会公正评价的权利。任何人对公民和法人的名誉不得损害。所有人要努力维护婴幼儿的名誉，不能侮辱婴幼儿，不得散播和婴幼儿有关的不实信息。

3）肖像权，是指自然人对自己的肖像享有再现、使用和排斥他人侵害的权利。任何人包括婴幼儿的父母都不可随意传播婴幼儿的肖像。

4）隐私权，是指自然人对其个人的不愿或不便向他人公开或不愿或不便为他人所知悉的私人信息进行支配的权利。父母和老师不可随意披露或散播关于婴幼儿的隐私信息。

知识链接

婴幼儿生存权相关法律法规条文

一、《中华人民共和国未成年人保护法》

第二十七条　学校、幼儿园的教职员工应当尊重未成年人人格尊严，不得对未成年人实施体罚、变相体罚或者其他侮辱人格尊严的行为。

第三十五条　学校、幼儿园应当建立安全管理制度，对未成年人进行安全教育，完善安保设施、配备安保人员，保障未成年人在校、在园期间的人身和财产安全。学校、幼儿园不得在危及未成年人人身安全、身心健康的校舍和其他设施、场所中进行教育教学活动。学校、幼儿园安排未成年人参加文化娱乐、社会实践等集体活动，应当保护未成年人的身心健康，防止发生人身伤害事故。

第六十三条第一款　任何组织或者个人不得隐匿、毁弃、非法删除未成年人的信件、日记、电子邮件或者其他网络通讯内容。

二、《托育机构管理规范（试行）》

第十六条　托育机构应当科学合理安排婴幼儿的生活，做好饮食、饮水、喂奶、如厕、盥洗、清洁、睡眠、穿脱衣服、游戏活动等服务。

第十八条　托育机构应当保证婴幼儿每日户外活动不少于2小时，寒冷、炎热季节或特殊天气情况下可酌情调整。

第二十三条　托育机构应当按照有关托儿所卫生保健规定，完善相关制度，切实做好婴幼儿和工作人员的健康管理，做好室内外环境卫生。

第三十二条第一款　托育机构应当建立照护服务、安全保卫等监控体系。监控报警系统确保24小时设防，婴幼儿生活和活动区域应当全覆盖。

三、《幼儿园工作规程》

第六条　幼儿园教职工应当尊重、爱护幼儿，严禁虐待、歧视、体罚和变相体罚、侮辱幼儿人格等损害幼儿身心健康的行为。

第十二条　幼儿园应当严格执行国家和地方幼儿园安全管理的相关规定，建立健全门卫、房屋、设备、消防、交通、食品、药物、幼儿接送交接、活动组织和幼儿就寝值守等安全防护和检查制度，建立安全责任制和应急预案。

第十三条　幼儿园的园舍应当符合国家和地方的建设标准，以及相关安全、卫生等方面的规范，定期检查维护，保障安全。幼儿园不得设置在污染区或危险区，不得使用危房。幼儿园的设备设施、装修装饰材料、用品用具和玩教具材料等，应当符合国家相关的安全质量标准和环保要求。入园幼儿应当由监护人或者其委托的成年人接送。

第十四条　幼儿园应当严格执行国家有关食品药品安全的法律法规，保障饮食饮水卫生安全。

第二十一条 供给膳食的幼儿园应当为幼儿提供安全卫生的食品，编制营养平衡的幼儿食谱，定期计算和分析幼儿的进食量和营养素摄取量，保证幼儿合理膳食。幼儿园应当每周向家长公示幼儿食谱，并按照相关规定进行食品留样。

四、《儿童权利公约》

第六条 1. 缔约国确认每个儿童均有固有的生命权。

2. 缔约国应最大限度地确保儿童的存活与发展。

第七条 1. 儿童出生后应立即登记，并有自出生起获得姓名的权利，有获得国籍的权利，以及尽可能知道谁是其父母并受其父母照料的权利。

2. 缔约国应确保这些权利按照本国法律及其根据有关国际文书在这一领域承担的义务予以实施，尤应注意不如此儿童即无国籍之情形。

第八条 1. 缔约国承担尊重儿童维护其身份包括法律所承认的国籍、姓名及家庭关系而不受非法干扰的权利。

2. 如有儿童被非法剥夺其身份方面的部分或全部要素，缔约国应提供适当协助和保护，以便迅速重新确立其身份。

第十六条 1. 儿童的隐私、家庭、住宅或通信不受任意或非法干涉，其荣誉和名誉不受非法攻击。

2. 儿童有权享受法律保护，以免受这类干涉或攻击。

第二十四条 1. 缔约国确认儿童有权享有可达到的最高标准的健康，并享有医疗和康复设施。缔约国应努力确保没有任何儿童被剥夺获得这种保健服务的权利。

2. 缔约国应致力于充分实现这一权利，特别是应采取适当措施，以：

（1）降低婴幼儿死亡率；

（2）确保向所有儿童提供必要的医疗援助和保健，侧重发展初级保健；

（3）消除疾病和营养不良现象，包括在初级保健范围内利用现有可得的技术和提供充足的营养食品和清洁饮水，要考虑到环境污染的危险和风险；

（4）确保母亲得到适当的产前和产后保健；

（5）确保向社会各阶层、特别是向父母和儿童介绍有关儿童保健和营养、母乳育婴优点、个人卫生和环境卫生及防止意外事故的基本知识，使他们得到这方面的教育并帮助他们应用这种基本知识；

（6）开展预防保健、对父母的指导以及计划生育教育和服务。

3. 缔约国应致力于采取一切有效和适当的措施，以期废除对儿童健康有害的传统习俗。

4. 缔约国承担促进和鼓励国际合作，以期逐步充分实现本条所确认的权利。在这方面，应特别考虑到发展中国家的需要。

2. 发展权

发展权是指每位婴幼儿都有权接受一切形式的教育，以此培养婴幼儿的身体、心理、精神、道德及社交发展。要保障婴幼儿的发展，其核心就是要保障其受教育的权利。

3. 受教育权

《中华人民共和国教育法》第九条规定："中华人民共和国公民有受教育的权利和义务。公民不分民族、种族、性别、职业、财产状况、宗教信仰等，依法享有平等的受教育机会。"

受教育权是婴幼儿的一项基本权利。其平等受教育机会主要体现在以下 3 个方面：

（1）婴幼儿在入学机会上享有平等的权利。

（2）婴幼儿进入托育机构以后，托育机构应保障每个婴幼儿参加保教计划内的各种活动，使用各种设备、玩具等，每个婴幼儿是平等的。

（3）婴幼儿在接受教育后，有获得学校和社会对其成绩和品德公平评价的权利。

知识链接

《儿童权利公约》之受教育权

第十七条　缔约国确认大众传播媒介的重要作用，并应确保儿童能够从多种的国家和国际来源获得信息和资料，尤其是旨在促进其社会、精神和道德福祉和身心健康的信息和资料，为此目的，缔约国应：

（1）鼓励大众传播媒介本着第二十九条的精神散播在社会和文化方面有益于儿童的信息和资料；

（2）鼓励在编制、交流和散播来自不同文化、国家和国际来源的这类信息和资料方面进行国际合作；

（3）鼓励儿童读物的著作和普及；

（4）鼓励大众传播媒介特别注意属于少数群体或土著居民的儿童在语言方面的需要；

（5）鼓励根据第十三条和第十八条的规定制定适当的准则，保护儿童不受可能损害其福祉的信息和资料之害。

第二十三条　1. 缔约国确认身心有残疾的儿童应能在确保其尊严、促进其自立、有利于其积极参与社会生活的条件下享有充实而适当的生活。

2. 缔约国确认残疾儿童有接受特别照顾的权利，应鼓励并确保在现有资源范围内，依据申请斟酌儿童的情况和儿童的父母或其他照料人的情况，对合格儿童及负责照料该儿童的人提供援助。

3. 鉴于残疾儿童的特殊需要，考虑到儿童的父母或其他照料人的经济情况，在可能时应免费提供按照本条第二款给予的援助，这些援助的目的应是确保残疾儿童能有效地获得和接受教育、培训、保健服务、康复服务、就业准备和娱乐机会，其方式应有助于该儿童尽可能充分地参与社会，实现个人发展，包括其文化和精神方面的发展。

4. 缔约国应本着国际合作精神，在预防保健以及残疾儿童的医疗、心理治疗和功能治疗领域促进交换适当资料，包括散播和获得有关康复教育方法和职业服务方面的资料，以使缔约国能够在这些领域提高其能力和技术并扩大其经验。在这方面，应特别考虑到发展中国家的需要。

第二十八条 1. 缔约国确认儿童有受教育的权利，为在机会均等的基础上逐步实现此项权利，缔约国尤应：

（1）实现全面的免费义务小学教育；

（2）鼓励发展不同形式的中学教育，包括普通和职业教育，使所有儿童均能享有和接受这种教育，并采取适当措施，诸如实行免费教育和对有需要的人提供津贴；

（3）根据能力以一切适当方式使所有人均有受高等教育的机会；

（4）使所有儿童均能得到教育和职业方面的资料和指导；

（5）采取措施鼓励学生按时出勤和降低辍学率。

2. 缔约国应采取一切措施，确保学校执行纪律的方式符合儿童的人格尊严及本公约的规定。

3. 缔约国应促进和鼓励有关教育事项方面的国际合作，特别着眼于在全世界消灭愚昧与文盲，并便利获得科技知识和现代教学方法。在这方面，应特别考虑到发展中国家的需要。

4. 受保护权

受保护权是指婴幼儿有免受歧视、虐待、被遗弃和疏于照顾的权利，以及对失去家庭和处于困境中的未成年人的特别保护。国家和所有人要保护婴幼儿免受任何可能危害其身体、心理、精神或社会发展的行为。

知识链接

婴幼儿受保护权相关法律法规条文

一、《儿童权利公约》

第二条 1. 缔约国应遵守本公约所载列的权利，并确保其管辖范围内的每一个儿童均享受此种权利，不因儿童或其父母或法定监护人的种族、肤色、性别、语言、宗教、政治或其他见解、民族、族裔或社会出身、财产、伤残、出生或其他身份而有任何差别。

2. 缔约国应采取一切适当措施确保儿童得到保护，不受基于儿童父母、法定监护人或家庭成员的身份、活动、所表达的观点或信仰而加诸的一切形式的歧视或惩罚。

第三条 1. 关于儿童的一切行为，不论是由公私社会福利机构、法院、行政当局或立法机构执行，均应以儿童的最大利益为首要考虑。

2. 缔约国承担确保儿童享有其幸福所必需的保护和照料，考虑到其父母、法定监护人或任何对其负有法律责任的个人的权利和义务，并为此采取一切适当的立法和行政措施。

3. 缔约国应确保负责照料或保护儿童的机构、服务部门及设施符合主管当局规定的标准，尤其是安全、卫生、工作人员数目和资格以及有效监督方面的标准。

第二十六条 1. 缔约国应确认每个儿童有权受益于社会保障，包括社会保险，并应根据其国内法律采取必要措施充分实现这一权利。

2. 提供福利时应酌情考虑儿童及负有赡养儿童的义务的人的经济情况和环境，以及与儿童提出或代其提出的福利申请有关的其他方面因素。

二、《中华人民共和国未成年人保护法》

第四条 保护未成年人，应当坚持最有利于未成年人的原则。处理涉及未成年人事项，应当符合下列要求：

（1）给予未成年人特殊、优先保护；

（2）尊重未成年人人格尊严；

（3）保护未成年人隐私权和个人信息；

（4）适应未成年人身心健康发展的规律和特点；

（5）听取未成年人的意见；

（6）保护与教育相结合。

第十六条 未成年人的父母或者其他监护人应当履行下列监护职责：

（1）为未成年人提供生活、健康、安全等方面的保障；

（2）关注未成年人的生理、心理状况和情感需求；

（3）教育和引导未成年人遵纪守法、勤俭节约，养成良好的思想品德和行为习惯；

（4）对未成年人进行安全教育，提高未成年人的自我保护意识和能力；

（5）尊重未成年人受教育的权利，保障适龄未成年人依法接受并完成义务教育；

（6）保障未成年人休息、娱乐和体育锻炼的时间，引导未成年人进行有益身心健康的活动；

（7）妥善管理和保护未成年人的财产；

（8）依法代理未成年人实施民事法律行为；

（9）预防和制止未成年人的不良行为和违法犯罪行为，并进行合理管教；

（10）其他应当履行的监护职责。

第二十九条　学校应当关心、爱护未成年学生，不得因家庭、身体、心理、学习能力等情况歧视学生。对家庭困难、身心有障碍的学生，应当提供关爱；对行为异常、学习有困难的学生，应当耐心帮助。学校应当配合政府有关部门建立留守未成年学生、困境未成年学生的信息档案，开展关爱帮扶工作。

第三十五条　学校、幼儿园应当建立安全管理制度，对未成年人进行安全教育，完善安保设施、配备安保人员，保障未成年人在校、在园期间的人身和财产安全。

学校、幼儿园不得在危及未成年人人身安全、身心健康的校舍和其他设施、场所中进行教育教学活动。

学校、幼儿园安排未成年人参加文化娱乐、社会实践等集体活动，应当保护未成年人的身心健康，防止发生人身伤害事故。

第四十一条　婴幼儿照护服务机构、早期教育服务机构、校外培训机构、校外托管机构等应当参照本章有关规定，根据不同年龄阶段未成年人的成长特点和规律，做好未成年人保护工作。

第四十九条　新闻媒体应当加强未成年人保护方面的宣传，对侵犯未成年人合法权益的行为进行舆论监督。新闻媒体采访报道涉及未成年人事件应当客观、审慎和适度，不得侵犯未成年人的名誉、隐私和其他合法权益。

第五十八条　学校、幼儿园周边不得设置营业性娱乐场所、酒吧、互联网上网服务营业场所等不适宜未成年人活动的场所。营业性歌舞娱乐场所、酒吧、互联网上网服务营业场所等不适宜未成年人活动场所的经营者，不得允许未成年人进入；游艺娱乐场所设置的电子游戏设备，除国家法定节假日外，不得向未成年人提供。经营者应当在显著位置设置未成年人禁入、限入标志；对难以判明是否是未成年人的，应当要求其出示身份证件。

第六十四条　国家、社会、学校和家庭应当加强未成年人网络素养宣传教育，培养和提高未成年人的网络素养，增强未成年人科学、文明、安全、合理使用网络的意识和能力，保障未成年人在网络空间的合法权益。

第八十一条　县级以上人民政府承担未成年人保护协调机制具体工作的职能部门应当明确相关内设机构或者专门人员，负责承担未成年人保护工作。

乡镇人民政府和街道办事处应当设立未成年人保护工作站或者指定专门人员，及时办理未成年人相关事务；支持、指导居民委员会、村民委员会设立专人专岗，做好未成年人保护工作。

第九十二条　具有下列情形之一的，民政部门应当依法对未成年人进行临时监护：

（1）未成年人流浪乞讨或者身份不明，暂时查找不到父母或者其他监护人；

（2）监护人下落不明且无其他人可以担任监护人；

（3）监护人因自身客观原因或者因发生自然灾害、事故灾难、公共卫生事件等突发事件不能履行监护职责，导致未成年人监护缺失；

（4）监护人拒绝或者怠于履行监护职责，导致未成年人处于无人照料的状态；

（5）监护人教唆、利用未成年人实施违法犯罪行为，未成年人需要被带离安置；

（6）未成年人遭受监护人严重伤害或者面临人身安全威胁，需要被紧急安置；

（7）法律规定的其他情形。

第九十四条　具有下列情形之一的，民政部门应当依法对未成年人进行长期监护：

（1）查找不到未成年人的父母或者其他监护人；

（2）监护人死亡或者被宣告死亡且无其他人可以担任监护人；

（3）监护人丧失监护能力且无其他人可以担任监护人；

（4）人民法院判决撤销监护人资格并指定由民政部门担任监护人；

（5）法律规定的其他情形。

三、《中华人民共和国教育法》

第四十五条　教育、体育、卫生行政部门和学校及其他教育机构应当完善体育、卫生保健设施，保护学生的身心健康。

第四十六条　国家机关、军队、企业事业组织、社会团体及其他社会组织和个人，应当依法为儿童、少年、青年学生的身心健康成长创造良好的社会环境。

5. 参与权

参与权是指婴幼儿有参与社会生活的权利，有权对影响他们自身的任何事情发表意见。婴幼儿可以小到决定自己的衣服款式，大到可以为自己的入学、学习发表意见，对于他们的意见，成年人应该按照他们的年龄和成熟度给予认真的对待。

知识链接

《儿童权利公约》关于参与权的规定

第十二条　1. 缔约国应确保有主见能力的儿童有权对影响到其本人的一切事

项自由发表自己的意见，对儿童的意见应按照其年龄和成熟程度给予适当的看待。

2. 为此目的，儿童特别应有机会在影响到儿童的任何司法和行政诉讼中，以符合国家法律的诉讼规则的方式，直接或通过代表或适当机构陈述意见。

第十三条 1. 儿童应有自由发表言论的权利，此项权利应包括通过口头、书面或印刷、艺术等形式或儿童所选择的任何其他媒介，寻求、接受和传递各种信息和思想的自由，而不论国界。

2. 此项权利的行使可受某些限制，但这些限制仅限于法律所规定并为以下目的所必需：

（1）尊重他人的权利和名誉；

（2）保护国家安全或公共秩序或公共卫生或道德。

第十五条 1. 缔约国确认儿童享有结社自由及和平集会自由的权利。

2. 对此项权利的行使不得加以限制，除非符合法律所规定并在民主社会中为国家安全或公共秩序、保护公共卫生或道德或保护他人的权利和自由所必需。

（四）婴幼儿权利保护的原则

1. 最有利于婴幼儿原则

《儿童权利公约》第三条第一款规定："关于儿童的一切行为，无论是由公私社会福利机构、法院、行政当局或立法机构执行，均应以儿童的最大利益为首要考虑。"据此，在解决婴幼儿保护问题时，若遇到国家或成人利益与婴幼儿利益相冲突的情况，要将婴幼儿的利益放在优先考虑的地位。

这个原则适用于一切关涉婴幼儿的事宜，贯穿于家庭事务、社会管理和国家制定婴幼儿相关政策中。从制度实施层面讲，婴幼儿照护服务的一切政策都须以民法典和未成年人保护法的立法精神（最有利于未成年人原则）为根本遵循。

2. 无歧视原则

无歧视原则，也称平等原则。《儿童权利公约》第二条第一款规定："缔约国应遵守本公约所载列的权利，并确保其管辖范围内的每一个儿童均享受此种权利，不因儿童或其父母或法定监护人的种族、肤色、性别、语言、宗教、政治或其他见解、民族、族裔或社会出身、财产、伤残、出生或其他身份而有任何差别。"《未成年人保护法》第三条第二款规定："未成年人依法平等地享有各项权利，不因本人及其父母或者其他监护人的民族、种族、性别、户籍、职业、宗教信仰、教育程度、家庭状况、身心健康状况等受到歧视。"婴幼儿会因性别、残疾、家庭经济状况、父母非婚生等遭受歧视，因此，婴幼儿保护的无歧视原则非常必要。

3. 多重责任原则

多重责任原则指的是在婴幼儿权利保护过程中，采用父母负首要与主要责任、社会服务机构协助和政府最后承担兜底责任等多方主体责任原则。《未成年人保护法》第六条第一款规定："保护未成年人，是国家机关、武装力量、政党、人民团体、企业事业单位、社会组织、城乡基层群众性自治组织、未成年人的监护人以及其他成年人的共同责任。"

多重责任原则实施包括：第一，国家对家庭和儿童的援助。父母双方对婴幼儿的养育和发展负有首要责任。婴幼儿的发展是他们最关心的事情，但是由于他们可能存在养育能力不足的问题，国家和社会通过营养、卫生保健、托育服务、教育等方面对家庭和儿童予以直接援助。第二，尊重父母的权利和家庭隐私。国家或社会对家庭的干预和援助应当以尊重父母的权利和能力为前提，过度干预既损害了父母与孩子的亲密关系，又减损了父母的责任感。第三，当父母出现虐待儿童或忽视儿童的问题时，可对父母权利加以限制。

二、托育机构的权利和义务

（一）托育机构的权利

托育机构依法享有相应的权利，即托育机构在活动中能够做出或不做出一定行为的权利，且要求相对人相应地做出或不做出一定行为的许可与保障，这是法律法规中所设定、确认并保护的。根据有关法律法规，托育机构的权利包括以下几个方面。

1. 自主管理权

自主管理权是指每一个依法成立的托育机构在法律上都是独立的法人，享有管理自身内部事务的自主权。

2. 组织实施保教权

组织实施保教权是指托育机构根据自己机构的宗旨和任务，依据国家卫生健康主管部门的有关规定，自行决定和实施自己的保教计划，决定具体一日保教流程，组织保教评估和检查等的权利。

3. 收托权

收托权是指托育机构根据自己机构的宗旨、培养目标以及条件和能力，根据《托育机构设置标准（试行）》和《托育机构管理规范（试行）》的相关规定，制订机构的具体收托计划、进行收托宣传的权利。

4. 信息管理权

信息管理权是指托育机构确定婴幼儿报名注册的管理办法，并建立婴幼儿档案的权利。包括建立婴幼儿花名册、婴幼儿登记表、婴幼儿身心健康发展状况记录等的权利。

5. 聘任并管理保育员及其他职工权

聘任并管理保育员及其他职工权是指托育机构依法从本机构的条件和实际编制情况出发，决定聘任、解聘保育员、保健员和其他职工的权利。

6. 对本单位设施和经费的管理与使用权

对本单位设施和经费的管理与使用权是指托育机构对合法的场地、园舍、设施设备、经费以及其他财产享有管理权与使用权。

7. 法律法规规定的其他合法权利

法律法规规定的其他合法权利是指除上述权利外，托育机构还享有现行法律法规赋予的其他权利。

（二）托育机构的义务

1. 遵守法律法规

托育机构是育人的社会组织，遵守法律法规是托育机构必须履行的最基本的义务。托育机构必须遵守宪法、民法、刑法、经济法、人口与计划生育法等国家法律的规定。遵守法律法规的义务要求托育机构制定其内部规章时应遵循两个原则：一是必须符合法律法规的规定，不得与之抵触；二是不能越权，不能超越本机构的职权或授权的范围，把本该由法律法规规定的事项规定在托育机构规章中。内部管理不当给他人的合法权益造成损失的，托育机构应承担相应责任。

2. 维护保育员和其他职工的合法权益

此项义务有两层含义：第一，托育机构自身的行为不得侵犯保育员及其他职工的合法权益，如不得克扣、拖欠职工工资，不得在与职工签订合同时收取保证金、押金等；第二，当托育机构以外的其他社会组织和个人侵犯本机构职工和婴幼儿的合法权益时，托育机构应当以合法方式，积极协助有关部门维护他们的合法权益。

3. 根据婴幼儿的发展和健康状况科学安排保教活动

托育机构必须定期对婴幼儿进行体检，以便及时掌握婴幼儿的健康状况，并根据婴幼儿的实际状况开展科学合理的保育、教育工作，保障婴幼儿的身体健康和全面发展。托育机构还要以适当的方式为婴幼儿家长了解婴幼儿的发展状况及其他有关情况提供便利，以定期召开家长会议、接待来访和咨询、成立家长委员会、建立家长开放日制度等形式保障婴幼儿及其监护人的参与权和知情权。

4. 遵守国家有关规定收取费用并公开收费项目

这项义务的实质是，托育机构应当按照有关部门制定的收费项目和标准，从公益性出发，按照成本分担的原则，公平、合理地确定本机构的收费标准和项目，报价格部门备案，并向家长公示，接受社会监督。

5. 依法接受监督

托育机构对来自有关行政机关依法进行的检查、监督，应当积极予以配合，不得拒绝，更不得妨碍检查、监督工作的正常进行。

6. 定期公示

《托育机构管理规范（试行）》第十五条规定，托育机构应当建立信息公示制度，定期公示收费项目和标准、保育照护、膳食营养、卫生保健、安全保卫等情况，接受监督。因此，托育机构有定期对其保育过程、收费情况等进行及时公示的义务。

7. 保障婴幼儿健康和安全

《中华人民共和国未成年人保护法》第四十一条规定：婴幼儿照护服务机构等应当参照本章有关规定，根据不同年龄阶段未成年人的成长特点和规律，做好未成年人保护工作；第九十条第一款和第二款规定：各级人民政府及其有关部门应当对未成年人进行卫生保健和营养指导，提供卫生保健服务。卫生健康部门应当依法指导和监督学校、幼儿园、婴幼儿照护服务机构开展卫生保健工作。《托育机构管理规范（试行）》第二十四条规定，托育机构应当坚持晨午检和全日健康观察，发现婴幼儿身体、精神、行为异常时，应当及时通知婴幼儿监护人；第三十一条第三款规定，托育机构工作人员应当掌握急救的基本技能和防范、避险、逃生、自救的基本方法，在紧急情况下必须优先保障婴幼儿的安全。因此，托育机构有义务保障婴幼儿在园时的健康和安全，对在园时突发疾病或受到伤害的婴幼儿采取救助措施。

三、托育机构从业人员的权利和义务

（一）托育机构从业人员的权利

托育机构从业人员的权利也称托育机构从业人员的法律权利，是托育机构从业人员依法享有的某种权能和利益，表现为托育机构从业人员作为权利享有者能够做出或不做出，或要求他人做出或不做出某种行为的资格。

1. 公民基本权利

托育机构从业人员作为中华人民共和国的一名公民，首先具有宪法和各种其他法律规定的公民享有的各种权利。这些权利主要包括以下几方面：

（1）平等权。任何公民在法律面前人人平等，任何组织和个人都不得有超越宪法法律的特权。

（2）政治权利。公民的政治权利包括选举权和被选举权、言论自由权、出版自由权、集会自由权、结社自由权、游行示威自由权等。公民政治权利的范围和实现程度，体现着一个国家的民主和法治状况。

（3）宗教信仰自由权。公民有信教的自由，也有不信教的自由；有信这种宗教的自由，也有信那种宗教的自由；同一宗教中有信仰这一教派的自由，也有信仰那一教派的自由；有过去信教现在不信教的自由，也有过去不信教现在信教的自由。

（4）人身自由权。公民的人身自由权包括人格权和身份权两个方面。其中，人格权是指公民基于其法律人格而享有的、以人格利益为客体，为维护其独立人格所必需的权利，例如，生命权、健康权、身体权、姓名权、肖像权、名誉权、信用权、人身自由权、隐私权、性自主权等；而身份权是指公民基于特定身份而享有的，以身份利益为客体的权利，例如配偶权、亲权、荣誉权等。

（5）财产权、获得劳动报酬的权利。公民的财产权是指权利人直接支配财产而排除他人妨碍的权利，财产权又分为所有权、用益物权和担保物权。劳动报酬包括工资和其他合法劳动收入。

（6）社会经济权利。公民的该项权利主要包括劳动权、休息权、物质帮助权、退休人员生活保障权等方面的社会经济权利。

（7）文化教育权。该项权利主要包括公民的受教育权和进行科研、文学艺术创作和其他文化活动的权利。

（8）监督权。公民对于任何国家机关和国家工作人员，有提出批评和建议的权利；对于任何国家机关和国家工作人员的违法失职行为，有向有关国家机关提出申诉、控告或者检举的权利，但是不得捏造或者歪曲事实进行诬告陷害。对于公民的申诉、控告或者检举，有关国家机关必须查清事实，负责处理。任何人不得压制和打击报复。

2. 劳动者权利

（1）劳动者有平等就业和选择职业的权利。这是公民劳动权的首要条件和基本要求。在我国，劳动者不分民族、种族、性别、宗教信仰，都平等地享有就业的权利。劳动者选择就业的权利是平等就业权利的体现。

（2）劳动者有休息休假的权利。休息权和劳动权是密切联系的。休假是劳动者享有休息权的一种表现形式。

（3）劳动者有在劳动中获得劳动安全和劳动卫生保护的权利。劳动者在安全、卫生的条件下进行劳动是生存权利的基本要求。劳动安全、卫生保护权是一项重要的人权。

（4）劳动者有接受职业技能培训权、进修权。劳动者不但要掌握熟练生产技能，而且要懂业务理论知识。只有赋予劳动者这项权利，才能保障劳动者获得应有的知识及技能，更好地完成各项劳动任务。

（5）劳动者享有社会保险和福利的权利。这是指劳动者在遇到年老、患病、工伤、失业、生育等劳动风险时，有获得物质帮助和补偿的权利。享受社会保险和福利权是享受劳动报酬权的延伸和补充。

（6）劳动者有提请劳动争议处理的权利。这是劳动者维护自己合法劳动权益的有效途径和保障措施。

（7）劳动者享有法律法规规定的其他劳动权利。包括组织和参加工会的权利，参与民主管理的权利，提出合理化建议的权利，进行科学研究、技术革新和发明创造的权利，等等。

3. 专有权利

（1）保教工作权。托育机构从业人员有进行保教工作、开展保教工作改革和实验的权利。这是托育机构从业人员最基本的、首要的权利。托育机构从业人员的保教工作权主要包括以下具体内容：

1）托育机构从业人员可以在监管部门和托育机构允许的范围内选择托育设施和用品；

2）托育机构从业人员可以依据其所在托育机构的保教工作计划、保教工作量等具体要求，结合自身工作特点自主地组织开展保教工作；

3）托育机构从业人员按照保教工作计划的要求确定其保教工作内容和进度，并不断完善保教工作内容；

4）针对不同的服务对象，托育机构从业人员在保教工作的形式、方法、具体内容等方面进行改革、实验和完善。

（2）学术自由权。学术自由权是指托育机构从业人员进行科学研究、技术开发、撰写论文、著书立说、学术交流，参加学术团体、发表学术意见的自由。托育机构从业人员进行学术研究的内容涉及保教理念、保教方法、工作标准等保教的方方面面。从时间上看，学术研究应当是在托育机构从业人员的保教工作之外进行的，但其研究内容却是与保教工作紧密相关的。

（3）民主管理权。托育机构从业人员有对托育机构保教工作、管理工作和监管部门的工作提出意见和建议，通过职工代表大会或者其他形式，参与托育机构的民主管理的权利。民主管理是提高一所托育机构管理水平和保教工作水平的重要手段。

（二）托育机构从业人员的义务

托育机构从业人员的义务也称托育机构从业人员的法律义务，是托育机构从业人员依据法律规范必须做出一定行为或不做出一定行为，以保证权利人的权利得以实现的责任。

1. 公民普通义务

托育机构从业人员作为一名普通的公民，首先要履行我国宪法和其他法律要求的义务，不得享有任何特权。我国宪法和有关法律规定公民的主要义务有以下几个方面：

（1）维护祖国统一和民族团结。

（2）遵守宪法和法律，保守国家秘密，爱护公共财产，遵守劳动纪律，遵守公共秩序，尊重社会公德。

（3）维护国家安全、荣誉和利益。

（4）保护祖国，依法服兵役和参加民兵组织。

（5）依法纳税。

（6）其他义务：父母有抚养教育未成年子女的义务，成年子女有赡养扶助父母的义务；劳动的义务和受教育的义务。

2. 劳动者义务

劳动者在享有一定的劳动权利的同时，必须履行一定的劳动义务。权利与义务是互为条件的。按照我国《劳动法》的有关规定，劳动者应当履行的义务包括以下几项：

（1）完成劳动任务。劳动者首要的义务是对工作尽心尽责，忠于职守，出色地完成任务。

（2）提高职业技能。劳动者要有强烈的事业心和主人翁责任感，要刻苦学习专业知识，钻研职业技术，提高职业技能，掌握过硬的本领。

（3）遵守劳动纪律，执行劳动安全卫生规程。劳动者在劳动中必须服从管理人员的指挥，遵守各项规章制度和劳动纪律及安全生产的法规制度、规程标准。

3. 专有义务

（1）做好保教工作，关心、爱护全体婴幼儿，尊重婴幼儿人格，促进婴幼儿在品德、智力、体质等方面的全面发展。

（2）贯彻国家的保教工作方针，遵守规章制度，执行托育机构的保教工作计划，履行托育机构从业人员聘约合同，完成保教工作任务。

（3）制止有害于婴幼儿的行为或者其他侵犯婴幼儿合法权益的行为，批评和抵制有害于婴幼儿健康成长的现象。

本章小结

普惠托育服务的发展离不开人才的支撑。目前，我国托育服务从业人员队伍建设主要存在数量不足、人员素质参差不齐、托育服务人才培养和培训体系尚未形成等短板。因此，我们要确立婴幼儿托育服务人员从业认证标准，依法逐步实行从业人员职业资格准入制度，建设一支品德高尚、富有爱心、敬业奉献、素质优良的托育服务人才队伍；加强从业人员法治意识、职业道德、安全教育、保育技能等方面的教育培训，通过建立继续教育学分管理等制度，鼓励有基础的托育服务人员参加专业培训和再教育。

人力资源和社会保障部将进一步从学历技能提升和职业资格认定方面采取措施，包括大规模地组织开展职业技能培训、深化技能人才评价制度改革等。按照规定组织好保育员、育婴员等有关职业资格评价工作，探索推动婴幼儿照护服务人员职业技能等级认定工作。修订并颁布了育婴师等国家职业技能标准，并且把相关的从业人员纳入职业技能等级试点范围。进一步优化和落实有关政策，把育婴员、保育员、家政服务员等有关的与婴幼儿照护相关的从业人员以及对部分人员的职业培训纳入急需紧缺的职业培训目录和政府补贴的职业培训目录，按照规定落实好有关的职业培训补贴政策，来吸引相关的从业人员开展培训，以及更多的培训机构开展相关的培训。

同步练习

一、单项选择题（将下列正确选项的字母填入括号中）

1.（　　）是指从事 0～3 岁婴幼儿身心健康发展引导并对婴幼儿看护人提供辅助咨询服务工作的人员。

A. 婴幼儿发展引导员　　B. 幼师

C. 托育机构负责人　　D. 职业教育教师

2.（　　）是指在托育机构中通过创设适宜环境，合理安排一日生活和活动，为 3 岁以下婴幼儿提供生活照料、安全看护、平衡膳食和早期学习机会，促进婴幼儿身体和心理全面发展的婴幼儿照护服务人员。

A. 婴幼儿发展引导员　　B. 保育师

C. 托育机构负责人　　D. 职业教育教师

3.（　　）是指负责托育机构全面工作的人员。

A. 婴幼儿发展引导员　　B. 保育师

C. 托育机构负责人　　D. 职业教育教师

4. 按照《托育机构负责人培训大纲（试行）》，对拟从事或正在从事托育机构管理工作的负责人进行培训，培训总时长不少于（　　）学时。

A. 20　　B. 40

C. 60　　D. 80

5. 按照《托育机构保育人员培训大纲（试行）》，对拟从事或正在从事托育机构保育工作的保育人员进行培训，培训总时长不少于（　　）学时。

A. 30　　B. 60

C. 90　　D. 120

二、多项选择题（将下列正确选项的字母填入括号中）

1. 婴幼儿发展引导员需要具备（　　）的能力。

A. 孕期引导　　B. 照护引导

C. 发展引导　　D. 发展测评与咨询

2. 婴幼儿权利的性质包括（　　）。

A. 独立性　　B. 受保护性

C. 整体性　　D. 发展性

3. 婴幼儿权利保护的原则包括（　　）。

A. 最有利于婴幼儿原则　　B. 无歧视原则

C. 多重责任原则　　D. 片面性原则

4. 托育机构从业人员的专有权利包括（　　）。

A. 保教工作权　　B. 学术自由权

C. 民主管理权　　D. 劳动权

5. 在托育服务中，婴幼儿权利的内容包括（　　）。

A. 生存权　　B. 发展权

C. 受保护权　　D. 受教育权

E. 参与权

三、判断题（下列描述，对的在括号中画“√”，错的在括号中画“×”）

1. 父母是婴幼儿的监护人，在养育婴幼儿的过程中，既享有一定权利，也须履行相应的义务。（　　）

2. 在教师义务方面，托育服务中的教师应履行的义务与幼儿园教师、中小学教师大体相同，只是教育阶段特征对其要求较低。（　　）

3. 按照《托育机构保育人员培训大纲（试行）》，对拟从事或正在从事托育机构保育工作的保育人员进行培训，应采用理论和实践相结合、线上与线下相结合的方式。（　　）

4. 按照《托育机构负责人培训大纲（试行）》，对拟从事或正在从事托育机构管理工作的负责人进行培训，培训考核内容分为理论考试和实践技能考核两部分，各级卫生健康部门负责对培训效果进行抽查。（　　）

5. 保育员国家职业技能标准规定，本职业共设 4 个等级，分别为：五级 / 初级工、四级 / 中级工、三级 / 高级工、二级 / 特级工。（　　）

第四章 托育机构管理规范

学习目标

知识目标

1. 掌握托育机构的设置要求以及托育机构设置应符合的基本条件；

2. 熟悉托育机构登记与备案方法、托育机构设置标准以及托育机构管理规范；

3. 了解国家托育机构备案信息系统。

能力目标

1. 坚持立足政策引导、优先普惠原则，具备对托育机构进行登记与备案、设置、管理的能力；

2. 提高对托育机构进行管理的专业化水平，尊重婴幼儿成长特点和规律，最大限度地保护婴幼儿，确保婴幼儿的安全和健康。

素养目标

树立儿童优先、以人为本的理念，强化托育服务事业专业化、规范化建设意识，提升个人安全健康、科学规范品质。

案例导入

托育机构管理规范化、法治化

中国共产党第二十次全国代表大会提出："群众在就业、教育、医疗、托育、养老、住房等方面面临不少难题。"为了加强托育机构管理，最大限度地保护婴幼儿，确保婴幼儿的安全和健康，在托育机构的管理上，需要严格按照国家卫生健康委下发的《托育机构设置标准（试行）》《托育机构管理规范（试行）》进行托育机构的管理。这两个文件是根据《中华人民共和国未成年人保护法》等法律法规以及《国务院办公厅关于促进3岁以下婴幼儿照护服务发展的指导意见》来制定的，适用于经有关部门登记、卫生健康部门备案，为3岁以下婴幼儿提供全日托、半日托、计时托、临时托等托育服务的机构。

问题：托育机构从业人员应如何看待托育机构管理规范化、法治化？

第一节 托育机构的备案、设置与管理

一、《托育机构登记和备案办法（试行）》解读

根据《托育机构登记和备案办法（试行）》（以下简称《办法》）（详见附录 1），国家鼓励并提倡企业事业单位、社会服务组织及公民个人依法举办托育机构，这些单位、组织和个人是举办托育机构的主体。各种社会力量可以多种方式参与到托育事业中，发展我国公共托育事业。面向 3 岁以下婴幼儿可提供多种托育服务，如全日托、半日托、计时托、临时托等，服务范围可根据托育机构的具体情况而定。举办托育机构，应按照《办法》的规定进行登记和备案。

（一）《办法》制定的背景和意义

1. 背景

随着国家对早期教育的重视及 0 ～ 3 岁婴幼儿照护服务需求度的增加，大量市场主体涌入开办托育机构的行列中，导致托育机构质量参差不齐，对托育机构的规范化管理刻不容缓。为贯彻落实《国务院办公厅关于促进 3 岁以下婴幼儿照护服务发展的指导意见》精神，规范托育机构的登记和备案管理，国家卫生健康委员会办公厅等部门制定了该《办法》。

2. 意义

（1）明确了托育机构的注册流程，大幅提高了审批办理效率。

在《办法》出台前，托育机构审批流程和对接部门情况不甚清晰，长期处于效率低、规范不统一等状态。《办法》出台后，一方面确定了托育机构正规手续的办理流程与对应的审批部门；另一方面，登记部门和备案部门之间保持信息互通、业务协同等措施，大幅提高了托育机构的审批办理效率。

（2）明确了业务范围，有利于保障婴幼儿的健康和安全。

《办法》规定，托育机构申请登记时，要在业务内容或经营范围内体现“托育”的字样，明确托育服务的内容。此前，因业务范围及业务内容不明确，在场地方面，早教

机构、儿童游乐园、住宅区等存在提供儿童托育服务的乱象；在人员方面，也容易出现无证上岗、素质偏低等现象。明确业务范围，场地、人员、卫生和消防安全方面都要依照托育的标准执行，可有效保障婴幼儿的健康和安全。

（二）《办法》的相关规定

1. 托育机构性质与审批部门

根据托育机构的性质，要向相应的审批部门申请审批和登记（见表 4－1）。

表 4－1　托育机构性质与审批部门

托育机构性质	审批部门
事业单位性质	县级以上机构编制部门
社会服务机构性质	县级以上民政部门
营利性	县级以上市场监督管理部门

托育机构申请登记时，应当在业务范围或经营范围中明确托育服务内容，申请登记的名称中要包含“托育”字样，以明确服务内容。登记机关应当及时将托育机构登记信息通过共享、交换等方式推送至同级卫生健康部门，促使辖区内已登记托育机构备案，以便卫生健康部门进行监督。

2. 登记与备案流程

（1）举办托育机构要按照《办法》的规定进行登记及备案。法律、行政法规另有规定的，要按照有关规定执行。托育机构的设立需要经过的步骤见图 4－1。

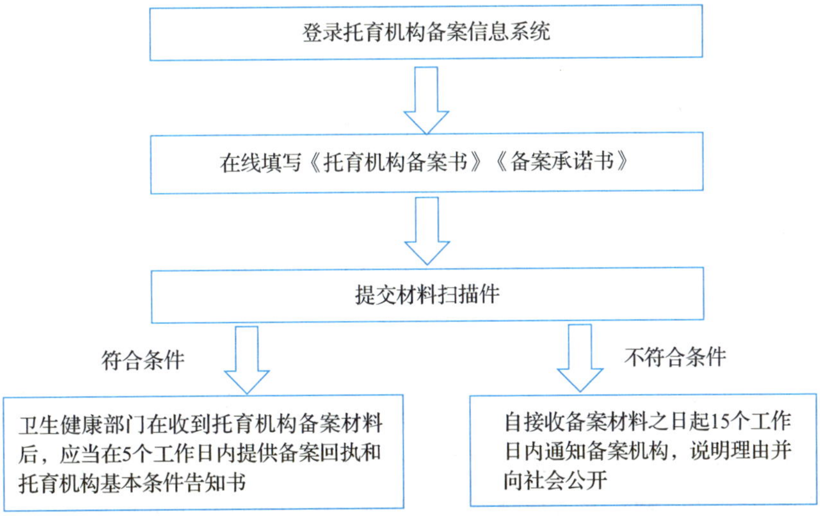

图 4－1　登记与备案流程

（2）托育机构备案材料。为了顺利完成托育机构的登记与备案，相关材料要提前准备。需要准备的材料如下：

1）营业执照或其他法人登记证书；

2）托育机构场地证明；

3）托育机构工作人员专业资格证明及健康合格证明；

4）评价为“合格”的《托幼机构卫生评价报告》；

5）消防安全检查合格证明；

6）法律法规规定的其他相关材料；

7）提供餐饮服务的，应当提交《食品经营许可证》。

3. 变更注销与社会查询监督

托育机构变更备案事项的，应当向原备案部门办理变更备案。托育机构终止服务的，应当妥善安置收托的婴幼儿和工作人员，并办理备案注销手续。卫生健康部门应当将托育服务有关政策规定、托育机构备案要求、托育机构有关信息在官方网站公开，接受社会查询和监督。

二、《托育机构设置标准（试行）》解读

2019 年 10 月，作为托育机构的最高管理机关，国家卫生健康委员会制定了《托育机构设置标准（试行）》（以下简称《设置标准》）（详见附录 2），首次全面系统地为托育机构提供了设置标准，具有权威、专业的指导意义。这份文件的主要内容包括托育机构的设置要求、场地设施、人员规模等方面，是托育服务从业者必看的“官方运营指南”。

（一）《设置标准》制定的背景和意义

1. 背景

由于我国缺乏专门针对婴幼儿托育机构的统一的准入机制，各地普遍将幼儿园的标准应用于婴幼儿托育机构的设置审批，因不同年龄婴幼儿的托育服务内容及方法差异较大，现有标准对托育机构并不完全适用，在一定程度上影响了社会力量举办的积极性。尤其是关于托育机构能否设立、如何设立以及由哪个部门进行登记备案或管理，各省、自治区、直辖市等的监管政策差异较大，不少地方也未能明确区分托育机构、早教机构及幼儿园并进行分类监管。

2. 意义

《设置标准》的制定，明确了托育机构设置应当坚持政策引导、普惠优先、安全健康、科学规范、属地管理、分类指导的原则，对于充分发挥市场在资源配置中的决定性作用、采取多种方式鼓励和支持社会力量举办托育机构均具有重大意义。

（二）《设置标准》的相关规定

1. 托育机构的设置要求

（1）综合考虑城乡区域发展特点。

（2）新建居住区应当规划建设与常住人口规模相适应的托育机构。

（3）老城区和已建成居住区应当采取多种方式建设完善托育机构，满足居民需求。

（4）城镇托育机构建设要充分考虑进城务工人员随迁婴幼儿的照护服务需求。

（5）发挥城乡社区公共服务设施的婴幼儿照护服务功能，加强社区托育机构与社区服务中心（站）及社区卫生、文化、体育等设施的功能衔接。

（6）支持用人单位以单独或联合其他单位共同举办的方式，在工作场所为职工提供福利性托育服务，有条件的可向附近居民开放。

（7）鼓励通过市场化方式，采取公办民营、民办公助等多种形式，在就业人群密集的产业聚集区域和用人单位建设完善托育机构。

2. 托育机构设置应符合的基本条件

应当依照相关法律法规和标准规范开展服务活动，并符合下列基本条件：

（1）应当符合《中华人民共和国未成年人保护法》《中华人民共和国建筑法》《中华人民共和国消防法》《托儿所幼儿园卫生保健管理办法》等法律法规，以及《托儿所、幼儿园建筑设计规范》《建筑设计防火规范》等国家标准或者行业标准。

（2）应当符合《×××省托育机构设置标准》《×××省托育机构管理办法》等要求。

（3）提供餐饮服务的，应当符合《中华人民共和国食品安全法》等法律法规，以及相应食品安全标准。

（4）法律法规规定的其他条件。

3. 场地设施要求

（1）应当有自有场地或租赁期不少于 3 年的租赁场地。

（2）应设置在安全无污染、空气流通、日照充足、交通方便、排水通畅、场地平整干燥、基础设施完善、环境适宜、符合卫生和环保要求的宜建地带。新建、改建、扩建托育机构应符合住建部《托儿所、幼儿园建筑设计规范》和国家相关抗震、消防标准、电气安全标准的规定。

（3）应有与举办规模、服务功能相适应的建筑面积，参照《托儿所、幼儿园建筑设计规范》的规定设置婴幼儿生活等用房。

（4）房屋建筑由婴幼儿生活用房、服务管理用房、供应用房三部分组成。

1）婴幼儿生活用房：为婴幼儿提供生活单元及公共活动的空间，包括班级活动单元（含生活区与游戏活动区）、专用活动室等，应设置在一楼，采光良好，空气流通，地面应经过软化处理，平整、防滑、无尖锐突出物，墙面有安全防护，室内配备调节温度的设备。

2）服务管理用房：供对外联系，对内为婴幼儿保健和教育管理、服务管理的空间，包括卫生保健室、教育室、会议室等。

3）供应用房：供人员饮食、饮水、洗衣等后勤服务使用的空间，包括厨房、消毒室、洗衣间、开水间等。收托 2 岁以下婴幼儿的，应当设置符合有关规定要求的母婴室、配乳室。

（5）室内装修应符合安全、卫生、环保、消防等国家有关规定的要求。配备满足婴幼儿心理发育所需的基本设施设备、婴幼儿养护设施设备及玩具、图书和游戏材料等，并开设游戏区。

（6）应当设有室外活动场地或者光照充足的阳光房，配备适宜的玩具和游戏设施，且有相应的安全防护措施。在保障安全的前提下，可利用机构附近的公共场地。

（7）应配有防暑保暖、卫生消毒、安全防护以及符合规范的报警监控设备。办公室内应设有监控视频观察区，对托育机构内所有场所（成人洗手间及更衣间除外）进行无死角监控。

（8）应当符合《建筑设计防火规范》等防火安全疏散的规定，并设置符合标准要求的安全防护设施设备。

4. 人员配备要求

（1）应当根据场地条件、收托婴幼儿规模，合理配备综合管理、保育照护、卫生保健、安全保卫和后勤保障等工作人员。保育人员与婴幼儿数的比例为：乳儿班（6～12月）1∶3，托小班（12～24月）1∶5，托大班（24～36月）1∶7，混合班（18～36月）1∶6；托育机构人数与工作人员的配比为：50人以下至少1名兼职保健人员，50～100人至少1名专职保健人员，100人以上至少1名专职和1名兼职保健人员，有条件的配备医务人员，独立设置的至少1名保安人员在岗。

（2）负责人应当具备大专以上学历，具有从事儿童保育教育或卫生健康等相关工作3年以上的经历，且经托育机构负责人岗位培训合格。保育人员应当具有婴幼儿照护经验或相关专业背景，受过保育相关培训和心理知识培训。保健人员应当经妇幼保健机构组织的卫生保健知识培训并合格。医务人员应取得卫生健康部门颁发的《医师执业证书》或《护士执业证书》。保安人员应当取得公安机关颁发的《保安员证》，并由获得公安机关颁发的《保安服务许可证》的保安公司派驻。

三、《托育机构管理规范（试行）》的解读

目前，我国对托育服务的需求不断增长，城市家庭愿意选择托育服务，但托育服务行业的公众信任程度偏低，导致很多家长还是更愿意采取“父母为主，祖辈辅助”的家庭养育模式。为了提高托育服务质量、提升托育机构利用率、减轻家庭养育负担，推进托育机构规范化建设十分必要。为了加强托育机构专业化、规范化建设，根据《中华人民共和国未成年人保护法》等法律法规以及《国务院办公厅关于促进3岁以下婴幼儿照护服务发展的指导意见》，国家卫生健康委员会在2019年9月发布了《托育机构管理规范（试行）》（以下简称《管理规范》）（详见附录3）。

（一）《管理规范》制定的背景和意义

1. 背景

新中国成立初期，我国的许多企事业单位都开办了托儿所，为职工家庭解除了后顾之忧。随着经济的迅速发展，福利性托儿所服务体系逐渐萎缩，托育服务的发展也变得停滞不前。此后很长一段时间，3 岁以下婴幼儿照料的主力军转变为家庭，未进入我国公共服务的领域。随着生育政策的改革，很多资本看到商机，涌入 0 ～ 3 岁婴幼儿托育服务市场，但因缺少专门的政策法规和管理体制，导致质量参差不齐。在此背景下，《管理规范》得以出台。

2. 意义

此前由于婴幼儿托育机构缺乏统一的管理制度，各地都沿用幼儿园的管理机制对其进行管理，但不同年龄段的婴幼儿的照护服务需求差异较大，幼儿园管理机制对托育机构并不适用。《管理规范》坚持儿童优先的原则，在备案、收托、保育、健康、安全、人员管理等方面作出了具体规定，并且要求相关部门做好对托育机构的监督管理工作。

（二）《管理规范》的相关规定

1.《管理规范》概述

婴幼儿是托育机构的核心，《管理规范》始终坚持儿童优先的原则，明确了要尊重婴幼儿成长特点和规律，最大限度地保护婴幼儿，确保婴幼儿的安全和健康。开办托育机构，无论是全日托、半日托、计时托还是临时托，都要遵守《管理规范》。

2. 各项管理内容

（1）备案管理。

托育机构登记后，应向机构所在地的县级以上卫生健康部门备案，提交评价为“合格”的《托幼机构卫生评价报告》、消防安全检查合格证明、场地证明、工作人员资格证明等材料，填写备案书和承诺书。如在机构内提供餐饮服务，须提交《食品经营许可证》。卫生健康部门收到备案后，要对其提供备案回执和托育机构基本条件告知书。如果托育机构需要变更备案事项，应当向原备案部门办理变更备案。当托育机构终止服务时，应当妥善安置收托的婴幼儿和工作人员，并办理备案注销手续。卫生健康部门应当将托育服务有关政策规定、托育机构备案要求、托育机构有关信息在官方网站公开，让其接受社会查询和监督。

（2）收托管理。

1）入托时需要提供婴幼儿的基本信息，并与机构签订有效协议。婴幼儿父母或监护人（以下统称婴幼儿监护人）应当主动向托育机构提出入托申请，并提交真实的婴幼儿及其监护人的身份证明材料。托育机构应当与婴幼儿监护人签订托育服务协议，明确双方的责任、权利义务、服务项目、收费标准以及争议纠纷处理办法等内容。

2）监护人要向托育机构报备婴幼儿的疫苗接种情况及健康检查情况。准备入托的婴幼儿应当完成适龄的预防接种，经医疗卫生机构健康检查合格后方可入托，中途离开机构 3 个月以上的，返回时应当重新进行健康检查。

3）托育机构要妥善管理婴幼儿信息并做好家长工作。托育机构应当建立收托婴幼儿信息管理制度，及时采集、更新，定期向备案部门报送。托育机构应当建立与家长联系的制度，定期召开家长会议，接待来访和咨询，帮助家长了解保育照护的内容和方法。托育机构应当成立家长委员会，事关婴幼儿的重要事项，应当听取家长委员会的意见和建议。托育机构应当建立家长开放日制度，让家长入园观看并参与保教过程。

4）托育机构应肩负起一定的社会责任，应当加强与社区的联系与合作，面向社区宣传科学育儿知识，开展多种形式的服务活动，促进婴幼儿早期发展。

5）托育机构应当建立信息公示制度，定期公示收费项目和标准、保育照护、膳食营养、卫生保健、安全保卫等情况，接受监督。

（3）保育管理。

1）生活方面：托育机构要科学、合理地安排婴幼儿的生活，做好饮食、饮水、喂奶、如厕、盥洗、清洁、睡眠、穿脱衣服、游戏活动等服务。

2）喂养方面：应当顺应喂养规律，科学制定食谱，保证婴幼儿膳食平衡。有特殊喂养需求的，婴幼儿监护人应当提供书面说明。在户外活动方面，应当保证婴幼儿每日户外活动时长不少于 2 个小时，寒冷、炎热季节或特殊天气情况下可酌情进行调整。

3）教育方面：托育机构应当以游戏为主要活动形式，促进婴幼儿在身体发育、动作、语言、认知、情感与社会性等方面的全面发展。游戏活动中应当重视婴幼儿的情感变化，注重与婴幼儿面对面、一对一的交流互动，动静交替，合理搭配多种游戏类型。托育机构应当提供适宜刺激，丰富婴幼儿的直接经验，支持婴幼儿主动探索、操作体验、互动交流和表达表现，发挥婴幼儿的自主性，保护婴幼儿的好奇心。

4）家园共育方面：托育机构应当建立照护服务日常记录和反馈制度，定期与婴幼儿监护人沟通婴幼儿的发展情况。

（4）健康管理。

1）托育机构应当按照有关卫生保健规定，完善相关制度，切实做好婴幼儿和工作人员的健康管理，做好室内外环境卫生。

2）托育机构应当坚持晨午检和全日健康观察，如发现婴幼儿身体、精神、行为异常，应当及时通知婴幼儿监护人。在晨检及日常观察中发现婴幼儿遭受或疑似遭受家庭暴力的，应当依法及时向公安机关报案。婴幼儿患病期间应当在医院接受治疗或在家护理。

3）托育机构应当建立卫生消毒和病儿隔离制度、传染病预防和管理制度，做好疾病预防控制和婴幼儿健康管理工作。

4）托育机构工作人员上岗前，应当在医疗卫生机构进行健康检查，合格后方可上岗。托育机构应当组织在岗工作人员每年进行一次健康检查。在岗工作人员患有传染性疾病的，应当立即离岗治疗；治愈后，须持病历和医疗卫生机构出具的健康合格证明方可返岗工作。

（5）安全管理。

1）安全管理制度方面：托育机构应当落实安全管理主体责任，建立健全安全防护措施和检查制度，配备必要的安保人员和物防、技防设施。托育机构应当明确专兼职消防安全管理人员及管理职责，加强消防设施维护管理，确保用火、用电、用气的安全。托育机构应当建立照护服务、安全保卫等监控体系，监控报警系统确保 24 小时设防，婴幼儿生活和活动区域应当全覆盖，监控录像资料保存期不少于 90 日。

2）婴幼儿接送制度方面：托育机构应当建立完善的婴幼儿接送制度，婴幼儿应当由婴幼儿监护人或其委托的成年人接送。

3）安全教育和培训方面：托育机构应当制定重大自然灾害、传染病、食物中毒、踩踏、火灾、暴力等突发事件的应急预案，定期对工作人员进行安全教育和突发事件应急处理能力培训。托育机构工作人员应当掌握急救的基本技能和防范、避险、逃生、自救的基本方法，在紧急情况下必须优先保障婴幼儿的安全。

（6）人员管理。

1）职业道德方面：托育机构工作人员应当具有完全民事行为能力和良好的职业道德，热爱婴幼儿，身心健康，无虐待儿童记录，无犯罪记录，并符合国家和地方相关规定要求的资格条件。

2）职业教育方面：托育机构应当建立工作人员岗前培训和定期培训制度，通过集中培训、在线学习等方式，不断提高工作人员的专业能力、职业道德和心理健康水平。托育机构应当加强工作人员法治教育，增强其法治意识。对虐童等行为实行零容忍，一经发现，严格按照有关法律法规和规定，追究有关负责人和责任人的责任。

3）劳动保障方面：托育机构应当依法与工作人员签订劳动合同，保障工作人员的合法权益。

（7）监督管理。

1）托育机构应当加强党组织建设，建立工会组织或职工代表大会制度，积极支持工会、共青团、妇联等组织开展活动，依法加强民主管理和监督。

2）托育机构应当制订年度工作计划并于每年年底向卫生健康部门报告工作，必要时随时报告。托育机构应建立信息公示制度和质量评估制度，实施动态管理，加强社会监督。

3）各级妇幼保健、疾病预防控制、卫生监督等机构应当按照职责，加强对托育机构卫生保健工作的业务指导、咨询服务和监督执法。

第二节 托育机构的安全防范

一、托育机构的安全

无论是《国务院办公厅关于促进3岁以下婴幼儿照护服务发展的指导意见》还是《托育机构设置标准（试行）》《托育机构管理规范（试行）》，只要涉及0～3岁婴幼儿的相关文件，都把安全作为第一要素。保障婴幼儿安全是托育机构肩负的重要责任。

（一）安全

安全是指在一定环境或条件下，人们免受不可接受的风险的状态。安全就是指没有危险，而危险具有相对性。因此，在托育机构中可以把安全看作风险的反义词，只要风险在可接受范围内就是安全的。

（二）托育机构应持有的安全观

1. 基于婴幼儿生理和心理行为特点的安全观

美国心理学家沃克和吉布森（R.D.Walk&E.J.Gibson）对36名年龄在6～14个月的婴儿做了深度知觉测验。实验设置了一张1.2m高的桌子，顶部是一块透明的厚玻璃。桌子的一半（代表浅滩）是用红白图案组成的结实桌面，另一半是同样的图案，但它在桌面下面的地板上（代表深渊）（见图4－2）。在浅滩边上，图案垂直降到地面。虽然从上面看是直落到地面的，但实际上有玻璃贯穿整个桌面。实验中，大部分婴儿拒绝穿过视崖，他们远离母亲爬向浅滩一侧，或因为不能靠近母亲而大哭起来。这说明婴儿已经意识到视崖深度的存在，对危险具有一定的感知能力，所以不敢继续向前爬。

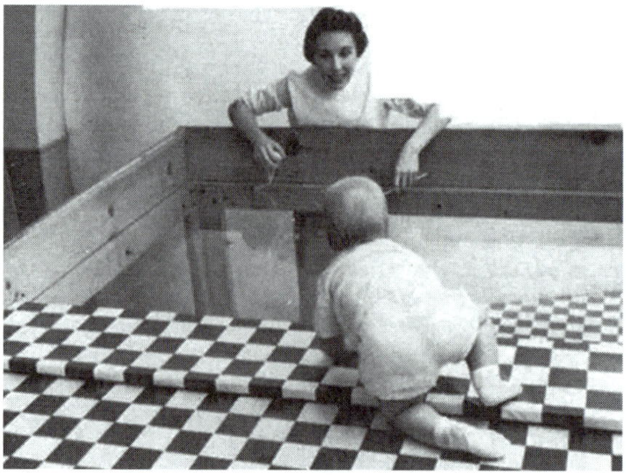

图4－2 深度知觉测验

那么，如果6个月左右的婴幼儿已经具备了危险意识，但为什么仍然会有那么多婴幼儿摔倒呢？这是因为婴幼儿的深度知觉能力比他们的行动技能成熟得早。也就是说，虽然有时他们感知到了危险，但他们的四肢似乎并不是很“听话”。

因此，保育师要对婴幼儿生理和心理行为发展状况有准确的把握，根据婴幼儿每一个阶段的生理及心理行为发展状况，给予适当的保护。例如，当爬楼梯时，对于1岁半左右的婴幼儿，可以要求他们四肢并用并给予示范，但对于2岁左右的幼儿，要求其扶好栏杆即可。

2. 正确区分“危险”的安全观

不是说“危险”的物品或游戏就绝对不能碰。在托育机构里，常常看到一些教师以“安全”的名义取消各种所谓危险的活动，例如在附近的公园散步、玩沙等户外活动或串珠子等可以锻炼婴幼儿精细动作的活动。不让婴幼儿接触这些活动，看起来是一切为了安全，但实际上是托育机构怕出事、怕担责。在托育机构这种常态化的运作中，婴幼儿无法获得真正的自由，游戏权和参与权常常被剥夺，结果导致婴幼儿的探索欲望降低，做事过于依赖大人，甚至影响婴幼儿全方位的发展。

因此，托育机构应持正确的安全观，在可控范围内，尽量还给婴幼儿自由。例如，小年龄阶段（1岁半）幼儿玩沙时不要坐得过于密集，以小组为单位，围坐在一起，由一位保育师看管少量的孩子，眼睛不能离开他们。同样，玩串珠游戏时，玩具要即拿即收，在收纳前后要进行点数，在幼儿操作过程中，反复进行安全提醒，不得移开视线。

3. 安全教育中的安全观

对婴幼儿实施安全教育必不可少。根据班杜拉对观察者观察学习的不同水平的划分，婴幼儿处于直接的观察学习阶段，即学习者对示范行为进行简单模仿的阶段。从1岁左右开始，幼儿不仅可以通过模仿进行简单的学习，在理解他人情绪情感方面也有了一定的发展，能理解简单的禁止指令。虽然3岁以下的婴幼儿不一定能明白为什么会被禁止，但依然会听从成人的禁止指令。因此，在这一年龄阶段并不一定要用专门的时间进行安全教育，但可以在生活场景中，通过“示范—模仿—禁止”的形式来对婴幼儿进行简单的安全教育。

4. 家园统一的安全观

托育机构的工作人员要与家长紧密联系，统一对安全的认识。托育机构的很多活动无法进行，和家长不无关系。例如，很多家长认为使用剪刀非常危险，而托育机构内培养幼儿使用剪刀的动手能力的活动并不少见。迫于家长对婴幼儿过度保护的要求，托育机构无法正常让婴幼儿使用剪刀，导致有些婴幼儿到了4岁都没有使用过剪刀。因此，家园统一安全观非常必要，托育机构在正确理解安全观的同时，也要定期对家长进行指导，让家长也认识到什么是科学的安全养育。

对婴幼儿而言，保障安全是必需的。托育机构要在保护婴幼儿身心安全的前提下，尊重和促进婴幼儿全方位发展，让婴幼儿接触世界，适应世界，而不是一味地过度保护婴幼儿。

（三）确保托育机构安全的措施

1. 托育机构安全制度与安全设施

托育机构本身的安全包含两个方面：一是安全制度；二是安全设施。

（1）安全制度。

首先，建立安全制度，落实安全管理主体责任，由托育机构负责人及机构法人承担安全工作的第一责任人。第一责任人要对婴幼儿的安全负责，对内要对工作人员进行监督及追责；对外要与家长沟通，负责做好事件的全程跟进。行为规范制度方面，严禁从业人员做出虐待、歧视、体罚或变相体罚婴幼儿等损害婴幼儿身心健康的行为。

其次，建立安全保卫等监控体系。监控报警系统确保 24 小时设防，婴幼儿生活和活动区域应当全覆盖。

最后，制定重大自然灾害、传染病、食物中毒、踩踏、火灾、暴力等突发事件的应急预案，定期对工作人员进行安全教育和突发事件应急处理能力培训，要明确专兼职消防安全管理人员及管理职责，加强消防设施维护管理，确保用火、用电、用气的安全。

（2）安全设施。

配备安全防范设备及消防设备等安全设施。机构应配置安全技术防范系统和智能安防系统，确保监控系统全面覆盖婴幼儿活动区，安防系统随时有效运行。根据场地实际，可设置电子巡查系统。托育机构的门卫室及负责安保的办公室须安装紧急报警装置，并根据消防要求配置相应的消防设备。

2. 托育机构工作人员的安全能力

托育机构工作人员应当掌握急救的基本技能和防范、避险、逃生、自救的基本方法，在紧急情况下必须优先保障婴幼儿的安全。通过提高安全意识、加强安全教育及技能培训等措施，强化托育机构工作人员的安全能力。

（1）提高安全意识。

提高托育机构工作人员的安全意识，让其保持居安思危的观念。托育机构工作人员要时刻对危险保持警惕，要充分认识到安全的重要性，了解安全事故的特点，在日常生活中预防安全事故的发生。

（2）接受安全教育。

根据安全教育制度，对工作人员进行安全教育。工作人员接受安全教育既是责任，也是义务。工作人员要定期参加安全教育讲座，学习大量的案例及处理方式。

（3）安全技能培训。

在日常工作中对工作人员进行操作训练。操作训练应连续不断地进行，入职培训及职后培训中均要涉及安全技能方面的培训。尤其是紧急情况下的应急反应与操作能力的培养，既能将婴幼儿受到的伤害降到最低限度，也能让工作人员得到自我保护。

3. 托育机构照护过程安全

（1）环境安全。

环境安全包括活动区安全、玩具材料、睡眠设施、食品安全等。

1）活动区安全：将游戏区等活动区设置在一楼，避免婴幼儿因高空坠落造成伤害。在活动区要准备安全的设施设备，每天使用前须进行检查，保证没有损坏的地方。

2）玩具安全：首先，在玩具材料方面，须采购安全材质的玩具，并定期进行清洁消毒及维修；其次，玩具的大小及功能属性要适合婴幼儿玩耍；最后，玩具应符合婴幼儿生理和心理发展的需求。

3）睡眠安全：睡眠用具（枕头、垫子、被子等）的大小及尺寸应适合婴幼儿，并有助于其睡眠。要根据气候变化提供厚度适宜的被子，并定期清洁。婴幼儿的床要坚固，防水防潮。寝具被弄脏后要及时清洁和消毒，并定期更换。

4）食品安全：为婴幼儿提供安全、健康的膳食，以保证其健康成长。尽量做到当天购买的食材当天食用，如果需要存放，就要根据食材属性进行妥善保管，保管不当很容易引起变质、腐败。使用食材时要确认生产日期，婴幼儿肠道功能薄弱，不可食用过期食品。要时刻防止婴幼儿食物中毒。

（2）照料安全。

第一，要时刻保障婴幼儿在保育师的视线范围内，不可随意让外部人员进入机构。当婴幼儿放学时，要亲手把婴幼儿交给书面授权的人员，才可让婴幼儿离开机构。第二，把可能对婴幼儿造成伤害的材料及工具放在婴幼儿无法触碰到的地方。第三，在婴幼儿使用的楼梯、水池等地方设置足够的防护设施。第四，采取一定的预防措施，防止传染病的传播，对体弱婴幼儿要格外关注。

二、托育机构安全事故及其预防

托育机构安全事故指的是在托育机构实施的照护教育活动或者托育机构组织的机构外活动，以及托育机构负有管理责任的场所、其他各种设施内发生的，造成婴幼儿人身损害后果的事故。按照事故的性质来分，托育机构安全事故可分为故意性托育机构安全事故和过失性托育机构安全事故；按照对婴幼儿伤害的程度，托育机构安全事故可分为轻伤安全事故、重伤安全事故和死亡安全事故；按照事故本身的类型，托育机构安全事故可分为园舍建筑安全事故、食品安全事故、消防安全事故、园舍设施安全事故等。这里主要按事故类型进行讨论。

（一）托育机构环境问题引发的事故

1. 园舍建筑安全事故

《托育机构设置标准（试行）》规定，托育机构的场地应当选择自然条件良好、交通便利、符合卫生和环保要求的建设用地，远离对婴幼儿成长有危害的建筑、设施及污染源，满足抗震、防火、疏散等要求。建筑设施的任何一个不完善的地方都有可能给婴幼儿的安全带来隐患。

案例

幼儿被卡在四楼窗框

甘肃省某幼儿园的一名小男孩被卡在幼儿园四楼的窗框外，他人准备施救时男孩掉了下来，导致受伤住院。出现这一安全事故的根本原因是，幼儿园没有在窗户上安装防护栏来预防此类事件的发生。

在上述案例中，幼儿被卡在了四楼的窗户外，没有任何的保护措施，导致幼儿从楼上摔了下来。根据国家建筑规范的规定，托儿所或幼儿园不能设在三层以上的建筑物内，原则上幼儿园所在的建筑物可以超过三层，但三层以上的房屋不得用于幼儿寝室、教室，只能当作教师办公室、宿舍等。

2. 食品安全事故

对于托育机构饮食安全，国家出台了相应的规章和管理制度进行监管。例如，《学校食堂与学生集体用餐卫生管理规定》中对学校食堂有严格的规定，加工食品必须做到熟透，加工后的熟制品应当与食品原料或半成品分开存放，防止交叉感染等。如果违反规定，可能会造成食品安全事故的发生。食品安全涉及原料的采购、食物存储、食品处理及烹饪卫生、个人卫生、器皿卫生等多个环节，每个环节都可能潜藏着安全隐患。如果不加以注意和预防，可能就会出现安全问题。例如，有的机构在食品原料的采购方面，由于管理者法治观念不强，受利益驱使，就从幼儿的伙食费上节省资金，再加之缺乏基本的卫生常识，从食品的采购、储藏到食品加工各环节都没有严格把关，从而导致食物中毒事件的发生。除饮食外，幼儿在饮水中也会存在安全隐患，如饮用水没有达到安全标准、杯具没有消毒等，都有可能对幼儿身体安全造成不利影响。

案例

细菌性食物中毒引发幼儿腹泻

20×× 年 5 月，某市妇联幼儿园在进行晨检过程中，发现儿童出现拉肚子、高烧等不良反应。接着当地许多医院接收了来自此幼儿园出现此症状的幼儿，经检查，幼儿的体征基本平稳，也没有生命危险。后来调查发现，细菌性食物中毒引发了幼儿腹泻，查出的罪魁祸首为油焖大虾，里面含有有毒的病菌。

从上述发生的案例来看，食物变质导致细菌繁殖，而幼儿园又给幼儿提供了变质的食物，从而引起幼儿腹泻、发烧，最终引发幼儿食物中毒事故。

3. 消防安全事故

托育机构管理人员消防安全意识不足，对消防工作的认识仅仅局限于如何使用灭火器的问题，对安全出口管理、用火用电管理、火灾自动报警和自动灭火设施的管理、防火检查方面的规定和要求不懂不会，对存在的不安全因素和隐患也不能及时察觉，遇到火灾惊慌失措，甚至连发生火灾时自身如何逃生都不知道，更谈不上正确引导、帮助婴幼儿进行疏散。

案例

幼儿园突发火灾，15 名幼儿惨死火场

20×× 年 5 月，×× 市某幼儿园突然发生火灾，最终导致 15 名幼儿惨死的悲剧。后经调查发现，火灾是由掉在过道上正在燃烧的蚊香引起的。发生火灾的班级是位于幼儿园二楼的小班宿舍，当时这个班里有 17 名幼儿住宿。

上述案例中，老师在点燃蚊香以后，放到了离可燃物比较近的地方，而且老师在幼儿睡觉后离开时，没有及时进行安全隐患的检查。《托育机构消防安全指南（试行）》指出，托育机构应落实全员消防安全责任制。法定代表人、主要负责人或实际控制人是本单位的消防安全第一责任人，消防安全管理人应负责具体落实消防安全职责。托育机构从业人员应落实本岗位的消防安全责任。托育机构与租赁场所的业主方、物业方在租赁协议中应明确各自的消防安全责任。

4. 玩教具、设施设备安全问题

根据《幼儿园工作规程》第 13 条的规定，幼儿园的设备设施、装修装饰材料、用品用具和玩教具材料等，应当符合国家相关的安全质量标准和环保要求。然而，有的托育机构在玩教具材料、设备设施等方面存在着安全隐患，主要表现在两个方面。一方面，托育机构中的玩教具、设备设施自身存在安全问题，如有的托育机构在玩教具、设备设施的购置中没有严格执行规定，购买含有毒成分的物品，幼儿在使用时有毒物质会影响其身体健康；有的玩教具的设计不符合幼儿身心发展特点，存在着安全隐患等。另一方面，幼儿没有安全、正确地使用玩教具，也会给幼儿带来安全问题。

5. 托育机构周围环境安全问题

托育机构周围环境中存在的安全隐患是托育机构很难控制的危险源，但可以做好事故预防措施，预防机制是否健全就成为重要的安全问题。托育机构选址不应选择易发生自然灾害的地段；与易发生危险的建筑物、仓库、储罐、可燃物品和材料堆场等之间的距离应符合国家现行有关标准的规定；不应与大型公共娱乐场所、商场、批发市场等人流密集的场所相毗邻；应远离各种污染源，并应符合国家现行有关卫生、防护标准的要求；园内不应有高压输电线、燃气、输油管道主干道等穿过。

（二）婴幼儿一日活动中的安全问题

1. 入托时的安全事故

婴幼儿在入托时，主要是与家长做好交接，包括对幼儿进行晨检和平安地将幼儿

接入教室这两项工作。晨检是比较重要的一项活动，如果教师不能尽职就会出现安全隐患。晨检的目的有两个：防止幼儿将传染病带入；防止幼儿将危险物品带入。一些教师只是看一下幼儿的手和脸，忘记了自己的工作职责，使晨检变成形式。如果幼儿带危险物品进入教室，易导致幼儿安全事件。幼儿的年龄较小，缺乏自我保护意识，更不理解什么叫危险。此外，有的幼儿将自己喜欢吃的零食放在书包中或把自己感兴趣但有危险性的小物品放到口袋里带入园所，家长可能由于工作忙没注意到或安全意识淡漠。幼儿因吃零食而导致呛、噎、窒息的事件屡见不鲜。

案例

入园带刀片，幼儿受伤

某托育机构的孩子们正有秩序地进入盥洗室洗手，突然有三四个小男孩的嘴上、脸上都在流血。老师们看到这样的情况都懵了，赶紧把医护人员找来，对伤口进行止血处理。后来经询问情况得知，早晨入园时东东偷偷把爸爸刮脸的刀片带来了。在洗手的时候，东东把刀片分给了其他的伙伴，几个孩子也学着大人的样子用刀片刮胡子，才出现了这可怕的一幕，幸亏老师发现得早，不然后果无法想象。

在以上案例中晨检时老师检查不到位，没有发现幼儿带入教室的危险物品，造成了安全事故。

2. 组织游戏活动时的安全事故

《托育机构保育指导大纲（试行）》明确要求，保育工作应当根据婴幼儿的身心发展特点和规律，制定科学的保育方案，合理安排婴幼儿饮食、饮水、如厕、盥洗、睡眠、游戏等一日生活和活动，支持婴幼儿主动探索、操作体验、互动交流和表达表现，丰富婴幼儿的直接经验。保育人员在组织游戏活动时，容易出现一些意想不到的安全事故。

案例

游戏活动中幼儿被撞倒受伤

20×× 年 6 月，某幼儿园 5 岁幼童丹丹在参加游戏活动时，由于玩得太开心了没有注意到其他小朋友，结果被其他小朋友撞倒而受伤，经医院诊断为右额挫伤，缝了 7 针。事后，丹丹的家长多次找到幼儿园解决，幼儿园支付了部分医疗费。丹丹的父母觉得幼儿园没有承担责任，要求幼儿园赔偿 4 万元。此案经法院受理，幼儿园一次性赔偿丹丹 6 000 元。

在本案例中，幼儿在参加集体游戏时玩得太开心，没有注意到周围的环境，而老师也没有加强对幼儿的监管，导致安全事故的发生。在游戏过程中，老师应该让幼儿时刻在自己的视野范围内，并准确讲解玩具的玩法和注意事项。

3. 就餐时的安全事故

进餐是幼儿一日生活中最重要的环节。有的幼儿因挑食把饭菜含在嘴里久久不愿咽下，有的吃饭狼吞虎咽，还有的边吃边嬉笑打闹，这些饮食习惯都隐藏着危险，需要托育机构工作人员时刻注意。比如，食物误入气管、异物卡喉，饭菜的温度过高、餐盆等用具放置不当引发烫伤，筷子或勺子扎伤眼睛，过敏体质幼儿的饮食未进行特殊处理等。

4. 幼儿午睡时的安全事故

保育师应严格执行《午睡安全管理制度》。其一，幼儿上床前先如厕，了解每个幼儿上床前的大小便情况；其二，对幼儿进行睡前检查，禁止幼儿把扣子等危险性物品带到床上；其三，检查是否有发烧或异常现象的幼儿；其四，加强睡眠过程中的巡视与照护，注意观察幼儿睡眠时的面色、呼吸、睡姿，消除安全隐患。

案例

幼儿午睡，珠子入耳

妈妈看到毛毛很听话，奖励她一串漂亮的项链戴在脖子上。午睡时，老师没有发现毛毛拿着珠子在玩。毛毛玩着玩着，把项链给弄断了，珠子全都散落。后来，毛毛把其中的一颗小珠子放到了耳朵里，取不出来了，她害怕得哭叫了起来，老师及时把她送到了医院才避免了危险事故的发生。

5. 离托时的安全事故

不少家长接到幼儿之后并不着急离开，而是借机与教师沟通交流，这时幼儿容易脱离成人的视野跟同伴玩耍，接错孩子、孩子丢失、摔伤撞伤等事故时有发生。

（三）预防婴幼儿安全事故的对策

托育机构工作人员应和家长共同努力，将安全事故发生的可能性降到最低。

第一，托育机构的工作人员要提高安全意识，不断丰富预防知识和急救知识，提升自己的基本急救能力；

第二，家长对婴幼儿不要溺爱，要培养婴幼儿的安全意识；

第三，家长应加强与老师的沟通交流，意识到维护婴幼儿的安全是家园共同的责任；

第四，托育机构应规范运营，建立合理的安全制度，并认真执行；

第五，可参考国外运用保险的经验，把托育机构的责任风险进行分散，减轻托育机构的赔偿负担。

本章小结

质量为先是托育服务体系建设的核心，也是托育服务赢得社会信任与家庭支持的基础和前提。强化监管，加强监管，强化政策统筹，加强顶层设计和整体谋划，重视托育服务体系的配套支撑，做好公共服务清单制度建设。特别要注重加强托育服务全过程监管，明确主体责任，加强源头管理，完善机构设立许可制度，明确准入标准和准入机制，改善管理模式和管理水平；加强过程监管，建立健全业务指导、督促检查、考核奖惩、安全保障和责任追究制度，确保各项政策措施、规章制度落实到位；加强行业自律和服务机构的主体责任，设立照护服务和安全保卫的监控系统、报警系统，强化日常巡查制度；加强社会监督，发挥新闻媒体和妇联、计划生育协会等群团组织的宣传作用，尤其是发挥婴幼儿家长的监督作用。

同步练习

一、单项选择题（将下列正确选项的字母填入括号中）

1. 托育机构登记后，应当向机构所在地的（　　）卫生健康部门备案。

A. 乡镇以上　　B. 县级以上

C. 市级以上　　D. 省级以上

2. 托育机构应当有自有场地或租赁期不少于（　　）的场地。

A. 3 年　　B. 5 年

C. 8 年　　D. 10 年

3. 托育机构负责人应当具有（　　）以上学历，有从事儿童保育教育、卫生健康等相关管理工作 3 年以上的经历，且经托育机构负责人岗位培训合格。

A. 初中　　B. 高中

C. 大专　　D. 本科

4.《托育机构登记和备案办法（试行）》规定，营利性的托育机构应向（　　）申请审批和登记。

A. 县级以上机构编制部门　　B. 县级以上民政部门

C. 县级以上市场监督管理部门　　D. 省级以上民政部门

5.《托育机构管理规范（试行）》始终坚持（　　）的原则。

A. 儿童优先　　B. 盈利优先

C. 环境优先　　D. 服务优先

二、多项选择题（将下列正确选项的字母填入括号中）

1. 托育机构根据注册登记部门的不同分为（　　）。

A. 营利性托育机构　　B. 非营利性托育机构

C. 事业单位托育机构　　D. 民营单位托育机构

2. 托育机构一般设置（　　）等班型。

A. 乳儿班　　B. 托小班

C. 托大班　　D. 衔接班

3. 托育机构持有的安全观包括（　　）。

A. 基于婴幼儿生理心理行为特点的安全观

B. 正确区分“危险”的安全观

C. 安全教育中的安全观

D. 家园统一的安全观

4. 托育机构工作人员应当掌握急救的基本技能和防范、避险、逃生、自救的基本方法，在紧急情况下必须优先保障婴幼儿的安全。通过提高安全意识、安全教育及技能培训等措施，确保托育机构工作人员的安全。托育机构工作人员的安全包括（　　）。

A. 提高安全意识　　B. 接受安全教育

C. 安全技能培训　　D. 武术等防身技能

5. 托育机构照护过程安全中的环境安全包括（　　）。

A. 活动区安全　　B. 玩具安全

C. 睡眠安全　　D. 食品安全

三、判断题（下列描述，对的在括号中画“√”，错的在括号中画“×”）

1. 托育机构，是指为 3 岁以下婴幼儿提供全日托、半日托、计时托、临时托等托育服务的机构。（　　）

2. 支持用人单位以单独或联合其他单位共同举办的方式，在工作场所为职工提供福利性托育服务，不得向附近居民开放。（　　）

3. 托育机构应当设有室外活动场地，配备适宜的游戏设施，且有相应的安全防护设施。（　　）

4. 独立设置的托育机构应当至少有 1 名保安人员在岗。（　　）

5. 托育机构应当保证婴幼儿每日户外活动时长不少于 1 小时，寒冷、炎热季节或特殊天气情况下可酌情进行调整。（　　）

第五章 托育职业伦理概述

学习目标

知识目标

1. 掌握托育职业伦理学的基本原则与具体原则、托育职业伦理学的基本规范内容；

2. 理解儿童观等托育职业伦理学的基础理论、权利与义务等托育职业伦理学基本范畴；

3. 了解托育职业伦理学的概念、研究对象、研究内容等。

能力目标

在托育工作实践中，能运用所学托育职业伦理学的基础理论观点、基本原则、规范、范畴，分析、解决遇到的托育问题。

素养目标

树立科学、正确的托育职业伦理观，培养托育职业伦理意识、规范意识，提升社会主义核心价值观素养。

案例导入

坚持己见的婴幼儿

某托育机构内，托育工作人员李某某正在组织小朋友们进行绘本阅读活动。工作人员李某某时而声情并茂，时而绘声绘色，小朋友们沉浸在知识的海洋中，这时工作人员李某某微笑着提出了一个问题，小朋友们兴高采烈地回应着，最后李某某提出了自己的观点，这时，其中一个小朋友张某又陈述了自己的观点，并坚持己见，哭着闹着要求李某某附和自己的观点，工作人员李某某微笑着肯定了小朋友的观点，并给予了表扬。

问题：案例中托育工作人员李某某的行为体现了何种托育职业伦理？

第一节　托育职业伦理学概述

一、概念

托育职业伦理学是关于托育职业道德的科学，是运用一般伦理学原理研究托育科学发展中的，特别是托育实践中的托育工作人员之间，以及托育工作人员与婴幼儿及其监护人之间、与社会之间关系的道德意识、规范和行为的科学。主要研究和探索托育道德的产生及发展规律，阐释托育工作实践中调节托育人际关系的行为准则和规范，跟踪并探索托育科学发展中遇到的伦理问题，培养托育工作人员的优良道德品质。托育职业伦理学对托育实践起着重要的指导作用，有利于提高托育工作人员的道德水平及使之成为德才兼备的托育人才；有利于托育技术与伦理的统一，提高托育质量；有利于托育工作人员解决托育道德难题，促进托育科学的发展。

二、研究对象

任何一门学科都有其自身特有的研究对象。托育职业伦理学通过对托育道德现象的全面研究，揭示托育道德关系中各种矛盾及其变化发展的规律性。因此，托育职业伦理学的研究对象包括托育道德现象和托育道德关系。托育道德现象是托育道德关系的表现，托育道德关系是托育道德现象的重要组成部分。

（一）托育道德现象

1. 概念

托育道德现象是指托育职业领域中反映托育道德的那些社会现象，包括托育道德意识现象、托育道德规范现象和托育道德活动现象。

2. 内容

（1）托育道德意识现象也称托育道德理论，是对客观存在的托育职业道德关系的主观反映，主要是指托育道德的思想观点和理论体系，包括托育道德观念、情感、意志、信念等，属于托育道德的主观方面。

（2）托育道德规范现象也称托育道德规范，是指根据托育职业道德关系的本质和规律，在托育工作实践中制定的评价和调节托育工作人员行为的一系列行为规范、准则和要求，是社会对托育工作人员处理与婴幼儿及其监护人之间关系以及行为的基本要求的概括，用于指导、约束、评价托育工作人员的思想行为。

（3）托育道德活动现象也称托育道德实践，是指根据一定的观念，遵循一定的托育道德准则进行的托育道德评价、托育道德教育、托育道德修养等。

（二）托育道德关系

1. 概念

托育道德关系是指托育工作人员与其他个体或社会群体所结成的具有道德意义的社会关系。托育道德关系主要包括托幼关系、托际关系、托社关系和托研关系。

2. 内容

（1）托幼关系。托幼关系是指托育工作人员及托育机构与婴幼儿及其法定监护人之间在托育实践活动中形成的关系，是托育实践中首要的、最基本的托育道德关系，也是托育职业伦理学研究的核心问题。在托幼关系中，托幼双方是服务与被服务的关系，托育工作人员及托育机构处于主导地位。但随着社会的发展和托育科学的进步，托幼关系出现了以下新的趋势：托幼关系的民主化趋势、托幼关系的法治化趋势、托幼关系的人文化趋势、托幼关系的多元化趋势。托幼关系是否和谐，直接关系到婴幼儿的成长发育与托育质量的高低。

（2）托际关系。托际关系是指托育工作人员及托育机构之间在托育实践活动中形成的职业人际关系，其实质是一种同事关系。例如保育工作人员与教育工作人员之间的关系；保育工作人员之间的关系；教育工作人员之间的关系；保教工作人员与行政管理人员、后勤人员之间的关系；托育工作人员与所属托育机构之间的关系；托育机构之间的关系等。在社会大分工时代，托育工作人员及托育机构之间既有分工的专业性、职责的指向性，又有共同的服务目标。良好的托际关系是保证托育实践完整性、提高托育整体水平的基本条件。托育工作人员与托育机构之间如何有效协调、配合，进而建立科学有序的职业秩序，从而最优实现托育服务目的与宗旨，是托育职业伦理学需要研究和解决的重要问题。

（3）托社关系。托社关系是指托育工作人员及托育机构与社会之间在托育实践活动中形成的关系。托育工作人员及托育机构不仅承担着专业服务婴幼儿的义务，而且承担着为社会提供托育服务理念、知识和技术咨询保障的社会责任。随着社会的发展，托育学与社会的联系越来越密切，托育模式、保育观、儿童观、医育观发生了巨大的变化，这种变化对托社关系产生了深远的影响。托育工作人员及托育机构提供的托育服务不仅关系到婴幼儿及其家庭的利益，更关乎人口老龄化、人口均衡发展等社会利益，是保障和改善民生的基础性工程，更是贯彻落实全面建成社会主义现代化强国任务要求的具体实践，对于实现幼有所育，不断满足人民日益增长的美好生活需要具有重要意义。

（4）托研关系。托研关系是指托育工作人员及托育机构与托育科学研究人员之间的关系。不断发展的托育理念、模式在给婴幼儿带来福音的同时也带来了大量的伦理问题，这些问题往往与传统的社会伦理观念和价值取向发生冲突，如新的保育观、儿童观、医育观等，都需要托育职业伦理做出科学的回应和选择。这使得托育研究活动中的矛盾日益突出，协调好托育工作人员及托育机构与托育科学研究人员之间的实践与理论研究的关系，托育科研道德显得越发重要。

三、研究内容

托育职业伦理学是由托育道德理论、托育道德规范、托育道德实践三大主要内容构成的有机体系。

（一）托育道德理论体系

托育道德理论是托育职业伦理学的精髓。主要论述托育道德的本质、特点、社会作用、历史渊源、文化属性、发展规律，托育道德的理论基础及思想内容的演变，托育道德与相关学科的关系，托育道德与托育科学发展、托育模式转变之间的相互影响，托育道德与经济和社会发展的关系等。这些基本问题贯穿于整个托育职业伦理学体系，起指导作用。

（二）托育道德规范体系

托育道德规范主要总结、归纳托育工作人员及托育机构在托育实践活动中应当遵循的行为规范和准则，并为托育工作人员及托育机构的托育实践提供指导，主要包括托育道德基本原则、托育道德基本规范和托育道德基本范畴。托育道德规范主要论述什么“应当”，什么“不应当”，什么是善，什么是恶，从而使托育工作人员及托育机构避恶趋善，自觉选择符合托育道德规范的行为，例如在动作发展与教育、认知发展与教育、语言发展与教育、社会性发展与教育、托育与急救、营养与喂养等托育实践中托育工作人员及托育机构应当遵循的行为准则与规范。托育职业伦理学作为一门规范科学，它既有对托育工作人员及托育机构职业道德的基本要求，也有衡量和评价托育工作人员托育道德品质的具体标准。

（三）托育道德实践体系

托育道德实践是托育职业伦理学的基础和归宿。一方面，托育职业伦理学来源于托育道德实践，是对托育道德实践的概括和总结；另一方面，托育职业伦理学又要指导托育道德实践，为托育道德实践服务。学习托育职业伦理学，归根结底是使托育实践与托育道德实践同步，把托育实践规范到托育道德实践的轨道上。托育职业伦理学研究的托育道德实践，主要是指托育道德评价、托育道德教育和托育道德修养等的实践活动。

四、托育职业伦理学与其他学科的关系

（一）托育职业伦理学与学前教育伦理学

托育职业伦理学与学前教育伦理学同属于早教领域的道德规范学科，由于托育职

业伦理学是依托学前教育伦理学学科发展起来的新兴学科，因此，二者肩负着共同的职业宗旨和职业使命，具有相同的伦理原则、规范和范畴。两者在具体规范方面有所侧重，托育职业伦理学侧重于 0 ～ 3 岁婴幼儿托育职业伦理规范；而学前教育伦理学侧重于 3 ～ 6 岁学前教育伦理规范。两者相辅相成，共同构成早教领域的两大支柱规范体系。

（二）托育职业伦理学与托育心理学的关系

托育职业伦理学与托育心理学是姊妹学科，二者相互渗透。托育职业伦理学主要研究托育人员在托育实践中应遵循的道德原则和规范，并有效地开展托育道德评价和托育道德教育，以不断提高托育工作人员的托育道德修养，使托育人际关系和谐；托育心理学是从托育情境与个体相互作用的观点出发，研究在托育情境这个特定的社会生活条件下个体心理活动发生、发展及其变化规律的学科。托育职业伦理学为心理诊断与心理治疗提供了可能与保证；托育心理学为托育职业伦理行为提供了心理科学的依据。托育工作人员通过良好的托育道德行为，给予婴幼儿心理托育，有助于婴幼儿身心状态的健康保障和改善，达到保育和教育的目的。

（三）托育职业伦理学与法学的关系

托育职业伦理学与法学相互补充、相互支持、相互转化，各有特点。法学是研究法的产生、发展及其规律的科学。托育职业伦理学与法学（包括教育法学）同属于规范学科，担负着调节人际关系、维护社会正常秩序的使命。在托育实践中，有时单靠托育道德无法调节某些托育道德关系，需要依靠法律法规强制解决；而有些行为虽没有触犯法律，但确实违背了道德，就得靠托育道德教育、托育道德信念、托育道德舆论的力量去纠正。有些托育道德规范可以通过立法程序转化为法律规范；有些法律规范也具有道德规范的价值，两者既有联系也有区别。托育道德调节的内容涉及托育道德关系的方方面面；而法律的调节面相对狭窄。同时，托育道德的调节作用随着托育的发展而发展；法律的调节作用将随着国家、阶级社会的发展而发展。

（四）托育职业伦理学与美学

托育职业伦理学与美学相互影响、相互支持。托育探索“真”；伦理学探索“善”；美学探索“美”。托育实践中的人际关系应该是“真、善、美”的统一。高尚的托育道德是托育工作人员及托育机构内在美的体现；良好的仪表举止和得体的语言沟通既是托育工作人员及托育机构外在美的展示，也是托育工作人员及托育机构内在修养的彰显。美学教育能帮助托育工作人员及托育机构加深对美的认识和理解，提高审美能力，有助于陶冶高尚的托育道德情操。托育工作人员及托育机构的托育道德行为应该满足婴幼儿对美的需求和渴望。在现代托育模式中，美育对于婴幼儿的身心健康发展有着重要的辅助作用。

第二节 托育职业伦理学的理论基础

众多托育理论构成了托育职业伦理学的理论基础，为托育职业伦理学的产生、发展与完善提供了丰富的理论营养，这其中以众多托育职业伦理观为典型。托育职业伦理观是指托育工作人员及托育机构在托育实践过程中所形成的托育理念和价值体系，是对所从事托育职业的认识，即托育职业意识形态。主要包含儿童观、保育观、医育观 3 个方面。

一、儿童观

儿童是什么？应该如何看待儿童？怎样的教育方式最有效？这构成了一定历史条件下特定社会的儿童观。

（一）概念

儿童观是指在特定社会条件下，国家或社会看待和对待儿童的基本观点、看法或理念的总称。主要涉及儿童的特点、儿童的地位与权利、儿童期的意义、儿童的特质和能力、儿童生长发展的形式与原因以及儿童教育等问题。它主要包括儿童发展观、儿童教育观两大方面。儿童观的形成受社会政治、经济、传统文化思想、科技发展水平以及人自身认识水平等多种因素的影响和制约。它通过社会舆论、社会风俗习惯等深刻地存在于民众的意识中，而由思想家、教育家、心理学家等提出的各种儿童发展与教育理论，则是儿童观在理论上的表现形式，是整个社会或时代儿童观的集中反映。

对儿童的认识与人类对自身的认识一样久远，一样来自人类自身的需要。儿童具有超越文化和时代的意义，对孩子“童心”“天真无邪”的描述表现了对儿童纯洁性的想象与向往；所有的人都曾经是儿童，孩童世界是成年人心灵的故乡；儿童作为延续人类生命的载体，是人类未来的希望。

（二）类型

儿童观的形态主要划分为 3 种，分别是社会主导形态的儿童观、大众意识形态的儿童观和学术理论形态的儿童观。

1. 社会主导形态的儿童观

社会主导形态的儿童观是指在社会中具有主导地位的人们对儿童的根本看法、态度。比如社会中的政府机构、法律机构所持有的儿童观，这种儿童观一般是以法律、法规、政令、规章的形式出现，具有一元性、强制性、稳定性等特点，而且阐述概括、简约，可以通过大众意识形态直接作用于儿童。

2. 大众意识形态的儿童观

大众意识形态的儿童观是指社会成员对于儿童的根本认识和态度、看法，这是一种最具实际意义的儿童观，通常用隐喻的方式来表达。它认为，儿童是国家最宝贵的财富，是国家最有潜力的资源，是未来的接班人和建设者。主要有以下两种形态：

（1）形式儿童观，又称理念儿童观，即能从理论上、观念上把握儿童观，并用儿童观分析和指导一些儿童生活和学习中出现的问题。

（2）实质儿童观，又称功效儿童观，即不仅能从观念和理念上掌握一定的儿童观，而且能坚决贯彻。

3. 学术理论形态的儿童观

学术理论形态的儿童观是指哲学、心理学、教育学、人类学等学术领域的研究人员所持有的儿童观。它具有多元性、前瞻性、引导性、纠正性等特点。

18 世纪，法国启蒙思想家卢梭提出的儿童观对全世界的儿童观产生了深远的影响，对儿童教育具有非常重要的时代意义。卢梭强调要给予儿童自然的教育，让儿童的天性在自然条件下自由发展。其儿童观的核心内容分 3 点：一是儿童就是儿童，要承认儿童生活的价值，儿童区别于成年人的特性就是发育不成熟，教师应当设身处地地为儿童着想，不能脱离儿童对于事物的认知和看法，要把儿童当作儿童，而不是以成人世界的观点束缚、否定儿童，在尊重儿童的基础上提倡儿童的率性发展，良好的教育是需要的，但必须适合儿童的身心发展水平；二是儿童是独立的人，儿童获得快乐和幸福源于他的自由选择和自由生活，强调教育者要尽可能使儿童保持在天生的自然状态，让儿童根据他自己的需要去选择生活，在无拘无束中展现自由意志；三是儿童是发展变化的人，卢梭认为："每个年龄、人生的每个阶段都有它适当的成熟时期。"童年时期在人的一生中占有独特的地位，每一个儿童都是一个独特的存在。儿童在不同的时期有不同的特点，不同时期的教育方法应该是不同的，这样才能给予儿童适合自然发展的教育方式。把儿童看作一个独立的个体，就是在不同的时期给予其不同的教育方式。卢梭指出，应该把属于儿童的东西还给儿童，他反对以为了儿童将来的发展为理由，违背儿童的发展规律。

20 世纪，杜威提出"儿童中心论"的儿童观，主张把儿童从教育的"后台"边缘位置推至"前台"表演中心，让儿童成为教育活动的主角。其儿童观的核心内容包括 4 部分：一是未成熟性意味着儿童具有发展的潜力，他认为未成熟性是儿童生长的首要条件，儿童虽然是未成熟的，但这并不是儿童的弱点，实际上这酝酿着儿童的能力和要求，儿童具有可塑性，未成熟性是一种潜力，一种积极的势力。强调儿童具有 4 种本能，分别是语言和社交的本能、制作的本能、研究和探索的本能、艺术的本能。二是儿童是未成熟的个体，需要靠教育来适应社会生活，他认为儿童的不成熟性是教育的前提，儿童要适应社会生活就必须通过教育而获得生活的基本技能，只有理解了儿童的未成熟性，才能理解为什么要“以儿童为中心”。三是兴趣是统一的活动，兴趣是儿童教育的起点，他认为兴趣是生长中的能力信号和象征，通过观察儿童的兴趣可以知道他进入了什么阶段，据此进行的教育将更为有效，而忽视儿童的兴趣，将减弱心智的好奇性和灵敏性，压制了创造性，兴趣是最好的老师。四是儿童的教育应该具有完整性和统一性，他认为教育应当培养完整的个人，教育首先应当是人类的，随后才是专业的，强调在教育中培养完整的人的要求，这样的人是会工作而且懂得享受自由的人，应该是体力劳动和脑力劳动兼顾的人。

（三）现代科学儿童观

20 世纪 50 年代以来，随着人权意识的昂扬，国际社会开始普遍重视保护儿童的基本权益。1959 年 11 月 20 日通过的《儿童权利宣言》，肯定儿童和成人一样，应当得到人的尊严和尊重，享有生存、生活和学习的权利，成年人和社会应当保障儿童的这些权利。这种人本位的儿童观，要求保护儿童的生命与健康，为他们提供基本的营养、居住、娱乐和医疗的条件，教育机会均等，使每一个儿童都能受到提高其一般教养的良好教育，获得德、智、体、美、劳各方面的和谐发展；儿童是学习的主体，教育者和儿童在人格上是平等的，教育者虽然受社会委托向儿童进行教育，但是必须尊重儿童的人格、意愿和兴趣，不得任意处置儿童；保护儿童免受任何形式的虐待、歧视和剥削。这些要求构成了当代民主化儿童观的基本内容。1989 年通过的《儿童权利公约》，为儿童的保护和福利订立了一套全面的国际法律准则。该公约要求保护儿童免遭忽视、虐待和剥削，肯定儿童拥有基本人权，包括生命、发展和充分参与社会、文化、教育生活以及他们个人成长与福利所必需的其他活动的权利，各国政府和社会必须保护儿童的权利。1990 年，联合国在美国召开了世界儿童问题首脑会议，提出了 20 世纪 90 年代的新儿童观——一切为了儿童，确认在儿童问题上的进步应成为国家全面发展的一个主要目标。由此，现代化的儿童观也随之诞生，大致来说，现代化的儿童观是以儿童为中心的儿童观。以儿童为中心不是放任儿童为所欲为，它具有更加丰富的内涵。

1. 儿童是独立的个体

儿童是人，具有与成年人一样的基本权利，具有独立的人格。儿童就是儿童，不是小大人，或者微型成人；更不是成人的附庸，更不能被视为家庭和家族的附属品、父母的私有财产，成为成人随心所欲支配的道具；也不是成人臆想中的“天使”或“恶魔”。儿童是不同于成人的，但也是具有自己独特精神世界的个体。儿童和成人是人一生的两个不同的阶段，二者是平等的，没有优劣之分，儿童和成人都具有各自值得彼此学习的东西。成人应当尊重儿童的选择，肯定儿童的地位和权利，保障儿童的生命权、健康权，作为人的尊严权、发展权、受教育权及其他一切人权，更不能将自己的想法强加给儿童，儿童应有主动活动、自由活动和充分活动的机会和权利。

2. 儿童是完整的个体

儿童是一个全方位不断发展的“整体”人，应尊重并满足儿童发展的各种需要，创造各种条件，促进儿童在生理、动作、认知、语言、社会性发展等方面全面发展。儿童身心各方面是一个有机的整体，所谓完整的儿童，是指全面发展和谐平衡的儿童，其发展是身体的、认知的、情感的、社会的和人格的整合性的发展。儿童的发展是生物因素和社会因素多层次的相互结合、相互作用的过程，所以应关注儿童学习与发展的整体性，使儿童从小获得初步的全面的发展，而不应片面追求某一方面或几方面的发展，早早地定向儿童，人为给儿童圈定发展领域。

3. 儿童是差异的个体

由于儿童发展的主客观条件的差异，导致儿童发展水平和速度不同、兴趣爱好不同，因此不能用统一的标准来评判儿童。每个儿童都有鲜明的个性差异，同龄儿童中，也没有完全一样的儿童，教育者要充分理解和尊重幼儿发展进程中的个别差异，根据儿童发展的不同特点进行有针对性的教育，支持和引导他们从原有水平向更高水平发展，按照自身的速度和方式达到社会所要求的平均水平。儿童发展中共性与个性并存，儿童个性发展，有些特征与共性一致，有些特征在发展速度上会超前或者滞后于共性。对儿童个性的尊重和自由发展，是创造性的前提。

4. 儿童是发展的个体

儿童是发展的个体，即儿童是稚嫩的个体。儿童具有未成熟性，身心还处于从无到有、从低到高的发展阶段，具有语言和社交、制作、研究和探索、艺术等本能，需要接受教育以适应社会生活，需要得到适宜的发展机会，促进其由“内在自然”向“外在自然”转变。儿童身心各个部分尚不完善，需要为其提供科学合理的照顾、保护、引导与支持。

5. 儿童是能动的个体

儿童具有主观能动性，有着自己的积极、能动的发展能量，这种能量在其发展过程中起着积极主动的作用。儿童的生长和发展不是一个被动的自然成熟的过程，而是儿童主动地与周围环境中的物体和人相互交往、相互作用的过程。儿童通过自己的活动实现发展，在对物体的操作和与人的交往中发展知识、能力和个性，而不是坐着，只通过听或看教师的说和做而发展。儿童在发展过程中形成了自己的经验、兴趣爱好、需求等，他们对外界的影响有自己的判断、选择、建构和评价，教师对儿童所施加的影响不能直接导致儿童的发展，外界的教育影响只有在被儿童接受、内化和吸收时，才能转化为个体素质。所以教师应为儿童提供有助于其自主操作和反思的学习环境，创设各种各样的活动，根据儿童的最近发展区创设最佳的难度，激发儿童的积极性，给儿童以充分的自由，让儿童在活动中动手动脑，自己完成，从而促进儿童主动发展。

二、保育观

（一）概念

保育是指在保姆照料的方式下对 1 ～ 3 岁的儿童实施教育的行为。主要包括生活常规保育（例如饮食、睡眠、作息、活动等）、安全保育（例如环境安全、行为安全、食品饮用水安全等）、教育过程保育（例如学习卫生、体育卫生、教育环境卫生等）、心理行为保育（例如行为、情绪、个性、品德等）、疾病预防保育（清洁消毒、卫生习惯培养、防病常识教育等）5 个方面的内容。

保育观是指在托育实践过程中，对婴幼儿生活环境、物质条件、营养、卫生等保育条件、保育方式及形成的保育人际关系的有关基本观点、看法或理念的总称。主要包括保育内容、保育方式和保育态度 3 个方面。

托育机构及其工作人员的保育工作不仅仅是对婴幼儿身体的保健与养育、生活的安排与托育、生长发育指标的达成，更要关注提高婴幼儿的生存质量，提供促进其健康成长的物质生活条件，创设宽松、和谐的人际心理环境等，重视婴幼儿的发展质量，关注其情绪和心理需要，培养婴幼儿健康的行为习惯，引导婴幼儿形成积极、合理的生活态度与方式，促进婴幼儿全方位和谐发展。

（二）特点

1. 科学性

0 ～ 3 岁的婴幼儿处在生长和心理快速发展期，身体各个组织器官生长发育与心理成长具有不均衡性，其发展既是一个连续的过程，也是一个可以划分出阶段的过程。例如 3 岁以前的婴幼儿体重增长较快，头颅的发育与其他部位相比，处于领先地位，从会走、会跳、会跑开始接触外界环境相对增多，语言、记忆及想象力、精细运动等发展增快，对外界环境产生好奇心，好模仿。随着年龄的增长，与周围人的交往也增多，对客观事物有了自己的认识且情感多样化，易产生同情感、荣誉感、信任感，在正确引导下，可逐步区别好与坏、喜欢与不喜欢。

托育机构及其工作人员，尤其是保育工作人员要根据婴幼儿身心发展特点与规律，科学地创设促进婴幼儿生长发育的物质与精神条件，循序渐进地引导婴幼儿从一个阶段发展到下一个阶段。保育工作人员要有高度的细心、耐心、责任心，切不可揠苗助长。

2. 综合全面性

保育观要求保育工作人员不仅要关注婴幼儿的生理发育与心理成长，也要关注其德智体美劳的发展，更要关注其思想道德品质的培养与提升。保育工作要从“保护身体发育”拓展到“促进婴幼儿个性发展和适应社会能力的提高”；从“安全保护与卫生”发展到“实施教育过程中的生理、心理和社会适应保健”；从“单纯、被动的生活管理”

发展到“尊重和满足不断增长的独立需要”；从“把婴幼儿培养成人”发展到“培养成身心健康和谐发展的全面人”。

3. 动态发展性

马克思主义哲学认为社会存在决定社会意识，社会意识会随着社会存在的变化、发展而变化、发展。保育观作为一种意识形态的观念也会随着社会时代的变迁而不断更新、发展。

（三）现代保育观

1. 身心并重、综合全面

现代保育更强调婴幼儿能身心并重发展，最终成为综合全面、完整统一的人。保育工作人员一定要充分运用托育机构各种资源与环境条件，引导、促进婴幼儿生理、心理、社会适应能力及思想道德品质的综合全面发展。推动保育工作从“保护身体发育”到“身心并重，促进婴幼儿个性发展、社会适应能力提高”。

2. 注重身心感知体验

由于婴幼儿以直观形象思维为主，因此婴幼儿只有在活动过程中才能直接感知、体验并获得有益的经验，进而形成健康行为。现代保育工作不再只是简单追求以生活活动为主，也不再仅仅是保育工作人员或者保育医生的工作，而应重视婴幼儿通过各类活动，在亲身体验中实现身心成长。所以，保育工作应通过从“单纯的安全保护与卫生”到“实施活动教育过程中的生理、心理和社会适应能力保健”的转变，实现婴幼儿身心成长发展。

3. 保护照顾与自理、自立并存

现代保育在实现保护、照顾婴幼儿功能的同时，又要给予婴幼儿自理、自立的尝试，不能因婴幼儿身心发育的不完整、不平衡而保护过度，因噎废食，忽视婴幼儿自理、自立能力的发展。保育工作人员要针对不同婴幼儿的特点与能力发展水平，尊重婴幼儿内在发展的规律，积极给予婴幼儿以支持，鼓励婴幼儿积极主动地参与到自理、自立的学习与尝试过程中，从而丰富其情绪体验，进而培养发展婴幼儿良好的个性品质与社会适应能力。

4. 规则养成与积极主动相结合

现代保育观既重视培养婴幼儿的规则意识与良好行为习惯，同时又强调婴幼儿的积极主动参与，实现婴幼儿活动体验过程中规则养成与积极随意有机融合，从而达到培养婴幼儿良好的生活卫生习惯，为终身学习和适应社会生活打下良好的基础的保育目的。

三、医育观

（一）概念

医育观是指在托育实践过程中形成的，对托育工作人员及托育机构与医疗工作人员及医疗机构之间、托育服务与医疗健康服务之间关系的根本认识与看法。

（二）内容

1. 医育观就是要“医”“育”并行，注重结合婴幼儿生长发育特点，整合儿童诊疗技术优势，拓展婴幼儿照护服务

一是托育机构与医疗机构有机融合，医疗机构优化医疗保健资源并结合工作实际，定期到托育机构提供生长发育体检，实现婴幼儿教育与儿童保健救治全方位一条龙服务，综合涵盖保健、教养、发展三位一体，也将按照婴幼儿自然生长的规律，更侧重其照护和早期综合发展。二是托育工作人员与医疗工作人员相互协作，将婴幼儿心理行为发育监测、生长发育促进、情感与社会性发育等融入日常的托育照护工作中，并通过医学康复等手段及时纠正发育异常，推动医育有机结合。

2. 医育观就是要寓“医”于“育”，“医育”深度融合

在托育实践过程中，倡导建立医育工作机制和服务模式，从营养、卫生、安全、回应性照护和学习机会等方面强化“医育结合”，在养育风险、婴幼儿生长发育等方面为托育工作人员及托育机构提供科学养育指导及干预。开展托育机构及其工作人员理论素养和实操技能实训，建立托育工作人员培训考核上岗机制，规范化开展岗前职后培训，建立婴幼儿照护服务“医育”实训基地，加强对托育工作人员的卫生保健指导。

四、其他理论

（一）美德论

1. 概念

美德论又叫德行论、品德论，是研究做人应该具备什么样的品德、品性、品行、品格的观点，它旨在告诉人们什么是道德上完美的人以及如何成为道德上完美的人。美德论以个人为道德的主体和载体，重视个人德行，强调自由、自律和负责精神；把人的美德作为价值追求的目的，而不是作为达到目的的手段；认为道德表现于人的言谈举止，深藏于人的品行之中，重视个体道德心理分析。

2. 托育工作人员应具备的托育美德

托育美德不是托育工作人员被动地敬畏道德规范或者恐惧受到惩罚，而是主动地、充满爱心地做出善的行为。在托育实践过程中，托育工作人员应该努力培养托育美德，其主要内容包括以下几点：

（1）仁慈。即仁爱慈善，对婴幼儿怀有恻隐之心，同情、尊重、关心婴幼儿，热情为婴幼儿服务，实践托育人道主义。

（2）诚挚。即热爱并潜心托育事业，对服务对象忠诚，诚心维护服务对象的生存利益与发展利益。一切为了婴幼儿，并具有实事求是的作风，敢于承担责任，勇于纠正错误。

（3）公正。即一视同仁地对待服务对象，合情合理地处理公私关系和分配托育资源，在工作中坚持原则，不抱成见，不徇私情。

（4）严谨。即具有严肃认真的科学态度，周详缜密的思维方法，审慎负责的工作作风。

（5）进取。即刻苦钻研托育服务技术，不断更新知识，虚心向同行学习，不断提高托育服务质量。

（6）协作。即在工作中能与其他托育工作人员密切配合、互相尊重、互相扶持、齐心协力，并勇挑重担。

（7）奉献精神。即不怕苦，不怕累，不嫌脏，不嫌麻烦，不畏困难，勇于牺牲个人利益。

（8）廉洁。即办事公道，作风严谨正派，不图谋私利。

3. 美德论对托育实践的影响

美德论与托育实践行为关系密切。一方面，托育美德是在托育实践中形成的，并通过托育实践来体现和验证；另一方面，托育美德又对托育实践发挥导向和支配作用。

美德论强调个体的道德品质和良好的道德修为，以及通过何种方式使人成为有德性的、善良的人，并认为良好的品德有利于主体的道德实践。因此，美德论对托育实践的影响大致可归结为以下几点：

（1）强调道德品质在托育实践中的重要性，促使托育工作人员注重自身品格的提升，加强自身道德的完善。

（2）以托育工作人员良好的道德品质作为基础，促进其对托育道德原则、规范的遵守，使托育工作人员的行为符合基本的道德要求。

（3）激励托育工作人员对道德有更高层次的追求，使托育行为超越基本的道德要求，达到更高境界。

（二）义务论

1. 概念

义务论是指根据某一行为是否符合特定的义务，或者根据某一行为是否为正当的或应该的来判定其道德与否的伦理学理论。该理论体系侧重的是道德行为动机，不注重行为的后果，其理论的核心是托育职业义务和托育职业责任。也就是说，一个行为的正确与否，并不是由这个行为的后果来决定的，而是由这个行为的动机和标准来决定的，义务论注重的是这个行为的动机是否是“善”的，行为本身是否体现了预设的道德标准。

2. 义务论评价

义务论在托育职业领域注重揭示托育职业道德义务，提出社会对托育工作实践的职业道德要求，这样有利于托育工作人员明确自己的职业责任，非常直接地明确自己应该做什么，不应该做什么，一个合乎职业道德的托育工作人员应该遵循哪些托育职业道德规范。义务论体现着托育职业伦理学的核心内容，激励着托育工作人员为维护、促进婴幼儿身心的健康成长和托育科学的发展做出贡献。

（三）公益论

1. 概念

公益论是指依据社会全体成员的利益，使行为符合社会公认的道德标准，是社会公益与个人私益辩证统一的伦理理论。公益论强调合理分配利益，使多方面获利，使绝大多数人和人类社会受益，认为道德规范必须直接有利于人类的共同利益，而不是为了个人或少数人的利益。

公益思想自古就有，只是人类在相当长的时间内仅在很少的范围内活动，所以，有关公益的思想还没有那么凸显，并未引起人们足够的重视。随着人类的不断社会化，不同群体、国家乃至整个世界有着共同的、长远的利益，这些利益与每个人的利益息息相关。特别是当今世界，人类共同面临环境污染、资源短缺、人口老龄化、少子化、贫富差距大等一系列现实问题，使人们的公益意识空前强烈。而托育职业伦理学的发展已经把托育服务主体与客体之间的关系扩展到了托育工作与全社会之间的关系，随着人们对托育服务影响到人类公共、长远和后代的健康利益的认识加深，公益论越来越引起人们的关注和推崇。

在托育职业伦理学中，公益论主要是指托育工作人员从社会和全人类的长远利益出发，公正地解决托育活动中出现的各种利益矛盾，使托育活动不仅有利于婴幼儿，而且有利于社会、人类。

2. 具体内容

（1）托育工作人员不仅要对个体婴幼儿负责，而且要对社会负责。

（2）在托育工作中，要顾及婴幼儿托育的社会意义和价值，要考虑到托育工作为社会经济带来的后果，以及社会公益的价值。

（3）托育工作人员的道德水平不仅取决于个人，更取决于托育工作管辖部门所实行的方针政策的道德水平。

3. 公益论评价

公益论的发展克服了义务论的某些不足与局限。一方面加强了托育工作人员的社会责任，同时有利于解决托育工作实践发展中出现的托育道德难题；另一方面，公益论作为托育发展战略的伦理学理论根据，有助于解决托育资源的公正分配问题，以实现“人人享有高质量托育保健”的目标。

第三节 托育职业伦理的基本原则

托育职业伦理的基本原则在托育道德规范体系中处于首要地位，起着主导作用，是托育职业伦理学规范体系的总纲和精髓，也是我国托育工作人员在长期托育工作实践中的道德规范总结，它反映了托育道德的基本要求，是处理各种托育道德关系和衡量托育人员道德水平的最高标准。

一、概念

（一）原则

原则是指经过长期经验总结所得出的合理化的现象，是人们说话、行事所依据的准则。

（二）托育职业伦理的基本原则

托育职业伦理的基本原则是社会主义道德原则在托育领域中的具体体现和运用，是在托育工作实践活动中调整各种托育职业伦理关系的基本出发点和指导准则。

二、内容

（一）儿童优先

儿童是弱势群体，在大多数情况下没有发言权、表决权、决策权。儿童的主张经常没有人代言，儿童也很难发出自己的声音。他们只有在 18 岁以后才能拥有一个完整公民相应的权利。儿童的成长程度反映了一个国家的高度，一个国家对儿童关注的程度又在很大程度上体现了这个国家的文明程度。1990 年首次世界儿童问题首脑会议上提出：在资源分配方面，儿童的基本需求应得到高度优先；2021 年 1 月 12 日国家卫生健康委颁布实施的《托育机构保育指导大纲（试行）》明确规定："坚持儿童优先，保障儿童权利。尊重婴幼儿成长特点和规律，关注个体差异，促进每个婴幼儿全面发展。"

儿童优先原则（first call for children）指向所有儿童的生存和正常发展提供基本保护，主张"一切为了儿童"。在资源分配方面，儿童的基本需求应得到高度优先；儿童能否长大成人，心理和身体能否正常发育，营养是否充足，能否享有卫生保健、预防接种，能否受到学校教育等，都不应该因国家的支付平衡、利率水平、贸易方面的波动、政党的选举结果或成人世界任何不可避免的骚乱而受到影响。

（二）实行社会主义人道主义

“实行社会主义人道主义”是托育职业伦理继承性和时代性的统一，体现了在社会主义制度下对婴幼儿的尊重以及对人的生命质量的尊重。首先，尊重生命。生命的不可逆性赋予人的生命至高无上的价值，托育工作人员在托育实践活动中无论何时何地都应尊重婴幼儿的生命，不分民族、年龄、性别等，一视同仁，生命面前人人平等。其次，尊重婴幼儿，尊重婴幼儿的生命质量。在托育实践活动过程中，托育工作人员要尊重婴幼儿的基本需要和欲望，千方百计为婴幼儿创造利于其身心健康发展的环境，用严谨、科学、精湛的技术完成各项托育工作，努力提高婴幼儿的生命质量。

（三）全心全意为婴幼儿身心健康发展服务

“全心全意为婴幼儿身心健康发展服务”是为人民服务宗旨在托育工作领域的具体化，是托育工作的出发点和归宿，包含着深刻的含义。首先，服务的对象不是少数人，是所有 0 ～ 3 岁婴幼儿；其次，服务的目标不仅包括生理健康，还包括心理健康、社会适应良好，从而达到身心整体健康；最后，服务的态度，托育工作人员必须树立婴幼儿至上的意识，时刻自觉地把实现婴幼儿身心健康发展作为自己的职责，具有为全人类的托育事业而奉献的宽广胸怀和高尚情操。这也是托育工作人员实现“全心全意为婴幼儿身心健康发展服务”的核心内容和根本准则。

三、托育职业伦理的具体原则

在复杂的托育工作现实情境中，托育职业伦理的基本原则在具体运用中还需借助于一些托育职业伦理学的具体原则，主要包括尊重原则、不伤害原则、有利原则、公正原则。

（一）尊重原则

1. 概念

在托育工作实践活动中，托育工作人员与婴幼儿及其父母、监护人、代理人等进行交往时应该以真诚的态度相互尊重，尤其强调托育工作人员对婴幼儿及其父母、监护人、代理人等的尊重。尊重原则有狭义和广义之分。狭义的尊重原则是指托育工作人员对婴幼儿及其父母、监护人、代理人等人格尊严的尊重；广义的尊重原则不仅指托育工作人员对婴幼儿及其父母、监护人、代理人等人格尊严的尊重，而且还要尊重婴幼儿的自主性。

婴幼儿的自主性是指婴幼儿对与自己有关的保育、教育问题，经过自主判断所做出的合乎情理的决定并据此采取的行动。知情同意、知情选择、要求保守秘密和隐私等均是婴幼儿自主性的体现。婴幼儿的自主性不是绝对的，而是有条件的，婴幼儿自主性实现的前提条件如下：

（1）它是建立在托育工作人员为婴幼儿提供适量、正确且婴幼儿能够理解的信息的基础之上。如果对婴幼儿缺乏必要的信息公开、解读及信息可及性，则婴幼儿难以实现其自主性。

（2）婴幼儿必须具有一定的自主能力。该原则对于缺乏自主能力（如1岁以下婴儿）的婴幼儿是不适用的，他们的自主性由家属、监护人、代理人或者托育工作人员代替。

（3）婴幼儿的情绪必须处于稳定状态。婴幼儿虽有自主能力，但若其情绪处于过度紧张、恐惧或冲动状态，往往失去自制而难以做出自主性决定。

（4）婴幼儿的自主性决定不会与他人、社会的利益发生严重冲突。也就是说，当婴幼儿的自主性会对他人、社会利益构成严重危害时，也要受到必要的限制。

在托育工作实践中，尊重原则不仅体现了对人格尊严和自主权利的尊重，而且调动了婴幼儿积极参与托育活动的主观能动性，从而有利于托育工作决策的准确制定与实施；既保障了婴幼儿的利益，又增进了婴幼儿对托育工作人员的信任与尊重，从而有利于构建和谐的托育工作关系。

2. 尊重原则对托育工作人员的伦理要求

（1）尊重婴幼儿的人格尊严和合法权益。托育工作人员要有同情心、同理心，发自内心地热爱婴幼儿、尊重婴幼儿，平等对待婴幼儿。将婴幼儿作为具有独立人格的人来对待，尊重他们的思想感情、兴趣、爱好、求知和愿望等。言行中处处体现对婴幼儿的尊重，注意倾听婴幼儿的想法，尊重他们的意愿，这样就会使婴幼儿意识到他们是有价值、有能力、不可缺少的，从而建立起自信心，获得良好的自我概念，为自身的继续发展奠定基础。

婴幼儿是不同于成人的正在发展中的社会成员，他们享有不同于成人的许多特殊的权利，如生存权、受教育权、受抚养权、发展权等，这反映了人类对婴幼儿在社会中的地位和权利的认可与尊重。托育工作人员在托育工作中应当保障婴幼儿的合法权益不受侵犯。

（2）尊重婴幼儿的自主性。尊重婴幼儿是托育职业伦理的核心，也是托育工作服务理念的最高境界。托育工作人员应自觉养成主动尊重婴幼儿自主权的意识，尊重婴幼儿独立平等的人格，给婴幼儿自由选择的权利，只要不涉及原则问题，就要多听取婴幼儿的意见，让婴幼儿做自己想做的事。尊重婴幼儿知情同意和自主选择的权利。

（3）为婴幼儿及其父母、监护人或代理人提供全方位、真实、充分的托育工作信息。加强托育工作人员与婴幼儿及其父母、监护人或代理人之间的交流沟通，以利于婴幼儿及其父母、监护人或代理人自主地做出理性的选择和决定。

（4）履行帮助、劝导甚至限制婴幼儿选择的责任。托育工作人员要有正确的判断力，明辨婴幼儿是否有自主判断、决定的能力，对于缺乏自主选择能力的婴幼儿，要履行帮助、劝导甚至限制婴幼儿选择的责任。

（5）尊重婴幼儿不得附加任何条件。尽管尊重原则要求托育工作双方相互尊重，但托育工作人员却不能以此作为不尊重婴幼儿的条件。即使有个别婴幼儿表现出对托育工作人员不尊重的态度和行为，托育工作人员也不应以此为借口不尊重婴幼儿，除非婴幼儿的行为极端不合理或已违反法律。

（二）不伤害原则

1. 概念

不伤害原则也被称为有利无伤原则或底线原则，是指在托育工作实践活动中，托育工作人员不使婴幼儿的身心受到无端的损伤。不伤害原则的真正要义不是要消除一切伤害，而在于强调托育工作人员要有对婴幼儿高度负责的态度，审慎选择托育行为，努力避免各种伤害的可能或将伤害程度降到最低。

2. 不伤害原则对托育工作人员的伦理要求

（1）重视婴幼儿的权益。托育工作人员要树立婴幼儿至上的思想意识，在托育工作实践中绝对不能因为自身利益而滥用托育职业权利，必须杜绝有意和责任性伤害。

（2）不断提高托育业务能力水平。精湛的业务能力不仅可以增加婴幼儿的信任，也是保障婴幼儿的权益、避免伤害的重要条件。托育工作人员应注意不断提高自身业务素质和能力，为婴幼儿提供安全、优质的托育服务。

知识链接

托育机构婴幼儿伤害预防

伤害是儿童面临的重要健康威胁。婴幼儿伤害的发生与其自身生理和行为特点、被照护情况、环境等诸多因素有关。托育机构应当最大限度地保护婴幼儿的安全健康，切实做好伤害防控工作，建立伤害防控监控制度，制定伤害防控应急预案。

1. 婴幼儿窒息预防：对婴幼儿生活环境和娱乐运动设备导致窒息风险进行定期排查和清除；进行婴幼儿睡眠、喂养的照护与管理；进行婴幼儿服饰、玩具安全管理；对工作人员进行预防婴幼儿窒息的安全教育和技能培训。

2. 婴幼儿跌倒伤预防：对婴幼儿生活环境和娱乐运动设备跌倒伤风险进行定期排查和清除；进行婴幼儿玩耍娱乐、上下楼、睡眠等活动的安全照护与管理；进行婴幼儿服饰、玩具安全管理；对工作人员进行预防婴幼儿跌倒伤的安全教育和技能培训。

3. 婴幼儿烧烫伤预防：对婴幼儿生活环境烧烫伤风险进行定期排查和清除；进行婴幼儿进食、玩耍娱乐、洗浴清洁等活动的照护与管理；进行婴幼儿玩具用品、电器、取暖设备安全管理；对工作人员进行预防婴幼儿烧烫伤的安全教育和技能培训。

4. 婴幼儿溺水预防：对婴幼儿生活环境溺水风险进行定期排查和清除；进行婴幼儿洗浴清洁、玩耍等活动的照护与管理；对工作人员进行预防婴幼儿溺水的安全教育和技能培训。

5. 婴幼儿中毒预防：对婴幼儿生活环境中毒风险进行定期排查和清除；进行婴幼儿安全用药；对工作人员进行预防婴幼儿中毒的安全教育和技能培训。

6. 婴幼儿异物伤害预防：对婴幼儿生活环境异物伤害风险进行定期排查和清除；进行婴幼儿饮食、玩耍等活动的照护与管理；进行婴幼儿食物、玩具、儿童用品安全管理；对工作人员进行预防婴幼儿异物伤害的安全教育和技能培训。

7. 婴幼儿道路交通伤害预防：遵守托育机构车辆的安全要求和管理制度，携带婴幼儿出行的安全管理制度；遵守托育机构内车辆行驶、停放的安全管理制度，符合运输婴幼儿出行车辆驾驶员的资质要求，以及儿童安全座椅的安全使用要求；对工作人员进行预防婴幼儿道路交通伤害的安全教育和技能培训。

8. 其他伤害预防：除上述伤害类型以外，还要注意动物伤、锐器伤、钝器伤、冻伤、触电等其他类型伤害的预防控制。托育机构应针对本地区 3 岁以下婴幼儿实际面临的伤害问题开展伤害防控工作，最大限度地确保婴幼儿健康安全。

（三）有利原则

1. 概念

有利原则就是托育工作人员把以保护婴幼儿利益、促进婴幼儿健康发展放在托育工作首位，并切实为婴幼儿谋利益的伦理原则。这一原则又被称为行善原则，托育职业伦理的有利原则不仅要求托育工作人员不伤害婴幼儿，而且要保障婴幼儿的身心健康，使其快乐幸福地成长；要求托育工作人员的行为不仅对婴幼儿有利，而且有利于婴幼儿托育事业和托育职业伦理科学的发展，有利于促进人类的可持续、健康发展。

2. 有利原则对托育工作人员的伦理要求

（1）提供最优化的托育服务。全面权衡托育职业行为的利害得失，尽可能给婴幼儿带来最大的益处和最小的危害。选择并实施对婴幼儿最有利的托育工作方案，努力使婴幼儿受益最大化。

（2）坚持公益。在托育工作实践过程中，应将有利于婴幼儿、他人、社会有机统一起来，即采取的托育服务手段既能给婴幼儿带来益处，又不损害他人和社会的利益。

（四）公正原则

1. 概念

公正原则是指托育工作人员在托育实践活动中公平、公正地对待所有婴幼儿，即对有同样需求的婴幼儿应给予同样的托育服务，不能因为婴幼儿的年龄、性别、贫富、美丑、民族、地域和信仰不同而区别对待。每一个婴幼儿都具有平等合理享受托育照护资源，享有公平分配、使用照护资源的权利。

公正原则包括形式上的公正与内容上的公正。形式上的公正是指对有同样需求的婴幼儿给予同样的托育服务，对不同的婴幼儿给予不同的托育服务；内容上的公正是指根据守恒的标准向婴幼儿分配相应的托育服务负担和收益。在托育工作实践中，托育工作人员坚持公正原则对待每一位婴幼儿，有利于构建良好的托育人际关系。在托育工作实践中，公正原则主要体现在两个方面：人际交往公正和资源分配公正。人际交往公正是指托育服务双方平等交往，托育工作人员对所有婴幼儿平等对待、一视同仁；资源分配公正是指以公平优先、兼顾效率为原则，优化配置、合理使用托育服务资源。托育工作人员既有宏观分配托育服务资源的建议权，又有参与微观分配托育服务资源的权利。因此，应根据公正的形式和内容的原则行使自己的权利，尽力实现婴幼儿托育服务的平等。

2. 公正原则对托育工作人员的伦理要求

（1）公正对待婴幼儿。与婴幼儿平等交往和对婴幼儿一视同仁，尊重和关心每一位婴幼儿的人格、权利、正当托育需求，不因婴幼儿及其家庭身份、地位、财富等的不同而厚此薄彼、亲疏不一。

（2）公正分配托育服务资源。托育服务资源是指供给婴幼儿托育服务的人力、物力和财力等。在托育服务中，托育工作人员在作有关托育服务资源管理决策时，应综合权衡各种因素，确保托育服务资源分配得公平合理。

（3）在托育服务纠纷、托育工作差错事故的处理中，要实事求是，站在公正的立场上。

第四节　托育职业伦理的基本规范

一、概念

规范是指明文规定或约定俗成的标准。

伦理规范是指一定社会关系中人们普遍遵循的用以调整各种人际关系的行为准则，也是判断人们行为的具体标准。

托育职业伦理规范是指依据一定的托育职业伦理理论和原则制定的，以调整托育工作中各种人际关系行为准则和评价托育工作人员行为的具体标准。

二、内容

（一）爱国守法，依法执业

爱国守法是社会主义公民基本道德规范之一。爱国守法主要是指爱国和遵纪守法，强调公民应培养高尚的爱国主义精神，自觉地学法、懂法、用法、守法和护法。爱国是指对祖国的忠诚和热爱。它既是一个政治原则，又是一个道德规范。基本内容是：热爱祖国，建设祖国，保卫祖国，捍卫祖国统一。

依法执业是指在法律范围内从事职业活动，并严格按照法律规定、职业道德和职业规范进行操作。依法执业的基础是遵守法律法规，所有执业活动都必须在法律规定的范围内进行。执业人员必须了解有关法律法规，时刻将法律意识融入职业实践中，不得有违法行为。执业人员必须在工作中保护客户合法权益，尊重客户的意见和选择，不得侵犯客户权益，不得从客户处获取非法利益。执业人员必须保守工作中获得的机密信息，不得泄露客户的隐私和机密。

托育工作人员爱国守法、依法执业的具体要求就是坚持以习近平新时代中国特色社会主义思想为指导，拥护中国共产党的领导，贯彻党的教育方针，忠于祖国，服务人民，把对祖国的忠诚同对社会主义制度的热爱和为建设有中国特色的社会主义现代化而奋斗终身的奉献精神结合起来；增强法治意识，遵守国家宪法、法律及相关托育服务政策法规，恪守托育职业道德和执业纪律，践行社会主义核心价值观，不损害国家利益、社会公共利益，不违背社会公序良俗。

（二）爱岗敬业，尊重婴幼儿

爱岗就是热爱自己的工作岗位，热爱本职工作；敬业就是用一种恭敬严肃的态度对待自己的工作。爱岗是敬业的感情铺垫；敬业是爱岗的具体表现。爱岗敬业是指在工作中热爱自己的工作岗位，敬重自己所从事的职业，勤奋努力，尽职尽责。爱岗敬业是职业道德的基础，也是我们职业成功的重要基础。爱岗敬业要求我们在工作中做到乐业、勤业、精业。乐业是我们内心热爱并热心从事的职业，把干好工作当作快乐的事；勤业是指忠于职守，认真负责，刻苦勤奋，不懈努力，在岗 1 分钟，负责 60 秒；精业是指对本职工作业务纯熟，精益求精，使工作成果尽善尽美，不断有所进步，有所创新。爱岗敬业是托育工作人员职业道德修养的出发点，是托育工作人员对待托育工作的基本品质，是从事托育职业、做好托育工作人员的前提与基础，是托育工作人员履行职责的自觉性和承担使命的责任感的集中体现。

尊重婴幼儿是指坚持婴幼儿优先，保障婴幼儿的权利，尊重婴幼儿的成长特点和规律，尊重婴幼儿的需求，关爱婴幼儿，关注个体差异，促进每位婴幼儿全面发展。它是托育职业伦理的基本要求，是托育职业最突出的人文特征。

托育工作人员爱岗敬业、尊重婴幼儿的具体要求就是热爱托育事业、热爱托育工作、热爱婴幼儿；能够顾全大局、服从安排、认真完成工作，不计较个人得失，有高度的责任感和事业心，严于律己，作风正派；尊重、关爱婴幼儿，充分保障婴幼儿的合法权益，公平、公正、平等地对待每一位婴幼儿，对所有婴幼儿予以同样的关爱和尊重，同等对待，一视同仁；遵循婴幼儿的成长特点、年龄特点和规律，尊重婴幼儿的个体差异，促进婴幼儿全面发展。

（三）诚实守信，忠于职守

诚实，即忠诚老实，就是忠于事物的本来面貌，不隐瞒自己的真实思想，不掩饰自己的真实感情，不说谎，不作假，不为不可告人的目的而欺瞒别人；守信，就是讲信用、讲信誉，信守承诺，忠实于自己承担的义务，答应了别人的事就一定去做。诚实乃为人之本；守信是立事之先。诚实守信是一种道德品质和道德信念，是每个公民的道德责任，更是一种崇高的人格力量。它是一个人品德修养状况和人格高尚的表现，是能否赢得别人尊重和友善的重要前提条件之一，是人和人之间正常交往、社会生活能够稳定、经济秩序得以保持和发展的重要力量。诚实守信是托育工作人员与婴幼儿建立平等、友好、可持续人际关系的前提与基础，是尊重婴幼儿原则的具体体现。

忠于职守，即谨慎认真地做好本职工作。其有两层含义：一是忠于职责；二是忠于操守。托育工作人员忠于职责就是要自觉担当起托育工作岗位职能设定的工作责任，优质高效地履行好各项义务；托育工作人员忠于操守就是在托育工作中必须忠诚地遵守托育职业的社会法则、道德法则与心灵法则。

托育工作人员诚实守信、忠于职守的具体要求就是对婴幼儿及其父母或监护人等不说谎、不作假，不为不可告人的目的而欺瞒之，讲信誉，信守承诺，答应婴幼儿的事就一定去做，忠实于自己承担的义务；遵守托育职业伦理、行业规范、职业纪律，履行托育职业责任，依法从事托育工作，有良好的敬业精神和献身精神，勇于吃苦，能意识到自己的工作与托育机构、国家的命运前途、社会发展的关系。

（四）为人师表，身心健康

为人师表是一则来源于历史故事的成语，出自唐代李百药所著《北齐书·王昕书》中的历史故事“杨愔重其德业，以为人之师表”，后人据此概括出成语“为人师表”。原义是指在道德、行为方面成为人们学习的榜样和典范，后来将这一成语广泛用于教师身上。教育家陶行知曾说：“要人敬的必先自敬，重师首在师之自重”，教师要自敬自重，就是将对教育事业的坚定信仰，化为自己双肩上的职责。教师如此，其他职业也是如此，任何规章制度都不可能代替人格的魅力。肩负保育与教育双重职责的托育工作人员应该在各方面都成为婴幼儿和社会上人们效仿的表率、榜样和楷模。为人师表是托育工作人员职业道德区别于其他非教育职业道德的显著标志。

身心健康是指身体健康、心理健康，有爱心、有耐心，能控制自己的情绪。健康的心理状态不仅影响托育工作人员自身的身体健康、生活幸福和职业发展，也会直接影响婴幼儿的心理状态。托育工作人员必须具有良好的心理素质和心理健康状态，随时调动自己的激情，以开朗、包容、乐观的心态面对生活和工作中的困难，以平和、积极的心态面对婴幼儿，用自己阳光、热情的心理去影响和感染婴幼儿。

托育工作人员为人师表、身心健康的具体要求就是遵守劳动纪律，尊重社会公德，举止文明礼貌，语言健康规范，衣着整洁得体，体态端庄大方，生活检点，作风正派，以身作则，处处以良好的言行、优秀的道德品质去影响每个婴幼儿，对婴幼儿的发展发挥积极的影响和教育作用；建立正确的职业态度，对托育职业有一个正确、理性的认识，形成良好的情绪体验，善于调整和控制自己的情绪，不将负面情绪带入托育工作中，以免影响婴幼儿；与人相处融洽，建立和谐的人际关系，时刻让自己处于积极的状态。

（五）关爱婴幼儿，全面育人

关爱是指关切、垂爱，也即关心、爱护，是一种美好的情感。关爱总是解人于迷茫之时、助人于困境之际，关爱给人带来温暖和希望，关爱给人带来力量，关爱传递美好情感。关爱婴幼儿不仅是对婴幼儿生命安全的保护、对婴幼儿生活的照料，更是对婴幼儿情绪情感状态、人格个性品质、社会性行为等多方面心理发展的关注与呵护。关爱婴幼儿是托育工作人员的天职，是对婴幼儿进行保育、教育的前提。关爱婴幼儿是托育工作人员必须具备的情感品质，是其热爱祖国、热爱人民、热爱社会的具体体现，是其必须遵循的职业道德规范，是托育工作人员职业道德修养的灵魂。

全面育人是指在知识、思想、品德、技能、体魄、心理等方面促进婴幼儿全面发展，强调托育服务要面向全体婴幼儿，注重培养婴幼儿的多方面能力和素质，旨在使婴幼儿全面发展，成为具有综合素质的全面发展的人。

托育工作人员关爱婴幼儿、全面育人的具体要求就是关心、爱护每一个婴幼儿，全面了解婴幼儿，对婴幼儿一视同仁、公平对待、严格要求、循循善诱，促进婴幼儿全面、主动、健康发展。

（六）安全健康，科学规范

安全的本义是指人没有危险，是人的一种本能欲望。后延伸为三层含义：一是控制、预防、排除及避免意外伤害事件，以维护身体、生命安全；二是提高警觉心态，养成良好习惯，以确保生活的安全及工作的顺利；三是由个人身体、生命与生活之安全，进而达到团体活动、社会运作、国家生存之安全。健康是指一个人在身体、精神和社会等方面都处于良好的状态。传统的健康观是“无病即健康”；现代的健康观是整体健康，不仅是躯体没有疾病，还要心理健康、社会适应良好和有道德，是指一个人生理上、心理上和社会上的完好状态。在托育工作实践中，安全健康是头等大事，托育工作人员既要积极做好安全防护、营养膳食、疾病防控等各项服务工作，又要加强职业安全教育，增强职业安全意识，最大限度地保护婴幼儿的安全和健康。

科学规范是指托育工作人员遵循婴幼儿的身心发展规律、婴幼儿的教育规律，按照国家和地方的相关标准和规范，科学、合理地安排婴幼儿的生活和活动，满足婴幼儿生长发育需要，促进婴幼儿全面、主动、健康发展。

托育工作人员安全健康、科学规范的具体要求就是随时关注婴幼儿身边的危险，确保婴幼儿的安全，遇突发事件，面临危险，优先照顾婴幼儿，重视婴幼儿身心健康；遵循婴幼儿托育发展规律，科学、规范育儿。

（七）敏锐观察，积极回应

敏锐观察是指托育工作人员科学地创设干净、整洁的支持性环境，细心观察婴幼儿身心状态，善于从婴幼儿饮食、睡眠、动作、声音、表情等日常细节入手，发现、理解婴幼儿的各种生理与心理需求。

积极回应是指托育工作人员积极、及时、准确、适宜、有效地回应婴幼儿的各项生理与心理需求，为婴幼儿营造安全感、关爱感，促进婴幼儿快乐、健康成长。

（八）尊重家长，热情服务

婴幼儿托育是一项家庭、托育机构和社会共同的事业，它需要托育工作人员积极与婴幼儿家长建立密切联系，共同协作。热情服务则是这项事业的应有之义。尊重家长、热情服务是指托育工作人员要尊重婴幼儿家长，热情为家长服务，使托育和家育形成合力，共同促进婴幼儿快乐、健康、全面发展。尊重家长、热情服务是托育职业道德重要准则之一，是托育工作的一个重要方面。

托育工作人员尊重家长、热情服务的具体要求就是尊重婴幼儿家长，对所有家长一视同仁、平等对待，不斥责，主动联系沟通，认真听取家长的意见与建议；强化服务意识、换位意识，时时处处为家长着想，为家长解除后顾之忧。

（九）开拓创新，团结协作

勤奋学习、精益求精、开拓创新是托育工作人员对待自己专业工作的基本态度，也是满足婴幼儿身心健康需要的保障。现代托育发展迅速，新理论、新技术、新方法不断出现和运用，家庭、社会对托育服务的方式和质量也提出了更高的要求。托育工作人员要积极开拓创新，提升托育理论素养，练就精湛的托育专业技能。

团结协作是指托育工作人员要正确处理与同事之间的关系，做到相互尊重、相互学习、团结一致、密切配合、顾全大局，始终把婴幼儿的利益放在首位，共同推动托育工作的开展。团结协作是托育工作实践中正确处理托育人际关系的基本准则，是托育工作人员专业素养的基本要求。

托育工作人员开拓创新、团结协作的具体要求就是牢固树立终身学习理念，适应新托育模式，扎实地掌握托育理论知识；谦虚谨慎，尊重同事，主动交往，互助互学，友好合作，公平竞争，共同塑造并维护良好的托育工作人员形象。

三、作用

（一）认识作用

托育职业伦理基本规范往往运用善恶、荣辱、义务、良心等范畴来反映托育工作人员的托育道德实践活动和托育职业伦理关系，从中揭示托育职业伦理发展的趋势，为托育工作人员的行为选择提供指南。尤其是在日常托育工作活动中，托育工作人员正是借助托育职业伦理基本规范认识自己对他人、家庭、社会的道德义务和责任，使托育工作人员的道德选择、道德行为建立在明辨善恶的道德认识的基础上，从而正确选择自己的道德行为，积极塑造自身的良好道德品质。

（二）规范作用

托育职业伦理基本规范的规范作用是指在正确伦理观的指引下，规范托育工作人员在托育职业领域的行为，并规范个人品德的养成，引导并促进托育工作人员崇德向善。从托育职业伦理基本规范的特征来说，它和法律、规定、规则一样，都是通过规范人的行为发挥作用。托育职业伦理基本规范是托育机构制定管理规范的准绳，是实施科学托育管理的主要依据。运用托育职业伦理基本规范并配合其他手段进行管理，能充分调动托育工作人员的工作积极性，使整个托育工作得以良好运转。

（三）调节作用

托育职业伦理基本规范的调节作用是指通过评价等方式指导和纠正托育工作人员的行为和工作实践活动，协调社会关系和托育人际关系的功效与能力。评价是主要形式，通过调节托育工作人员与婴幼儿及其父母、监护人之间，与托育工作人员之间，托育工作人员与社会之间的关系而使之逐步完善和谐。在托育工作活动中，托育职业伦理基本规范的调节作用并不是孤立进行的，而是和其他调节手段诸如法律等密切配合、共同发挥调节作用的。

在现代托育实践活动中，托育工作人员、婴幼儿、婴幼儿父母或监护人三者之间的关系协调得如何关系到托育工作质量，乃至婴幼儿的生命健康和全面成长。托育职业伦理基本规范是在社会主义道德原则的指导下，为正确处理托育工作中人们相互关系和适应托育实践而制定的具体的托育道德行为准则，它有效地约束着托育工作人员的思想和行为，协调各方面的关系，以保证托育活动的顺利开展。

第五节　托育职业伦理的基本范畴

一、概念

范畴是指把事物作归类整理所依据的共同性质，即事物种类的本质。范畴是反映事物本质属性和普遍联系的基本概念，是人类理性思维的逻辑形式。

伦理范畴是概括和反映伦理的主要本质，体现一定社会整体的伦理道德要求，并成为人们的普遍信念而对人们行为发生影响的基本伦理概念。

托育职业伦理基本范畴是对托育实践中最本质、最普遍伦理关系和伦理现象的概括和反映，体现社会在一定时期对托育工作人员职业道德的根本要求，主要包括权利与义务、情感与良心、审慎与保密、荣誉与幸福、公正等。

二、内容

（一）权利与义务

1. 权利

（1）含义。

从法律角度讲，权利是指公民或法人依法应行使的权力和享有的利益，或者法律关系主体在法律规定的范围内，为了满足其特定的利益而自主享有的权能和利益。从通常的角度看，权利是法律赋予权利主体作为或不作为的许可、认定及保障。一般是指法律赋予人实现其利益的一种力量。

从伦理角度讲，权利是指公民或社会组织道德上允许享有的权益。

（2）内容。

在托育职业伦理领域，权利主要包括两方面的内容：一是婴幼儿及其父母或监护人在接受托育服务时所享有的权利；二是托育机构及其工作人员在提供托育服务过程中应当享有的权利。

婴幼儿及其父母或监护人的权利也称权益，是指婴幼儿及其父母或监护人基于其角色和独立人格依法所享有的权利。其权利的实现有赖于托育机构及其工作人员义务的履行，这种权利既受法律保护，也受道德约束。根据《宪法》《民法典》《消费者权益保护法》《托育机构管理规范》《托育机构婴幼儿伤害预防指南》《托育机构保育指导大纲》《托儿所幼儿园卫生保健管理办法》等有关法律法规，婴幼儿及其父母或监护人的权利主要包括生命健康权、发展权、平等托育权、自主权、知情同意权、隐私保护权、监督权、诉讼和赔偿权、免除一定社会责任和义务的权利。

托育机构及其工作人员的权利是指托育机构及其工作人员在执业活动中，既享有作为法人或公民应有的权利，也享有作为托育职业范围内的特殊权利。托育机构及其工作人员的权利是法律、道德赋予托育机构及其工作人员角色的权利，包括执业权和自身权利两个方面。

执业权是托育机构及其工作人员从事托育工作、履行托育职责的权利，包括：1）托育自主权，即在保障婴幼儿安全、健康、全面发展的前提下，托育机构及其工作人员有独立自主、不受任何外界干扰履行托育工作程序、完成自己工作职责的权利，这是其基本权利，是维护和保障婴幼儿受托育权利实现的需要；2）特殊干涉权，在特殊情况下，托育机构及其工作人员有权对婴幼儿的自主权利进行干预和限制，以确保婴幼儿自身、他人和社会的安全，托育机构及其工作人员不能任意行使特殊干涉权，只有当婴幼儿的自主原则与生命价值、不伤害原则、公正原则等发生冲突时，才能行使此权利；3）获得履行职责相关的权利，如托育机构及其工作人员有获得婴幼儿及其父母或法人等基本信息等托育服务相关信息的权利以及其他与履行托育服务职责相关的权利，可以对托育工作主管部门的工作提出意见和建议；4）其他相关权利，包括参与修订托育政策的决定权利，参与影响托育工作条件决策的权利，进行学术交流、研究托育进展和接受继续教育提高专业水准的权利。

自身权利主要有：1）被尊重的权利，即在执业活动中托育机构及其工作人员的人格和职业应该受到尊敬和尊重；2）获得合理的报酬和津贴的权利；3）享受国家规定的福利待遇的权利；4）在工作中，有权要求在安全的环境下工作的权利。

2. 义务

（1）含义。

从法律角度讲，义务是指法律主体应做出一定行为或不做出一定行为的责任。义务具有法律强制性。

从伦理角度讲，义务是指公民或社会组织在道德上对他人、集体、社会应尽的责任。

（2）内容。

在托育职业伦理领域，义务主要包括两方面的内容：一是托育机构及其工作人员在提供托育服务过程中应当履行的义务；二是婴幼儿及其父母或监护人在接受托育服务时应当履行的义务。

托育机构及其工作人员的义务是指托育机构及其工作人员对婴幼儿及其父母或监护人和社会所承担的法律责任和道德责任，也是婴幼儿及其父母或监护人和社会对托育机构及其工作人员在托育活动中行为的基本要求。包括：1）尽职尽责地为婴幼儿提供最佳托育服务的义务，这是托育机构及其工作人员最基本的道德义务，竭尽全力为婴幼儿服务，促进婴幼儿安全、健康、全面成长与发展，是托育机构及其工作人员义不容辞的责任；2）必须遵守职业道德和托育工作的规章制度及技术规范的义务，这是托育机构及其工作人员执业的基本要求，包含执业过程中应当遵守的大量具体规范和应当履行的义务；3）尊重婴幼儿及其父母、监护人等的人格、权利、保护隐私的义务，保密是保护性托育服务的重要措施，也是维护婴幼儿及其父母或监护人等利益的需要，有利于建立相互信任、以诚相待的托育人际关系；4）努力提高专业知识、技术水平和发展托育科学的义务。

婴幼儿及其父母或监护人的义务是指在托育活动中婴幼儿及其父母或监护人应当承担的法律责任和道德责任。婴幼儿及其父母或监护人在享有正当权利的同时，也要履行应尽的义务，对婴幼儿安全、健康、全面发展和社会负责。包括：1）诚实、全面地提供婴幼儿托育基本信息的义务；2）积极配合托育服务的义务；3）尊重托育机构及其工作人员的义务，托育机构及其工作人员依法履行职责，受法律保护，婴幼儿及其父母或监护人有尊重托育机构及其工作人员的劳动及人格尊严的义务，这是建立良好托育人际关系的必然要求；4）自觉遵守托育规章制度的义务，托育机构的各种规章制度是维护托育机构正常托育服务秩序、保证托育服务质量、提高托育服务管理水平的有力措施，婴幼儿及其父母或监护人有义务遵守这些规章制度，遵守国家法律、法规及托育机构的托育规章秩序，以利于自己及他人托育权利的保障；5）支付托育费用的义务，托育机构及其工作人员对婴幼儿提供妥当的托育服务，婴幼儿父母或监护人则负有给付托育费用的法律义务；6）支持托育科学发展的义务，托育科学的发展以及托育技术的提高，都离不开托育科学的研究，婴幼儿照护专业学生的见习、实习，也需要婴幼儿父母或监护人的理解、支持和配合。

（二）情感与良心

1. 情感

（1）含义。

情感是人对客观事物和周围环境是否满足自己的需要而产生的一种感受反映和态度体验，是人们内心世界的一种自然流露。它与态度中的内向感受、意向具有协调一致性，是态度在生理上的一种较复杂而又稳定的生理评价和体验。情感包括道德感和价值感两个方面，具体表现为幸福、仇恨、厌恶等。

托育职业伦理学中的情感是指托育工作人员在托育实践活动中对各种伦理现象的内心体验和自然流露，它建立在婴幼儿优先的基础之上，体现了托育工作人员对托育对象的生命价值、人格及权利的尊重和对社会的责任，是一种高尚的态度体验。

（2）内容。

托育工作人员在托育工作实践中的伦理情感主要表现为同情感、责任感和事业感。1）同情感是托育工作人员最基本的道德情感，其感性因素居主导地位，是服务于婴幼儿的原始动力。主要表现为对婴幼儿的理解、同情，进而在行为上关爱、体贴婴幼儿，支持和帮助婴幼儿安全、健康、全面地成长与发展。2）责任感是同情感的升华，是指托育工作人员把促进婴幼儿安全、健康、全面成长与发展视为自己的崇高职责和义不容辞的责任，从而自觉地维护婴幼儿的利益。其理性因素居主导地位，是一种自觉的道德意识，可弥补同情感的不足，使托育工作人员的道德行为具有稳定性，真正履行对婴幼儿的道德责任。主要表现为在工作中认真负责、严谨周密、慎独自律，时刻视婴幼儿的安全、健康、发展利益高于一切。3）事业感是责任感的进一步升华，是最高层次的托育职业伦理情感，即把本职工作与托育事业紧密联系起来，愿意为托育事业贡献自己的毕生精力。

（3）作用。

有利于促进婴幼儿安全、健康、全面地成长与发展；有利于推动和促进托育工作人员不断提高自身业务素质，并在托育工作实践中不断提高自身修养，从而实现整体素质的提高；有利于增加信任，建立良好和谐的托育人际关系；有利于激励托育工作人员对托育事业执着追求，不畏困难，勇挑重担，从而推动托育科学和托育事业不断向前发展。

2. 良心

（1）含义。

良心是指人们在履行对他人、集体和社会的义务过程中形成的道德责任感和自我评价能力，是人们对自身行为是否符合社会道德规范的自我认识和评价能力。它是一定的社会关系和道德关系的反映，是人们的各种道德情感、情绪在自我意识中的统一，是道德情感的基本形式，是个人自律的突出体现。良心是历史的、具体的、社会的范畴，是一定社会生活和社会关系的反映，是人们在实践过程中逐渐形成的，不是与生俱来的，因而也没有抽象的良心。

托育工作人员在进行托育服务活动时不管有无外界监督和利益诱惑，都应自觉自愿地选择自己的行为，并对自己的行为进行评价，时刻对托育事业忠于职守。

（2）内容。

首先，忠实于婴幼儿，维护婴幼儿的利益。托育工作人员的托育行为正确与否、意义大小一般是由托育工作人员单方面认可，往往无人监督，这就对托育工作人员的伦理良心提出了更高的要求，托育工作人员一定要自律，从良心出发忠实于婴幼儿的利益。

其次，忠实于社会，维护社会的利益。托育工作人员既对婴幼儿负责，也负有对社会的责任。托育工作人员应坚守自己的职业良心，遵守托育职业伦理道德，自觉抵制不良之风，维护托育工作人员的良好形象。

最后，忠实于托育事业，具有为托育事业献身的精神。在托育活动中，托育工作人员要秉持婴幼儿优先的理念，始终将婴幼儿的利益放在首位，不计较个人得失，具有为托育事业发展作贡献的精神。

（3）作用。

在行为前，良心起着自觉选择作用，良心对符合道德要求的行为动机给予肯定，对不符合要求的给予抑制或否定；在行为中，良心对行为起着自觉监督作用，良心对符合道德要求的情感、意志、信念以及行为方式和手段予以激励和强化，对不符合道德要求的情感、欲望、冲动及其行为方式等则予以纠正、克服；在行为后，良心对行为的后果和影响有自觉评价作用，托育工作人员对履行了托育义务并产生了善的效果的行为给予自我肯定性评价，即感到满意、欣慰和自豪，反之，则给予自我否定性评价，即感到羞愧、悔恨、谴责和内疚。

（三）审慎与保密

1. 审慎

（1）含义。

审慎即周密谨慎，是指托育工作人员在行为之前的周密思考和行为过程中的小心谨慎、细心操作，是托育工作人员的道德作风和良心的具体表现，反映了托育工作人员对婴幼儿、家庭、社会履行义务时所表现的高度责任感。

（2）内容。

语言审慎：真诚、温暖、体贴的语言可以迅速拉近与婴幼儿的距离，取得婴幼儿的喜欢和认同，使婴幼儿心情愉快，有利于婴幼儿健康、快乐地成长；简单、粗暴、尖刻的语言可导致婴幼儿心情沮丧、容易产生心理阴影。因此，托育工作人员对婴幼儿讲话要做到审慎，注意语言的表达技巧。在与婴幼儿及其父母或监护人沟通时，多用优美性、鼓励性语言，能够给婴幼儿营造和谐温馨的交流氛围，让婴幼儿受到美的感染和熏陶。

行为审慎：托育工作人员在托育工作的各个环节中都应自觉、认真、谨慎，在托育活动的各个环节中要严格遵守各项规章制度和操作规范，做到精益求精，从而确保婴幼儿安全、健康、全面地成长与发展。

（3）作用。

托育工作人员在托育工作活动中保持审慎能够促进托育工作人员以高度负责的精神对待婴幼儿，从而避免因疏忽大意、敷衍塞责而酿成工作差错和事故；有利于托育工作人员提高技术水平和服务水平，保证婴幼儿生命安全、健康、全面地成长与发展；有利于托育工作人员养成良好的托育工作作风，加强自身道德修养，从而不断提高自身托育道德水平；能够促使托育工作人员自觉钻研业务，苦练基本功，从而不断提高托育知识和托育技能。

2. 保密

（1）含义。

保密即保守秘密，托育职业伦理中的保密是指托育工作人员在托育工作实践过程中保守婴幼儿及其父母或监护人的秘密隐私，不对外泄露和传播。

（2）内容。

在托育工作活动中，主要是为婴幼儿及其父母或监护人保密，即保守婴幼儿及其父母或监护人某些不宜公开的生理缺陷、家庭生活史、个人隐私、既往病史等；询问婴幼儿及其父母或监护人的基本信息从托育工作的需要出发，不有意探听婴幼儿及其父母或监护人的隐私，不泄露其隐私等。

（3）作用。

保密是良好托育人际关系维系的重要保证，是取得婴幼儿及其父母或监护人信任和主动合作的重要条件。为婴幼儿及其父母或监护人保密，体现了托育工作人员对婴幼儿及其父母或监护人人格和权利的尊重，有助于托育双方的情感交流，有利于建立托育双方的信赖关系。

（四）荣誉与幸福

1. 荣誉

（1）含义。

荣誉是指人们履行了社会义务之后，所得到的社会褒奖与肯定。它是由于成就和地位而得到广为流传的名誉和尊荣。

托育职业伦理的荣誉是指托育工作人员在履行对社会、集体、婴幼儿的义务之后得到社会和婴幼儿父母或监护人的褒奖和肯定，以及个人对自己行为社会价值的自我评价。它不但是人们或社会对托育工作人员道德行为社会价值的客观评价，而且也包含了托育工作人员道德情感上的满足。

（2）作用。

评价作用：荣誉通过社会舆论表现社会支持什么、反对什么，对托育工作人员的评价是一种无形的力量，可以促使托育工作人员严格要求自己，保持荣誉，更好地为婴幼儿服务。

激励作用：在社会生活中，争取获得荣誉、避免耻辱是人们的共同愿望，也是进取心的一种表现。荣誉可以促使托育工作人员把履行托育道德义务变成内心信念，并通过相应的托育服务行为表现出来。因此，托育道德荣誉可以转化为一种精神力量，促使托育工作人员不断进取。

知识链接

树立正确的荣誉观

正确的荣誉观要求托育工作人员处理好以下关系：（1）正确处理工作和荣誉的关系。托育工作人员工作的根本目的是促进婴幼儿安全、健康、全面发展，而不是获取个人荣誉。托育工作人员应把社会给予的荣誉当作对自己工作的肯定和前进的动力，而不要被荣誉所束缚。（2）正确处理个人荣誉与集体荣誉的关系。个人荣誉和集体荣誉紧密联系，集体荣誉是个人荣誉的基础和归宿，个人荣誉是集体荣誉的体现和组成部分。集体荣誉高于个人荣誉，要树立热爱集体、关心集体、自觉地为集体尽义务、做贡献、争荣誉的集体荣誉感。

2. 幸福

（1）含义。

幸福是指一种持续时间较长的对现有生活的满足感，并希望保持现有状态的稳定心情。它是在温饱和安全的基础上，在社会生态环境下，拥有能产生幸福感的要素、机制、动力的生活方式和生活状态。幸福是一种较高层次的道德范畴。

托育工作人员的幸福是指在托育工作活动中，以自己的知识和技能、辛勤的工作和汗水，体现自己对托育事业的热爱，并为通过个人、集体努力实现职业目标和理想而感到精神上的满足和愉悦。

（2）内容。

物质生活与精神满足的统一：托育工作人员在托育工作中全心全意为婴幼儿安全、健康、全面成长服务，获得婴幼儿的认同、赞许、崇拜，得到物质和应有的报酬，还从工作过程中感受到了自身价值，从而获得精神上的满足，这些都会让托育工作人员感到幸福和快乐。

个人幸福与集体幸福的统一：个人的幸福要建立在集体的荣誉、幸福之中，离开集体幸福，个人幸福无法实现，当个人幸福与集体幸福发生冲突时，个人一定要服从团队整体利益。

创造幸福与享受幸福的统一：照育婴幼儿是托育工作人员的天职，托育工作人员通过辛勤的劳动，精心呵护婴幼儿，使其安全、健康、全面成长与发展，得到婴幼儿及其父母或监护人、社会的赞誉，托育工作人员不仅用劳动创造了幸福，也享受了幸福和快乐。

（3）作用。

托育工作人员在托育工作中感到幸福能够增加职业情感和责任意识，帮助其树立正确的人生观、价值观、幸福观，并能将个人幸福融入照育婴幼儿，促进婴幼儿安全、健康、全面成长的工作中；同时也是创造与享受的统一，是苦与累、幸福与快乐的统一，没有托育工作人员的付出就没有婴幼儿安全、健康、全面、快乐的成长，没有努力的拼搏就不能赢得个人与集体的幸福。为此，托育工作人员要在工作中不畏困难，勇于奉献，为婴幼儿安全、健康、全面、快乐地成长服务。

（五）公正

1. 含义

公正是伦理学的基本范畴，是指公平正直，没有偏私。它是人们根据一定的道德原则和道德规范办事情，坚持真理，公平正直，不存私心。

托育工作人员公正是指在托育工作活动中，公平合理地对待和评价每一个婴幼儿，亦即托育工作人员在日常工作活动中在对待不同年龄、不同的智力发展水平、不同性别、不同样貌、不同民族、不同家庭、不同个性的婴幼儿时，应一视同仁、公平对待、正直无私，不偏心、不偏袒，发自内心地关爱每一个婴幼儿。

托育工作人员公正是其职业道德素养水平的一个重要标志，它体现在托育工作人员与自身、同事、婴幼儿、婴幼儿父母或监护人等托育人际关系之中。

2. 形成因素

（1）客观因素。

托育职业伦理的公正是一个历史性的道德范畴，与不同的社会历史时期对托育工作人员职业公正的理解与要求紧密联系，都是受一定社会历史条件和社会托育制度与体系、托育职业的目的等制约。例如，随着我国对托育事业的日益重视和对托育工作人员的特别关注，托育职业伦理的公正内容不断得到充实和完善。

（2）主观因素。

实现托育服务的“实质公正”，不仅需要托育工作人员具有高尚的职业道德和坚定的公正信念，更需要托育工作人员遵循婴幼儿托育的规律，掌握婴幼儿生理、心理成长的发展特点。托育工作人员需要潜心研究婴幼儿托育规律，深入了解每一个婴幼儿的年龄特点和个性特征，选择最为公正合理的托育模式、方法，最大程度地促进每个婴幼儿安全、健康、全面地成长与发展。

3. 作用

（1）有利于促进每个婴幼儿安全、健康、全面地成长与发展。

托育工作人员作为婴幼儿成长发展过程中的重要外部因素，其对待婴幼儿的和蔼态度和为婴幼儿创设的公正环境，直接促进婴幼儿身心各方面的健康发展。托育工作人员的公正将会促使婴幼儿在公正、友好、安全的人际关系中受到感染和熏陶，并在不断模仿托育工作人员榜样行为的过程中，逐步形成公正意识，对社会、他人采取公正友好的态度，进而形成亲善社会、友好他人的健康人格。

（2）有利于确立托育工作人员的权威。

公正是托育工作人员思想品德和工作作风的重要表现，也是其职业道德的一种示范。这种示范可以产生榜样的力量，而且是一种深刻、持久的非权力性的影响。托育工作人员在托育工作活动中对所有婴幼儿平等对待、公正无私、不偏心，自然会得到婴幼儿的喜欢与尊重，进而确立在婴幼儿成长发展中的地位与权威。

（3）有利于创建公正和谐的托育机构文化。

在托育工作活动中，托育工作人员公正合理地处理与婴幼儿及其父母或监护人、同事、领导的关系，公正合理地评价关系中的不同个体，就会形成相互尊重、相互支持、彼此激励、公平竞争的团体关系，形成合作共享型的托育组织文化。在这种文化氛围下，托育工作人员之间彼此支持，团结合作，在相互激励、观念激发、成果共享的过程中实现机构托育质量和个人托育专业能力的提高。

本章小结

本章主要介绍了托育职业伦理学的概念、托育职业伦理学研究的对象与内容、托育职业伦理学与其他学科之关系、托育职业伦理学基础理论、托育职业伦理的基本原则与具体原则、托育职业伦理基本规范的概念、托育职业伦理基本规范的内容与作用、托育职业伦理基本范畴的概念与内容。通过学习，掌握托育职业伦理的基本原则与具体原则、托育职业伦理基本规范的内容，理解儿童观等托育职业伦理学的基础理论、权利与义务等托育职业伦理学的基本范畴，了解托育职业伦理学的概念、研究对象、研究内容等，从而树立科学、正确的托育职业伦理观，培养托育职业伦理原则意识、规范意识，提升社会主义核心价值观素养。

同步练习

一、单项选择题（将下列正确选项的字母填入括号中）

1. 在托育工作活动中，托育工作人员始终将（　　）的利益放在首位。

A. 婴幼儿　　B. 婴幼儿父母

C. 托育机构　　D. 托育工作人员

2. 现代科学儿童观是以（　　）为中心的儿童观。

A. 父母　　B. 老师

C. 儿童　　D. 社会

3.（　　）是托育职业伦理的核心，也是托育工作服务理念的最高境界。

A. 尊重婴幼儿　　B. 自由放任

C. 严格管教　　D. 必要时进行打骂教育

4.（　　）是托育工作人员的天职，是对婴幼儿进行保育、教育的前提。

A. 关爱婴幼儿　　B. 约束婴幼儿

C. 打骂婴幼儿　　D. 放任婴幼儿

5.（　　）是对托育实践中最本质、最普遍伦理关系和伦理现象的概括和反映。

A. 托育职业伦理的基本规则　　B. 托育职业伦理的基本范畴

C. 托育职业伦理的基本规范　　D. 托育职业伦理的具体规范

二、多项选择题（将下列正确选项的字母填入括号中）

1. 托育道德关系主要包括（　　）。

A. 托幼关系　　B. 托际关系

C. 托社关系　　D. 托研关系

2. 托育职业伦理学是由（　　）构成的有机体系。

A. 托育道德理论　　B. 托育道德规范

C. 托育道德实践　　D. 托育服务法律法规

3. 儿童观的形态主要划分为（　　）。

A. 社会主导形态的儿童观　　B. 大众意识形态的儿童观

C. 学术理论形态的儿童观　　D. 个体自由发展的儿童观

4. 以下属于现代科学儿童观的有（　　）。

A. 儿童是独立的个体　　B. 儿童是完整的个体

C. 儿童是差异的个体　　D. 儿童是发展的个体

E. 儿童是能动的个体

5. 以下属于现代保育观的有（　　）。

A. 身心并重、综合全面　　B. 注重身心感知体验

C. 保护照顾与自理自立并存　　D. 规则养成与积极主动相结合

三、判断题（下列描述，对的在括号中画"√"，错的在括号中画"×"）

1. 托育实践中的人际关系应该是"真、善、美"的统一。（　　）

2. 儿童观是指特定社会条件下，国家或社会看待和对待儿童的基本观点、看法或理念的总称。（　　）

3. 以儿童为中心就是放任儿童为所欲为。（　　）

4. 儿童是人，具有与成年人一样的基本权利，具有独立的人格。（　　）

5. 儿童的生长和发展是一个被动的自然成熟的过程。（　　）

第六章 托育人际关系伦理

学习目标

知识目标

1. 掌握托育机构及其工作人员与托育方关系、托育工作人员之间关系伦理规范的内容；

2. 理解托育机构及其工作人员与社会之关系伦理规范的内容；

3. 了解托育机构及其工作人员与托育方关系的概念与特点、托育工作人员之间关系的概念及影响因素、托育机构及其工作人员与社会之关系的伦理概念。

能力目标

在托育工作的实践过程中，能够运用托育人际关系伦理规范分析、解决实际问题，构建合理、有效的托育人际关系，做到理论联系实际。

素养目标

培养托育人际关系伦理意识，提升托育道德素养，在托育工作实践中践行社会主义核心价值观。

案例导入

调皮的婴幼儿

某托育机构，托育工作人员王某正在组织婴幼儿及其父母共同参加语言活动。其间，幼儿张某某不断离开活动场地，脱离父母的管束，四处跑动、嬉闹，导致活动几度中断。托育工作人员王某对于幼儿张某某父母没有有效管束自己的孩子感到极度沮丧，甚至愤怒，多次要求幼儿父母严格管束孩子，引发双方关系紧张，直至互相指责，导致语言活动彻底终止。

问题：如何评价托育工作人员王某的行为？面对这种情况，托育工作人员应该如何应对？

托育人际关系是指托育机构及其工作人员在工作过程中所形成的多种人际关系的总和。它包括托育机构及其工作人员与托育方、托育工作人员内部、托育机构及其工作人员与社会之间的关系。托育人际关系直接影响托育服务的工作质量，也体现了托育工作人员的职业道德水平和工作能力，对促进托育事业的和谐发展起着重要作用。

第一节 托育机构及其工作人员与托育方之关系伦理

在托育工作实践中，托育机构及其工作人员与托育方关系的主体是托育机构、托育工作人员、托育方，其中托育方包括婴幼儿、婴幼儿父母或监护人。托育工作活动内容决定了在托育工作活动中托育工作人员与婴幼儿之间的关系是最为重要的关系，也是衡量托育服务质量的根本。

一、托育机构及其工作人员与婴幼儿之关系伦理

（一）托育机构及其工作人员与婴幼儿之关系

1. 概念

托育机构及其工作人员与婴幼儿之间的关系，亦即托幼关系，是指在托育工作实践活动中，托育机构及其工作人员与婴幼儿之间确立的一种特殊的人际关系。

在以婴幼儿为中心的现代托育中，托幼关系尤其是托育工作人员与婴幼儿的关系是所有托育人际关系中的核心和关键，因而托幼之间的伦理关系也是托育职业伦理学中的核心问题。

2. 性质与特点

（1）托幼关系实质是托育与被托育的关系。

托幼关系是在托育服务过程中，托育机构及其工作人员与婴幼儿之间形成的托育与被托育的关系。托育机构及其工作人员与婴幼儿通过特定的托育服务连接在一起，托育工作人员依据各项托育法规、政策、规章制度，通过营造科学、安全、健康的托育环境，促进婴幼儿安全、健康、全面地成长与发展。

（2）托幼关系是专业性的互动关系。

托幼关系不仅仅是普通的人际交往关系，通常是多元化的，是一种科学性、专业性的互动关系。托育工作人员既要根据婴幼儿身心发展规律的特点，对婴幼儿进行科学照护，同时又要创设科学、适宜、美观的环境，设计动作、认知、语言、艺术、社会发展等各类教育发展要素，促进婴幼儿德、智、体、美、劳全面发展。

（3）托幼关系是情感性工作关系。

托育工作人员有责任与婴幼儿建立平等、尊重、幸福、快乐的情感性托幼关系，情感性托幼关系不是普通的人际工作关系，需要托育工作人员富有职业素养与人文精神，用关爱的情感对待婴幼儿，用信任换取信任，是与婴幼儿建立起的一种父（母）子（女）般的情感关系，唯有如此才能为婴幼儿提供有温度的、高质量的托育服务。

3. 类型

伴随着婴幼儿托育照护事业的发展，托幼关系模式发生了很大变化，经历了不同的发展阶段。根据托幼关系中主体地位的不同，分为了主动－被动型、指导－合作型、共同参与型 3 种。

（1）主动－被动型。

这是最传统的托幼关系模式，是在生物模式指导下产生的。这种托幼关系忽视了婴幼儿的心理、精神和社会学属性，抹杀了其主体性，认为所有针对婴幼儿的托育服务活动，只要托育工作人员认为对婴幼儿有利，无须征求婴幼儿甚至其父母或监护者的同意即可实施，婴幼儿听从托育工作人员的一切安排，只需被动接受即可，丧失了主动权。

在这种模式中，托育工作人员处于专业知识的优势地位和托育服务的主动地位，过分强调了托育工作人员的权威性，而婴幼儿处于被动地位，绝对服从托育工作人员的处置与安排。托幼双方处于绝对的心理差位，极难取得婴幼儿的主动配合，严重影响了托幼关系和托育质量。

（2）指导－合作型。

这是近年来在托育实践活动中比较普遍的一种模式，这种托幼关系视婴幼儿为具有生物、心理、社会属性的统一有机整体，认为婴幼儿有自主意识、有思想和情感活动。在托育活动过程中，托育工作人员制定托育工作方案和措施，指导婴幼儿开展各种托育活动，婴幼儿愿意服从托育工作人员的决定，接受其指导，积极配合托育工作人员的托育服务工作活动。

在这种模式中，托育工作人员以指导者形象告诉婴幼儿应该做什么和怎么做，对婴幼儿进行安全健康的身心照护和教育。婴幼儿可以选择托育工作人员提供的托育方案，有一定的主动性，但仍然以托育工作人员的意志指导为基础，在其提供的服务范围内选择。

（3）共同参与型。

这是一种双向、平等、新型的托幼关系模式。这种托幼关系以托幼间平等、尊重、合作为基础，双方具有平等的权利、地位，共同参与决策托育活动过程，在托幼合作中共同完成各种托育实践活动，双方都有主动权。

在这种模式中，托育工作人员常以“合作伙伴”形象出现在婴幼儿面前，为婴幼儿提供合理化活动建议，婴幼儿在托育活动实践中是主动参与者身份，托育工作人员充分尊重婴幼儿的人格和权利，双方建立平等、尊重、合作的关系，共同完成各种托育活动。

4. 内容

托幼关系是托育人际关系的核心，也是影响托育人际关系平衡的最重要因素。在整个托育服务过程中，托幼关系涉及知识、技术、道德等多方面内容，因而从内容上，托幼关系可以分为技术与非技术两大类。

（1）托幼技术关系。

托幼技术关系是指托幼双方在一系列托育服务技术活动中建立起来的行为关系，是托幼关系的基础。

在该种关系中，托育工作人员拥有托育专业知识和技能，处于主动地位，婴幼儿由于身心发展的特点决定了其处于被动地位。托育工作人员扮演着两种角色：一是婴幼儿安全健康的维护者，维护婴幼儿的安全和健康是托育工作人员的首要任务和第一原则，托育工作人员应当根据婴幼儿的身心特点，精心照护婴幼儿，提供充足必要的营养，开展科学适量运动，科学规律作息，规避各种可预见性危险等；二是婴幼儿全面发展的培养者，促进婴幼儿全面发展是育人之根本，是托育工作之必然要求，托育工作人员应当根据婴幼儿的发展规律，创建科学、适宜、美观的托育环境，设计合理、适宜的运动，丰富婴幼儿全方位的直接经验，促进婴幼儿德、智、体、美、劳全面发展。

（2）托幼非技术关系。

托幼非技术关系是指托幼双方在社会、心理、经济等多种因素影响下，在托育技术服务过程中所形成的道德、法律、利益等方面的关系。

道德关系是托幼非技术关系中最核心的内容。在托育活动中，为了协调关系，托幼双方必须按照一定的道德原则和规范约束自己的行为，建立一种和谐的道德关系。托育工作人员要尊重和爱护婴幼儿，以婴幼儿的利益为重，表现出崇高的道德情操。婴幼儿也应该遵守托育规章制度与行为规范，履行道德义务，尊重托育工作人员的人格和权利，共同建立良好的托幼关系。

法律关系是指托幼双方在法律范围内行使自己的权利，履行自己的义务。在托育服务过程中，托幼双方都要受到一定的法律约束才能获得法律的保护。如托育工作人员要有相应的职业资格，履行相应的义务，遵守行为规范；婴幼儿也必须履行自身的义务、遵守行为规范才能确保托幼关系的和谐，保护双方的利益。

利益关系是指托幼双方在发生相互关系的基础上发生的物质和精神方面的利益关系。托育工作人员的利益表现为付出身心劳动后而得到的工资等经济利益，或由于婴幼儿能够安全、健康、全面地成长而得到的精神上的满足与欣慰。婴幼儿的利益表现在其父母或监护人支付一定的费用后而满足了托育的需要。

托育工作活动的完成是通过托幼之间技术和非技术关系来实现的，非技术关系是技术关系的保障。在实际托育工作中，托幼技术关系和非技术关系是相互作用、相互结合、相辅相成的。

5. 影响因素

（1）托育工作人员因素。

专业技术能力因素：良好的托幼关系是婴幼儿身心安全、健康、全面发展的重要条件。扎实的专业知识和娴熟的操作技能是赢得婴幼儿信任、建立良好托幼关系的基础。一名优秀的托育工作人员不仅要有扎实的专业素养，还要有对婴幼儿的爱心和热爱托育工作的事业心，以及与婴幼儿有效的沟通能力。这是托育工作人员入职的必备条件，是其专业素养的根本体现。相反，个别托育工作人员在托育服务实践过程中，因专业技能不精湛，出现紧急状况时的应急能力欠缺，给婴幼儿造成不信任感，甚至引发托幼纠纷或冲突。

职业道德因素：在托幼关系中，技术是基础，道德是灵魂。托育工作人员的职业道德素养是建立良好托幼关系的核心。托育工作人员在托育服务实践过程中应当具有高尚的职业精神、远大的职业理想，热爱托育事业，严格按照托育规范要求服务好婴幼儿，坚持婴幼儿优先的理念，彼此尊重，精诚合作，为托育事业的发展创设良好的人文环境。托育工作人员的职业道德水平欠缺主要表现为：1）缺乏同情心。有的托育工作人员对婴幼儿缺乏应有的尊重和关爱之情，没有同情心，用一颗冰冷的心对待婴幼儿。2）责任心不强。对工作缺乏责任心，敷衍了事，对婴幼儿的合理诉求冷漠与推诿。

心理因素：作为托育服务对象，0～3岁婴幼儿身心发展的特点决定了托育工作人员是婴幼儿学习、模仿的对象，托育工作人员必须以身示范，传递正能量，给婴幼儿以积极正面影响。托育工作人员如果不能好好调整自身情绪，首先会影响自身工作状态，继而传导给婴幼儿，严重影响托育服务质量。托育工作人员必须掌握科学的情绪管理方法、策略，学会压力管理，保持健康心理状态，以乐观、积极向上的精神面貌面对婴幼儿，建设科学、良好的托幼关系。

（2）托育机构管理因素。

托育机构作为托育服务的主要提供者，其各项管理制度是否健全、完善、科学，影响着托育服务质量水平的高低，关系到育婴关系能否健康、良好与可持续。托育机构应当依据托育服务法律法规及有关政策，建立健全、完善的备案、收托管理制度，形成科学、合理的保育、健康、安全管理规定与体系，为婴幼儿安全、健康、全面发展创设有利的托育环境，为良好、可持续的托幼关系的建立提供强有力的保障。

（3）婴幼儿因素。

不同的婴幼儿因年龄、性别、家庭等因素，导致先天的或后天的个性与特质不同，从而影响托育工作人员与之建立良好的托幼关系。托育工作人员应注意尊重婴幼儿不同的个性与特质，因人而异，因材施教，站在婴幼儿的角度思考问题，实现托幼双方在人格上的平等，建立尊重、自由、平等、可持续的良好托幼关系。

气质因素：气质是人的个性心理特征之一，它是指在人的认识、情感、言语、行动中，心理活动发生时力量的强弱、变化的快慢和均衡程度等稳定的动力特征。主要表现在情绪体验的快慢、强弱、表现的隐显以及动作的灵敏或迟钝方面，因而它为人的全部心理活动表现染上了一层浓厚的色彩。人的气质是先天形成的，受神经系统活动过程的特性所制约。孩子刚一出生时，最先表现出来的差异就是气质差异，有的孩子爱哭好动，有的孩子平稳安静。人的气质可分为 4 种类型：胆汁质（兴奋型）、多血质（活泼型）、黏液质（安静型）、抑郁质（抑制型）。不同气质的婴幼儿对于托育服务的需求不尽相同，对于良好托幼关系的建立有着基础性的影响。

知识链接

气质类型

人的气质的 4 种类型有：多血质、胆汁质、黏液质、抑郁质。

1. 多血质

多血质的人容易形成有朝气、热情、活泼、爱交际、有同情心、思维活跃等品质；也容易出现变化无常、粗枝大叶、浮躁、缺乏一贯性等特点。这一类型的人活泼、好动、敏感、反应迅速、喜欢与人交往、注意力容易转移、兴趣和情感易变换等，适合做要求反应迅速而灵活的工作。

2. 胆汁质

胆汁质的人，其特点是：情感发生迅速、强烈、持久，动作的发生也迅速、强烈、有力。这一类型的人热情、直爽，精力旺盛，脾气急躁，心境变化剧烈，易动感情，具有外倾性。

3. 黏液质

黏液质属于神经活动强而均衡的安静型。这种气质的人平静，善于克制、忍让，生活有规律，不为无关事情分心，埋头苦干，有耐久力，态度持重，不卑不亢，不爱空谈，严肃认真；但不够灵活，注意力不易转移，因循守旧，对事业缺乏热情。

4. 抑郁质

抑郁质的人的神经类型属于弱型，他们体验情绪的方式较少，稳定的情感产生也很慢，但对情感的体验深刻、有力、持久，而且具有高度的情绪易感性。抑郁质的人为人小心谨慎，思考透彻，在困难面前容易优柔寡断。

年龄因素：不同年龄阶段婴幼儿的身心发展特点不同，发展任务也多有差异。不同年龄阶段的婴幼儿对应着不同的托育环境与模式，对于其与托育工作人员之间形成的托幼关系有着重大影响。

知识链接

不同年龄阶段婴幼儿的身心发展特点

动作发展方面：1 个月时，俯卧时头能稍稍抬起一会儿；2～3 个月时，俯卧时头抬起并持续一段时间，双手可以挥动；3～4个月时，能翻身，双手带有随意性，开始用抚摸来认识周围事物；5个月时，能用肘支撑将胸抬起，膝着地；6个月时，能独坐，手和眼的动作开始协调；7个月时，俯卧时手脚滑动向后退，且可以自由玩弄东西；8～9个月时，开始爬行；10个月时，开始能扶着站立、行走；1岁时，开始独立行走；1岁之后，在基本动作基础上逐渐掌握更复杂的动作。

认知能力发展方面：一出生就具备注意的选择性，开始萌芽有意识记忆；4个月前具备大小知觉的恒常性；6个月前可以辨别大小，具有深度知觉；8～12个月时发展出客体永久性，具备初步表象能力；2岁时表现出最初的回忆能力。

语言能力发展方面：进入语言发展阶段后，10～15个月时平均每个月掌握1～3个新词；19个月时能说出50个左右的词语；19～21个月时掌握新词的速度进一步加快，出现"词语爆炸"现象，开始进入词的联合和语法生成时期；20～30个月时进入掌握语法关键期；3岁时能基本掌握母语的语法规则系统。

个性与社会性发展方面：一出生即有情绪表现，与其生理需要是否满足直接相关；5～6周时出现对人特别的兴趣与微笑；3～4个月时会表现愤怒、悲伤的情绪；6～8个月时出现对最亲近、最熟悉者的依恋及分离焦虑，对陌生人的焦虑等；1岁半时开始出现羞愧、自豪、骄傲、内疚、同情等更高级、复杂的社会情感，开始认识到自己的存在，能用语词标志身体各个部位，知道自己的名字；2～3岁时能使用人称代词"我"来表达自己的生理状态和愿望，开始真正把自己看作与别人不同的独立主体，有自己的主意，表现出一定的独立性。

（二）托育机构及其工作人员与婴幼儿之关系伦理规范

1. 关爱婴幼儿，用心呵护

关爱婴幼儿是托育机构及其工作人员与婴幼儿之间关系伦理的核心要义，是对托育工作人员的基本要求。在托育服务实践过程中，托育工作人员要注重与婴幼儿之间的情感沟通，敏锐观察婴幼儿，积极适宜地回应其生理与心理需求，用关爱消除婴幼儿的戒心与抗拒，使之产生亲近感、安全感与依附感，与之建立和谐、良好的托幼关系。

2. 尊重婴幼儿，一视同仁

尊重婴幼儿是托育机构及其工作人员与婴幼儿之间关系伦理的应有之义，体现了以婴幼儿为本的托育理念。尊重婴幼儿就是要尊重婴幼儿的生命价值、人格和权利，遵循婴幼儿身心发展的特点与规律，关注个体差异，对待婴幼儿，不因民族、性别、家庭财产状况等的不同而不同，都应一视同仁、平等对待，促进每一个婴幼儿安全、健康、全面发展。

3. 爱岗敬业，精益求精

俗话说"干一行、爱一行、专一行、精一行"。由于托育工作范围广，内容繁杂，责任重大，因此，托育工作人员应了解自己的工作责任，在工作中埋头苦干，顽强拼搏，用辛勤的汗水谱写爱岗敬业的奉献之歌。随着全面小康社会的建成，社会对托育的需求也越来越大，对托育水平的要求也越来越高。因此，托育工作人员必须具有扎实的理论知识、熟练的操作技术和丰富的实践经验。

4. 高度负责，甘于奉献

托育工作关系到婴幼儿的身心成长，每一个托育工作人员都必须对婴幼儿的生命健康、安全高度负责，自觉意识到自己对婴幼儿、对社会所负的道德责任；同时要发扬甘于奉献、任劳任怨的精神，不计较个人得失，不怕脏累，避免因工作不顺利、心情不舒畅而产生厌烦、松懈等情绪。

5. 举止得体，态度和蔼

托育工作人员在托育工作活动中应举止端庄大方、衣帽整洁、态度亲切和蔼。面对婴幼儿，托育工作人员应热情耐心，用礼貌性的语言与其进行交流；当婴幼儿产生焦虑、悲伤、气愤、恐惧等不良情绪时，托育工作人员要用安慰性语言，温和亲切地与之交流，消除婴幼儿的紧张和顾虑。

6. 保护隐私，保守秘密

托育工作人员对婴幼儿的隐私应采取相关措施加以保密。出于人道主义精神和职业道德的要求，托育工作人员对婴幼儿的生理缺陷等各种隐私要严格保密，更不可当作日常笑谈。托育机构及其工作人员应以婴幼儿为本，为其创造一个美丽、安全、适宜的托育环境，要设身处地为婴幼儿考虑，保护其隐私，为建立和谐托幼关系奠定基础。

二、托育机构及其工作人员与婴幼儿父母或监护人之关系伦理

（一）托育机构及其工作人员与婴幼儿父母或监护人之关系

1. 概念

父母是婴幼儿的法定监护人，既是托育服务的接受者，也是托育服务的合作者。托育工作人员在给予婴幼儿托育服务的同时，还需要与婴幼儿父母或监护人积极互动，为婴幼儿创建个性化成长发展方案，并为父母或监护人提供专业的育儿知识和建议，科学指导其育儿实践。

托育机构及其工作人员与婴幼儿父母或监护人之间的关系，亦即托育机构及其工作人员与婴幼儿家庭之间的关系，是指在托育工作实践活动中，托育机构及其工作人员与婴幼儿父母或监护人即家庭之间确立的一种特殊的人际关系。它从属于托幼关系，服务于托幼关系。

2. 特点

婴幼儿父母或监护人将初涉人世的婴幼儿托付给托育机构及其工作人员照护与教育，期望托育机构及其工作人员给予全面、高质量的托育服务。托育机构及其工作人员与婴幼儿父母或监护人之间的关系本质上是服务与被服务、受托付与托付、出售方与购

买方的关系，其具有独特的特点。

（1）以托育服务为基础。

托育机构及其工作人员与婴幼儿父母或监护人发生人际关系正是起源于婴幼儿父母或监护人将婴幼儿托付给托育机构及其工作人员，托育机构及其工作人员向婴幼儿及其父母或监护人提供生活照料、安全看护、平衡膳食和早期学习教育等托育服务。

（2）以婴幼儿为纽带。

婴幼儿是托育机构及其工作人员和婴幼儿父母或监护人即家庭建立人际关系的纽带，是双方共同关注的焦点。在托育工作活动中，双方共同聚焦于婴幼儿的安全、健康、全面的成长与发展。

（3）以照育为目的。

托育机构及其工作人员与婴幼儿父母或监护人共同聚焦于为婴幼儿提供科学生活照料、安全看护、营养平衡膳食、早期学习教育等照育目标。

（4）以平等、尊重为原则。

基于共同的纽带、目的，托育机构及其工作人员与婴幼儿父母或监护人在托育实践活动过程中角色互补、地位平等，应当在相互尊重、共同协作的基础上共同推进婴幼儿安全、健康、全面的发展。

（二）托育机构及其工作人员与婴幼儿父母或监护人之关系伦理规范

1. 平等对待，一视同仁

不同婴幼儿家庭存在较大差异，婴幼儿父母或监护人的学历、职业、财富、社会地位、自身素养、家庭文化背景等各不相同，托育机构及其工作人员不应据此戴有色眼镜而对婴幼儿家庭区别对待，更不能因此对具有“优势”的婴幼儿家庭热情相待，而对“弱势”的婴幼儿家庭冷落敷衍。对每一个婴幼儿家庭平等对待、一视同仁是托育机构及其工作人员处理与婴幼儿家庭关系的基本职业态度。

2. 尊重家长，热情服务

尊重家长、热情服务是指托育机构及其工作人员要尊重婴幼儿家长，热情为家长服务，强化服务意识、换位意识，时时处处为家长着想，为家长解除后顾之忧，使托育和家育形成合力，共同促进婴幼儿快乐、健康、全面发展。尊重家长、热情服务是托育职业道德重要准则之一，是托育工作的一个重要方面。

3. 积极互动，共同协作

婴幼儿的安全、健康、全面发展需要“家园共育”，这是一个托育双方互动的过程。托育机构及其工作人员在托育实践过程中，要积极了解婴幼儿家庭的需要，如实反映婴幼儿照育情况，积极回应婴幼儿家庭的各种合理诉求，丰富托育沟通渠道，为婴幼儿父母或监护人提供更多参与机会，认真听取其意见与建议，共同协作推进婴幼儿安全、健康、全面的发展。

第二节 托育工作人员之间之关系伦理

托育工作人员通常包括：托育机构管理者、托育师（保育师、早教员）、（卫生）保健员、饮食工作人员、保安工作人员和其他托育机构行政人员等。各类托育工作人员均需具备相应的有效法律资格、资质才能从事托育服务工作。

在托育服务实践过程中，托育工作人员作为一个整体为婴幼儿及其父母或监护人提供安全、健康、适宜的托育服务。托育工作人员之间能否形成良好、可持续的关系，直接关系到托育服务质量与水平。

一、托育工作人员之间的关系

（一）概念

托育工作人员之间的关系是指在托育服务实践过程中形成的托育工作人员人际关系的总称，主要包括托育师之间、托育师与托育机构管理者、托育师与保健员、托育师与饮食工作人员、托育师与保安工作人员、托育师与其他托育机构行政人员之间的关系等。

（二）影响因素

1. 工作因素

托育工作是一项集科学性、实践性于一体的工作，紧张、劳累、责任大，随机性强，这些都会导致托育工作人员身心疲惫、情感脆弱、易激动，一件小事或一句不顺心的话就可能导致对方的不愉快，破坏托育工作人员之间的关系。

2. 性别因素

目前，托育工作人员仍是女性居多，其感情细腻，有易受暗示的特点，情绪变化快，对事物和人际关系的变化敏感，加上生理特点，易发生情绪波动，这些有时会影响融洽的托育工作人员之间的关系。

3. 性格因素

每一个托育工作人员都有各自不同的性格，不同的性格决定了不同的工作方式。这种个性的差异成为工作过程中摩擦、矛盾的根源之一，容易对托育工作人员之间的关系产生影响。

二、托育工作人员之间的关系伦理规范

（一）相互尊重，共同学习

托育工作的共同目标是促进婴幼儿安全、健康、全面发展，每个人都应该以婴幼儿的利益为重，彼此之间相互尊重，取长补短，相互切磋业务技术，总结经验。资历深、职称高、经验丰富的老工作人员要关心、爱护、指导年轻的工作人员；年轻的工作人员要谦恭礼让、多请教、多在实践中观察，虚心向年长的工作人员学习，努力提高业务技术水平；彼此尊重对方的人格和劳动，尽量为对方着想，维护同行同事在婴幼儿及其父母或监护人心目中的形象。

（二）团结协作，荣辱与共

托育工作具有衔接性与协作性的特点。托育工作内容繁多，需要托育工作人员团结协作，互相帮助。在生活上互相关心，成绩是共同努力的结果，荣辱与共，差错事故也可能在大家相互提醒下及时被发现而避免。例如托育工作人员除了承担自身的工作任务外，还要与同事紧密合作，有些工作虽不属于自己的职责范围，但在同事工作任务重，执行困难时，也应主动提供协助，从而形成一种团结协作、荣辱与共的职业氛围。

（三）分工明确，各司其职

托育工作是一项精细的工作，既要强调团结协作，也要明确分工和职责，托育工作人员要各司其职、各尽其责。托育工作人员要按照各自的分工和职责，兢兢业业，做好本职工作。

第三节 托育机构及其工作人员与社会之关系伦理

托育机构作为专业机构，对婴幼儿进行照护、启蒙教育，是社会关爱婴幼儿的集中体现，也是社会文明的应有之义与必然彰显；同时，托育工作人员是社会文明的传递者和培育者，在托育工作中对婴幼儿的尊重和关爱则是社会文明程度的重要表现。托育机构及其工作人员认同且担负社会文明的传递与培育责任，是其应有的人文素养。

一、概念

托育机构及其工作人员与社会的关系是指在托育服务实践过程中形成的托育机构及其工作人员与社会关系的总称。

托育机构及其工作人员与社会的关系伦理，是指调整托育服务实践过程中托育机构及其工作人员与社会关系行为规范的总和。

二、托育机构及其工作人员与社会之关系伦理规范

托育机构及其工作人员在托育服务实践过程中应当充分利用社会资源以提供优质的托育服务，通过自身优质的托育服务为社会服务，为所在社区服务，通过托育机构文化与社区文化的融合，达到传承优秀文化与促进社区文化优化与丰富的目的。

（一）熟悉社区，热情服务

托育机构及其工作人员应当对所在社区有详细了解和研究的兴趣，对其中的风土人情了然于心，尤其是社区资源，例如自然物、自然环境、托育机构各界人士、公共活动场所等。积极动员社区管理者与社区成员参与各项托育服务活动，征求他们对改进托育的意见，让社区主动了解与理解婴幼儿托育。

结合社区文化与实际，打造具有社区特色的托育体系、模式，创新托育内容，突出社区文化元素，促进托育机构文化与社区文化优化与丰富。

（二）主动支持，全力以赴

托育机构及其工作人员在托育服务实践过程中，应该了解社区诉求，发现社区在婴幼儿托育工作方面的薄弱之处，主动向婴幼儿家庭、社区宣传国家与社会的托育法规、政策、方针及自身的托育任务，协助家庭、社区明确自身的职责，与社区共同推动国家有关婴幼儿托育法规政策的落实。托育机构及其工作人员应当积极利用各种机会定期向社区、家庭普及科学育儿知识与经验，接受社区工作者的监督和建议。

社区是办好托育机构的主要依靠力量。托育机构及其工作人员积极鼓励引导家庭、社会参与到托育服务活动中来，动员家庭、社会力量共同协作，实现社会托育工作的快速发展。

（三）钻研业务，不断提高

社区托育服务工作的特点之一是综合性，托育工作人员只有具备多学科知识的理论和技能才能做好工作。因此，服务于社区托育工作，托育工作人员应拓宽知识面，刻苦钻研业务，对技术精益求精，不断提高自己的业务水平。

本章小结

本章主要介绍了托育机构及其工作人员与托育方之关系理论、托育机构及其工作人员与托育方之关系伦理规范、托育工作人员内部之间的关系理论、托育工作人员内部之间的关系伦理规范、托育机构及其工作人员与社会之关系理论、托育机构及其工作人员与社会之关系伦理规范。通过学习，掌握托育机构及其工作人员与托育方之间的关系、

托育工作人员内部之间的关系伦理规范内容，理解托育机构及其工作人员与社会之关系伦理规范的内容，在托育工作实践过程中，能够运用托育人际关系伦理规范分析、解决实际问题，构建合理、有效的托育人际关系，做到理论联系实际。

同步练习

一、单项选择题（将下列正确选项的字母填入括号中）

1.（　　）是托育工作人员的首要任务和第一原则。

A. 维护婴幼儿的安全和健康　　B. 让婴幼儿吃更多的食物

C. 让婴幼儿学会更多的技能　　D. 促进婴幼儿全面发展

2.（　　）是托幼非技术关系中最核心的内容。

A. 道德关系　　B. 法律关系

C. 利益关系　　D. 经济关系

3. 托育工作人员的（　　）是建立良好托幼关系的核心。

A. 操作能力　　B. 职业道德素养

C. 心理因素　　D. 外貌特征

4.（　　）是托育机构及其工作人员处理其与婴幼儿家庭之间关系的基本职业态度。

A. 平等对待，一视同仁　　B. 讨好家长，热情服务

C. 家长至上，言听计从　　D. 无视家长，我行我素

5. 以下关于托育工作人员行为中，做法错误的是（　　）。

A. 托育工作活动中应举止端庄大方，衣着整洁

B. 对待婴幼儿的态度要亲切和蔼

C. 用礼貌性的语言与其进行交流

D. 将婴幼儿的生理缺陷等各种隐私当作日常笑谈

二、多项选择题（将下列正确选项的字母填入括号中）

1. 根据托幼关系中主体地位的不同，分为（　　）类型。

A. 主动 – 被动型　　B. 指导 – 合作型

C. 共同参与型　　D. 共同竞争型

2. 托育机构及其工作人员与婴幼儿关系伦理规范有（　　）。

A. 关爱婴幼儿，用心呵护　　B. 尊重婴幼儿，一视同仁

C. 爱岗敬业，精益求精　　D. 高度负责，甘于奉献

3. 托育机构及其工作人员与婴幼儿父母或监护人之间关系的特点有（　　）。

A. 以托育服务为基础　　B. 以婴幼儿为纽带

C. 以照育为目的　　D. 以平等、尊重为原则

4. 托育工作人员内部之间的关系伦理规范有（　　）。

A. 相互尊重，共同学习　　B. 互相竞争，不择手段

C. 团结协作，荣辱与共　　D. 分工明确，各司其职

5. 托育机构及其工作人员与社会之关系伦理规范包括（　　）。

A. 熟悉社区，热情服务　　B. 主动支持，全力以赴

C. 钻研业务，不断提高　　D. 以平等、尊重为原则

三、判断题（下列描述，对的在括号中画“√”，错的在括号中画“×”）

1. 托育工作人员与婴幼儿之间的关系是最为重要的关系，是衡量托育服务质量的根本。（　　）

2. 共同参与型是一种双向、平等、新型的托幼关系模式。（　　）

3. 托育机构及其工作人员与婴幼儿父母或监护人之间的关系，从属于托幼关系，服务于托幼关系。（　　）

4. 目前，托育工作人员女性居多，由于其感情细腻，所以总是关系融洽。（　　）

5. 托育工作是一项集科学性、实践性于一体的工作。（　　）

第七章 托育工作任务伦理

学习目标

知识目标

1. 掌握婴幼儿动作、认知、语言、社会性、艺术发展与教育及营养与喂养的托育职业伦理规范内容；

2. 理解婴幼儿动作、认知、语言、社会性、艺术发展的概念、规律、影响因素、意义；

3. 了解婴幼儿营养与喂养的概念、特点、卫生要求。

能力目标

能够运用所学托育工作任务伦理理论，分析、解决在婴幼儿动作、认知、语言、社会性、艺术发展与教育及营养与喂养等托育工作任务过程中遇到的问题，提升托育工作的业务能力。

素养目标

树立“婴幼儿优先”的观念，培养关爱婴幼儿、尊重婴幼儿的情感，培育和践行社会主义核心价值观。

案例导入

闹肚子的婴幼儿

2023 年 8 月 2 日中午 11:30，某托育机构工作人员正在组织婴幼儿进行午餐，突然有婴幼儿发生了呕吐、腹痛，陆续有多名婴幼儿出现以上症状，事后经调查发现，是托育机构厨房工作人员在制作餐食时，未有效清洗蔬菜，蔬菜中有农药残留等其他有害物质，导致婴幼儿食后中毒。

问题：案例中托育机构及其厨房工作人员的行为违反了托育工作伦理规范的哪项要求？

托育机构及其工作人员在托育工作实践中向婴幼儿提供科学、规范的照育服务，例如生活照料、安全看护、平衡膳食和早期学习等，促进婴幼儿身体和心理安全、健康、全面地发展。托育机构及其工作人员在对婴幼儿进行照育服务时主要进行动作发展与教育、认知发展与教育、语言发展与教育、社会性发展与教育、艺术教育、营养与喂养等工作任务。

托育工作任务伦理是指调整托育服务实践过程中托育机构及其工作人员在对婴幼儿开展托育工作任务时产生的托育人际关系的一系列行为规范的总和。托育机构及其工作人员对婴幼儿开展的托育工作任务是托育服务实践的核心，托育工作任务完成质量的高低直接关系到托育人际关系的好坏，托育工作任务完成的质量又与托育工作人员的伦理道德素质息息相关。因此，托育工作人员必须重视职业伦理道德修养，以高度的责任感与事业心完成托育工作任务。

第一节　动作发展与教育之托育职业伦理

婴幼儿期是人发展的初始，其中针对动作的发展与教育是婴幼儿身心健康、全面发展教育的核心内容之一。科学、系统的动作发展与教育对婴幼儿的身体发育、大脑潜能开发、认知发展、语言发展、社会性发展、自我意识发展、生存与生活能力发展等都具有非常重要的作用。

一、概念

动作是指具有一定动机和目的，并指向一定客体的运动系统。在这里特指人的动作，是人的运动器官、神经系统和心理要素在一定环境要求和条件作用下协同活动的过程与结果。

动作发展与教育是指托育机构及其工作人员依据婴幼儿动作的发展规律，科学、系统地创设各类学习环境，让婴幼儿进行动作技能的学习与训练，使其获得基本活动能力，提升个体身体素质的照育活动。动作发展与教育具有人文性、生活性、社会性，是一种通过动作活动实施的生理、心理、认知、情感、社会等各方面的全面发展与教育，是一种身体活动的学习过程、身体活动的体验过程、身体活动的坚持过程。

知识链接

婴幼儿动作类型

依据不同标准，婴幼儿动作类型有以下划分。

1. 按照是否来自先天遗传分类，分为无条件反射动作和条件反射动作

（1）无条件反射动作，又称先天性反射动作，是指生理遗传的一些为数有限的基本动作能力，是与生俱来的，主要表现为固定的刺激作用于某个感受器官引起的恒定的活动。

吸吮反射：也叫食物反射，接触儿童的嘴唇，就会引起吸吮动作；怀抱反射：当婴幼儿被抱起时，他会本能地紧紧靠贴成人；蜷缩反射：当婴幼儿的脚背碰到平面边缘时（类似楼梯的边缘），他会本能地做出像小猫那样的蜷缩动作；定向反射：婴幼儿出生后不久，在2周左右，就能对强烈的刺激（如强光或大声）产生定向反射（如眼睛转向光源或暂时停止吸吮动作）；抓握反射：也叫达尔文反射，用一个小棒碰新生儿的手掌，他就会紧紧抓住小棒，这种反射会在出生后3个月左右消失；游泳反射：把不满6个月的婴儿放在水里，他会表现出协调性很好的不随意的游泳动作，或是托住新生儿的腹部，他就会做出像游泳一样的动作。

（2）条件反射动作，是指建立在无条件反射基础上的有机体因信号的刺激而发生的反应。条件反射动作表现为两个并无任何联系的事件，因为长期一起出现，以后，当其中一件事件出现时，便会同时出现另一件事件。

2. 按照牵引动作产生的肌肉类型分类，分为粗大动作和精细动作

在肌肉的收缩和舒张作用下产生动作，其中大肌肉作用下产生的动作称为粗大动作；小肌肉作用下产生的动作称为精细动作。

婴幼儿的粗大动作包括抬头、翻身、坐、爬、站、走、蹲、跑、跳等；婴幼儿的精细动作包括抓握、手眼配合、手指对捏、搭积木、握笔、翻书、穿扣、折纸、绘画等。

3. 按照动作产生的部位分类，分为头颈部动作、躯干动作、上肢动作、下肢动作、手部动作、足部动作等

头颈部动作：头部左右转动、抬头等；躯干动作：坐、卧、爬等；上肢动作：挥臂等；下肢动作：蹲、踢腿等；手部动作：抓握、搭积木、握笔、翻书等；足部动作：走、跑、跳等。

4. 按照使用动作的活动性质分类，分为生活动作、学习动作、游戏动作、体育动作等

生活动作：穿衣、系鞋带、握勺、使用筷子等；学习动作：握笔、翻书等；游戏动作：折纸、剪纸、搭积木等；体育动作：跑、跳、单脚独立等。

二、婴幼儿动作发展的规律

（一）从头到尾

婴幼儿动作的发展是由头部到脚部，由上肢到下肢。最先出现眼和嘴的动作，然后是手的动作，接着是上肢的动作、下肢的动作；婴幼儿先学会抬头，然后俯撑、翻身、坐、爬，最后站和行走。

（二）由近及远

婴幼儿动作的发展遵循着由身体中心向四肢远端发展的规律，先从头部和躯干的动作开始，然后是双臂和腿部的动作，最后是手部的精细动作。靠近身体中央部位的动作先发展，然后才发展边缘部位的动作。

（三）先大后小

婴幼儿发展大肌肉作用下产生的粗大动作，后发展小肌肉作用下产生的精细动作。先是从活动幅度较大的粗大动作开始，而后才学会比较精细的动作，即从大肌肉动作到小肌肉动作。例如婴幼儿四肢动作发展，先学会臂与腿的动作，再逐渐掌握手和脚的动作，通常先用整个手臂去触碰物体，然后才会用手去抓。

（四）从无向有

婴幼儿早期的动作多为无意识动作，没有目标，没有方向性，伴随身心发展，其动作开始有简单的目的和方向，越来越多地受心理、意识支配，开始从无意向有意发展。婴幼儿的动作发展必须服从婴幼儿心理发展的规律。

三、婴幼儿动作发展的影响因素

（一）生理因素

1. 遗传

婴幼儿的动作发展是肌肉、骨骼、神经系统等人体组织和器官协同活动的产物，而肌肉、骨骼、神经系统的生长发育、结构与功能等在很大程度上受制于遗传因素，因此，婴幼儿的动作发展不可避免地会受到遗传因素的影响和制约。

人的性别是遗传的结果，性别的差异对婴幼儿动作发展的影响非常大。主要表现在两个方面：一是活动兴趣不同，这种不同不仅体现在活动内容上，还体现在粗大动作和精细动作方面，一般情况下，男孩比女孩的动作量更大些，男孩更喜欢室外的跑、跳等活动，而女孩则喜欢待在室内做一些精细动作；二是动作的能力不同，一般情况下，男孩在速度和力量方面超过女孩，更喜欢玩跑、跳及诸如打仗游戏等，而女孩更经常表现出精细动作技能，比男孩更细致、更快、更准确地进行精细动作游戏活动，更擅长平衡和韵律方面的技能。

2. 成熟

婴幼儿个体自身的肌肉、骨骼、神经系统在结构与功能上的成熟为其动作发展提供了生理前提，是婴幼儿动作发展的物质基础。每一个婴幼儿的成熟过程都有一个自然的发展顺序表。美国著名心理学家阿诺德·格赛尔（Arnold·Lucius·Gesell）认为在儿童生理上未达到准备状态（即成熟）时就无从产生学习，学习只是对成熟起一种促进作用，一旦生理上有了完成这种动作的准备，训练就能起到事半功倍的效果，学习依赖于成熟所提供的准备状态。

知识链接

双生子爬梯实验

美国心理学家阿诺德·格赛尔以一对出生46周的同卵双生子A和B为研究对象，研究动作发展与成熟的关系，即双生子爬梯实验。

实验中，格赛尔先让A每天进行爬梯子训练，6周后，也就是第52周，A爬5级梯只需26秒；而在第53周时，没有经过任何训练的B，爬梯还需要45秒。格赛尔再对B进行连续两周爬梯训练，到第55周，B爬上5级梯只需要10秒。尽管A比B早训练了7周，训练时间还是B的3倍，但是在56周和3岁时，格赛尔发现，双生子的A和B的爬梯成绩惊人地相似。

3. 健康与营养

健康与营养是影响婴幼儿动作发展的重要因素。其中，当疾病、意外伤害等因素使婴幼儿的生理健康或健全受到影响时，很可能对婴幼儿的动作发展产生影响，甚至是持续终生的影响；而营养不良或营养过剩对婴幼儿生理发育的影响，则会直接表现在婴幼儿的动作发展上。例如营养过剩导致婴幼儿身形肥胖，其动作灵敏度、速度等相对落后于身形匀称的儿童；而营养不良导致婴幼儿身体孱弱，其动作力度、速度与灵敏度等也会落后于正常儿童。

（二）环境因素

1. 家庭

影响婴幼儿动作发展的家庭环境因素包括两个方面：物质与心理。

（1）家庭的场地为婴幼儿的动作发展提供活动场所和前提条件。

婴幼儿家庭场地的大小决定了婴幼儿动作发展所需活动场所的水平层次，进而影响婴幼儿的动作发展水平。家庭场地大，可以给婴幼儿动作发展提供足够大的活动场所，提供更多的动作发展机会；反之，家庭场地小会限制婴幼儿动作的发展。例如城市家庭的居民住房紧张，居住面积狭小，同时为了保护婴幼儿的安全，避免其受到伤害，很少让婴幼儿自己在地面上玩耍，导致婴幼儿缺少动作发展的机会。

（2）家庭的心理环境为婴幼儿的动作发展提供活动机会和必要条件。

家庭对婴幼儿动作发展的态度与倾向性以及对婴幼儿的养育方式会直接影响婴幼儿的动作发展，例如家庭对待不同性别儿童动作活动的态度与倾向性不一样，会直接导致两性婴幼儿动作发展的差异，家庭倾向于女孩多进行一些安静的精细动作发展，而希望男孩多进行较激烈的粗大动作发展。

2. 托育机构

托育机构的物质环境为婴幼儿的动作发展提供活动场所和物质保障。托育机构规模的大小与活动场所规划得是否科学合理，极大地影响婴幼儿动作发展的内容与水平；托育机构及其工作人员的动作发展理念、模式与方法是否科学、适宜，则直接影响婴幼儿动作发展的速度、结构与水平。

3. 社会

不同的社会会产生不同的社会背景文化，不同的社会背景文化又会在婴幼儿早期教养方面产生不同的观念与行为，这种差异对婴幼儿的动作发展会有显著的影响。例如巴西和美国两国家庭对婴幼儿出生后 12 个月中的动作发展观念及做法有显著差异，导致了两国社会婴幼儿动作发展的显著差异。

（三）学习与教育因素

1. 动作学习

动作学习是婴幼儿在内在愿望驱动下，通过尝试、模仿、练习等方式掌握动作技能的过程。婴幼儿个体的动作学习为其动作发展提供了必要的刺激、经验与途径，影响着婴幼儿动作发展的速度、水平、顺序和倾向等，对婴幼儿的动作发展起着十分重要的促进作用。

2. 动作教育

动作教育是指托育机构及其工作人员、家庭、社会以发展婴幼儿动作为目的，通过使用一定的教育手段，指导帮助婴幼儿进行动作学习的活动。动作教育必须以婴幼儿身心发展的特点为基础，遵循婴幼儿动作发展的客观规律，创设适宜、放松、快乐的照育环境，运用科学的方式、方法，指导帮助婴幼儿的动作获得充分发展，进而促进婴幼儿身心安全、健康、全面地发展。

四、婴幼儿动作发展的意义

动作发展是婴幼儿身心发展最重要的组成部分之一。在婴幼儿没有掌握语言之前，身体动作是其认知发展与社会性发展的最重要的手段，即使婴幼儿掌握了简单的语言，动作仍然是其重要的认知与社会交往的手段。婴幼儿时期是一个人人生中众多基本动作产生与发展的关键期，婴幼儿时期动作的发展关乎一个人动作能力发展的潜力和水平，更关系到其身心是否健康、全面发展。

（一）促进婴幼儿认知能力的协调发展

1. 感知觉经验积累的来源

婴幼儿自出生始，其感知觉经验的积累来源于视觉、听觉、味觉、嗅觉、触觉、运动觉、平衡觉等，尤其是婴幼儿动作能力的发展，例如抬头、翻身、坐、爬、站、走、跑、跳、抓握等，使其获得越来越大的感知空间和感知觉信息来源，从而获取丰富的感知觉经验。

2. 提升感知觉信息综合处理能力

婴幼儿在动作发展的过程中扩大了活动空间，增加了外界和本体的感知信息来源，在大脑与外界更多、更频繁的信息交换过程中，对于记忆的输入、输出和储存功能提出了更高要求，提升了婴幼儿大脑的感知觉信息的综合处理能力。

3. 促进思维和想象的产生、发展

婴幼儿 2 岁左右会在动作发展中出现一些新的心理活动，即由当前的事物虚拟地联系到另一种事物，这就是最初的想象；与此同时，婴幼儿大脑开始了最原始的分析与综合，逐渐学会在活动中尝试解决自己遇到的困难与问题，这就是婴幼儿逐渐开始运用思维的表现。由此可见，婴幼儿的想象与思维具有明显的直觉行动性，都必须依靠动作发展产生并进行，婴幼儿的动作发展是其进行思维和想象必不可少的重要工具。

（二）促进婴幼儿自我意识的产生和发展

婴幼儿在其动作发展的过程中，逐渐将自身同其他事物区分开，开始认识自己的身体，认识自己的动作能力，认识自己同他人的关系等，开始建立起最初的主客体概念。

婴幼儿动作的不断发展促进了婴幼儿的自我认知、自我体验、自我监控等的发展，促进了其“去自我中心化”，与此同时，婴幼儿的“去自我中心化”又促进了其动作发展的协调性。

（三）促进婴幼儿情感与社会性发展

伴随着婴幼儿的动作发展，其活动的空间不断扩大，接触的人、事、物越来越多，越来越复杂，从而促进了婴幼儿社会性发展需求的产生与发展，推动婴幼儿逐渐掌握与人交往的规则，学习社会交往的技能。

（四）促进婴幼儿独立生存能力的发展

早期的婴幼儿缺乏独立的生存与生活能力，几乎完全依赖成年人对他们的全方位照育。伴随着婴幼儿各种独立生存、生活动作的产生与发展，婴幼儿逐渐更好地适应生存环境，其独立生存能力不断得到提高。

（五）有利于观察、检测婴幼儿身心发展的状况

婴幼儿所做的每一个动作都是在神经系统的调控下，由组成运动系统的骨骼、肌肉、关节、肌腱等协同完成的，在做动作过程中，既需要大脑皮层运动区的调控，也需要感觉区的配合。只有大脑皮层以及神经系统中与动作有关的组成部分正常发育，人的动作才会协调、正常发展。因此，动作协调、正常的发展是婴幼儿神经系统正常发育的重要标志。通常情况下，对婴幼儿早期的身心发展评估都是以其动作发展为主要指标的。

五、动作发展与教育之托育职业伦理规范

（一）科学设计，充分准备

托育机构及其工作人员在托育工作实践中，应当依照婴幼儿身心发展的特点，在遵循婴幼儿动作发展客观规律的基础上，科学设计动作发展与教育课程体系，提升婴幼儿动作发展与教育托育工作的科学性与规范性；托育工作人员在活动前应当做好充分准备，例如设计好活动方案，创设好活动所需的环境，准备好所需的工具和各种操作材料，做好相关知识准备，充分了解婴幼儿及其家庭的各种情况，酝酿好最佳工作情绪，绝不把生活中的不良情绪带到工作当中等，这是婴幼儿动作发展与教育活动取得成功的先决条件。

（二）态度亲切，耐心引导

托育工作人员在婴幼儿动作发展与教育活动中，对婴幼儿态度亲切是关爱婴幼儿的集中体现，是取得婴幼儿及其家庭认同的基础，也是托育工作人员与婴幼儿及其家庭在活动中产生良好关系的重要条件；当婴幼儿完全不被活动所吸引，不愿意参与时，托育工作人员要保持最大耐心，积极等待，科学引导，直至婴幼儿独立完成活动任务。

（三）保护婴幼儿，安全至上

托育机构及其工作人员在动作发展与教育活动中，应当坚持婴幼儿优先，关爱保护婴幼儿，在设计动作活动时，注意活动的安全性，动作训练中注意保护婴幼儿的生命和健康不受伤害，活动内容和形式符合婴幼儿身心健康发展规律，活动环境、器具和材料清洁卫生、无毒无害、无安全隐患，托育工作人员身心健康，上岗前经医疗卫生机构进行健康检查，无任何传染性疾病。

（四）家托联合，共同合作

婴幼儿父母或监护人既是托育服务者的接受者，也是来学习婴幼儿照护的受教育者，更重要的是，他们身上有不可替代的与婴幼儿的骨肉亲情，有对婴幼儿成长的无限期望，有来自各方面的丰富的知识和素养。托育机构及其工作人员要善于与婴幼儿家庭共同合作，充分利用婴幼儿家庭资源，提高婴幼儿动作发展活动的效益。

（五）尊重婴幼儿，主动参与

托育机构及其工作人员在动作活动中要树立婴幼儿主体的意识，充分尊重婴幼儿的意愿与差异性。一方面，在婴幼儿短时间内难以完成动作游戏活动任务时，要对婴幼儿多一些耐心指导和等待，直到婴幼儿独立完成活动任务；另一方面，在婴幼儿不愿意参与动作游戏活动时，切忌强迫婴幼儿参加，尤其是在婴幼儿完全不被动作游戏活动所吸引而不愿意参与，耐心引导也无法奏效时，要主动给予婴幼儿一定的自由，不强迫其一定参与活动。

第二节　认知发展与教育之托育职业伦理

婴幼儿期是人生发展的关键时期，俗话说“三岁看大，七岁看老”，婴幼儿的全面发展教育越来越受到家庭、社会的关注与重视。其中，认知的发展与教育是婴幼儿身心健康、全面发展教育的核心部分。科学的认知发展与教育对婴幼儿大脑潜能开发、语言发展、社会性发展、自我意识发展等具有关键性作用。

一、概念

认知是一种意识活动，是个体认识客观世界的信息加工过程和结果，是对事物概念的判断和对（某个范围内）事物规律的总结。它是人们获得知识、应用知识和信息加工的过程，是人们最基本的心理过程。它包括感觉、知觉、记忆、思维、想象和语言等。人脑接受外界输入的信息，经过大脑的加工处理，转换成内在的心理活动，进而支配人的行为，这个过程就是信息加工的过程，也就是认知过程。

认知发展与教育是指托育机构及其工作人员依据婴幼儿的认知发展规律，科学、系统地创设各类学习环境，对婴幼儿进行认知技能教育与训练，使其获得基本活动能力，提升个体认知素质的照育活动。

二、婴幼儿认知发展的内容

从婴幼儿认知发展来看，衡量一个婴幼儿认知发展水平的指标有很多，如语言、记忆、思维、表象、社会认知等。0～3岁婴幼儿认知发展内容主要包括视觉、听觉、数与量、时间知觉、空间知觉、数理逻辑等方面。

（一）视觉

视觉是一个生理学词汇，是眼睛对光线刺激的感应功能。光作用于视觉器官，使其感受细胞兴奋，其信息经视觉神经系统加工后便产生视觉。通过视觉，婴幼儿可以感知外界物体的大小、明暗、颜色、动静，获得对个体生存具有重要意义的各种信息，至少有 80% 以上的外界信息经视觉获得，视觉是人和动物最重要的感觉。

婴幼儿的视觉器官在胎儿时期就已经基本发育成熟，出生 3 天后就可以将视线集中在某个物体上。

（二）听觉

听觉是听觉器官在声波的作用下产生的对声音特性的感觉，是通过耳、听神经和听觉中枢的共同活动来完成的。听觉是声音在耳内经传导加工而刺激内耳的感受装置，从而被转换成听神经上的神经冲动，沿脑神经传至中枢神经系统，在大脑皮层听区所引起的反应。婴幼儿的听觉发生较早，胎儿时已有听觉表现。

知识链接

婴幼儿听觉发展进程

（1）0～6 个月的婴儿已经对声音有初步的辨识能力，如太大的声音会造成惊吓，或者会找声音来源。

（2）6 个月～1 岁的婴儿对声音有理解能力，可以分辨各种声音的不同，尤其可以听出妈妈的声音，这时叫他的名字多半会有反应。

（3）1 岁～1 岁半是幼儿语言发展的关键时期，幼儿会按照大人的指令做动作，还会模仿大人发出的声音，如拍手、坐下等，能跟成人互动，会跟从指令做动作。

（4）1 岁半～2 岁的幼儿多半已经会讲单字，用字卡、图卡引导，已经能认出其中的字及会发音，并且学习的意愿高。

（5）2 岁以后的幼儿说话已经可以连成句子，有时会运用语言将自己的意见表达出来。

（三）数与量

数与量的认知是婴幼儿认知发展中的重要一环。婴幼儿对数与量的认知就是对数与量有关概念的认识与掌握，主要包括：一是对数的知识、概念、技能的理解和运用的能力，即数概念的发展，如数数等；二是辨别量的大小，如物体的大小、长短、粗细、轻重、容量、面积等。

（四）时间知觉

时间知觉是指人对客观现象延续性和顺序性的感知。时间知觉的信息既来自外部也来自内部。外部信息，既包括计时工具，也包括宇宙环境的周期性变化，如太阳的升落等；内部标尺是机体内部的一些有节奏的生理过程和心理活动。神经细胞的某种状态也可成为时间信号。

婴幼儿时间知觉发展的特点及规律主要表现在以下几个方面：

（1）刚出生的婴儿缺乏对时间的直觉体验，尚无真正意义上的时间概念。

（2）时间是一种抽象概念，婴幼儿只能凭直觉去体验，伴随着年龄的增长，慢慢建立起了时间概念。

（3）婴幼儿的时间知觉主要与识记的事件相联系，对事件的记忆是时间知觉和时间表象的主要信息来源。

（4）婴幼儿感知时间的能力较弱，不能掌握标志时间长短的量度和相应词汇。

（五）空间知觉

空间是指与时间相对的一种物质客观存在形式。空间由长度、宽度、高度、大小表现出来，通常指四方（方向）上下。它既包括对客观世界物体相互间大小、形状、方位的认识，也包括对空间的区分和空间知觉。

空间知觉是反映事物的大小、形状、上下、前后、左右、远近等空间特性的知觉。

婴幼儿空间认知发展是个体认识事物、探索客观世界的必要基础，在婴幼儿认知发展中具有举足轻重的地位。

知识链接

婴幼儿空间知觉的发展进程

（1）5～6个月的婴儿开始用手摆弄物体，出现了手眼协调活动，此时就出现了由各种感觉器官参加对事物整体进行分析综合的知觉活动。

（2）8～9个月的婴儿，其整体空间知觉更明显，例如对物体形状的大小有明显的反应。

（3）1～3岁的幼儿开始会说一些有关方向位置的词语，但还不能将这些方位词语与空间方位建立联系。

（4）3岁的幼儿能辨别上下方向，但还不能准确地辨别前后、左右。

（六）数理逻辑

数理逻辑能力指的是基于数字和图形化的逻辑推理能力，对逻辑结构关系的理解、推理、思维表达能力，主要表现为个人对事物间各种关系如类比、对比、因果和逻辑等关系的敏感性，以及通过数理进行运算和逻辑推理等。它是与婴幼儿整体智力发展以及学习效率紧密相关的一种能力。

三、婴幼儿认知发展的特点

（一）由近及远

婴幼儿认知的发展具有由近及远的特点。婴幼儿从一开始还不知道客观事物永久存在，认知的范围仅限于自己，慢慢开始逐步承认客观事物也和自己一样存在，伴随着身心发展，婴幼儿认知范围继续扩大，但也只能凭自己的经验去认识事物，有时会用自己的观点代替他人的观点。

（二）从局部到整体

婴幼儿认知的发展具有对客观事物的认识由局部到整体、由片面到全面的特点。婴幼儿从一开始还不能认识客观事物是永久存在的，存在的只有他直接感知到的事物，伴随着年龄的增长，逐渐认识到事物的永久性，才开始考虑到前后事物的变化。所以婴幼儿对事物的认知往往先是专注于事物的某一部分而忽视其他部分，以偏概全。

（三）由浅入深

婴幼儿认知的发展具有由浅入深的特点，并不是一蹴而就的，而是由最初的认识到比较完全的认识，要经历多种水平或者多个阶段。

（四）模块性和层级化

婴幼儿认知的发展具有模块性和层级化的特点，婴幼儿认知的发展过程可以分解为婴幼儿的感觉系统、知觉、语言、记忆、思维、问题解决与推理等模块，每一个模块又有其组织化，具有独立的、内在决定的功能；婴幼儿语言可以依次分解为负责音位学、语音学、语义学和句法学的子模块，并且逐步由低水平向高水平发展。故而，在对婴幼儿认知发展的研究中，运用功能分解的方法可以将婴幼儿认知系统划分为各个功能独立的子系统，这些子系统或认知单元彼此发生特定的相互作用。

四、婴幼儿认知发展的影响因素

影响婴幼儿认知发展的主要因素可以分为两个大的方面：内部因素和外部因素。内部因素主要包括遗传素质与生理成熟度；外部因素主要是指环境，包括教育、家庭与语言。

（一）内部因素

1. 遗传素质

遗传素质是婴幼儿个体认知发展的生物学前提，它奠定了婴幼儿个体认知发展差异的先天基础，正常的遗传素质是产生正常的认知活动的前提。

2. 生理成熟度

生理成熟度是指机体的生长发育过程，特别是指神经系统和内分泌系统的生长发育过程。婴幼儿个体的认知发展与生理成熟度直接相关，并以生理成熟度为基础，为发展提供可能性。例如婴幼儿时期新皮层神经元及突触的发展对个体认知和心理能力的发展起着十分重要的作用。

（二）外部因素

1. 教育

托育机构及其工作人员对婴幼儿实施的教育作为一种决定性的条件制约着婴幼儿认知发展的过程与方向。科学的教育能够促进婴幼儿的认知发展，是婴幼儿认知发展的主要条件，没有适当的教育措施就无法促进婴幼儿的认知发展。

托育机构及其工作人员教育的作用主要体现在两个方面：一是它可以决定婴幼儿认知发展的内容、水平、速度等；二是可以创造最近发展区，帮助婴幼儿掌握知识并促进其内化。

2. 家庭

家庭依恋是存在于婴幼儿与父母之间的一种强烈而持久的情感联系，它是婴幼儿与抚养者在相互作用的过程中，在感情上逐渐形成的一种联结、纽带或持久关系。婴幼儿自我认知的发展正是起源于最初的这种家庭依恋关系，婴幼儿与其父母或监护人等抚养者之间的家庭依恋质量与婴幼儿的认知发展存在密切联系。

3. 语言

语言与思维的关系是前因后果关系，语言能够有效地促进婴幼儿认知的发展。语言对婴幼儿认知的发展有两大功能：一是在文化传承中，成人将生活经验和思维、解决问题的方法等经由语言传递给婴幼儿，从而提升婴幼儿的认知能力；二是婴幼儿以学得的语言为工具，用于适应环境和解决问题，从而促进婴幼儿认知的发展。

知识链接

婴幼儿认知发展相关学说

1. 皮亚杰认知发展理论

皮亚杰提出了第一个关于婴幼儿认知发展的理论框架，他将人类认知视为复杂有机体之复杂环境的一种具体的生物适应形式。皮亚杰认为婴幼儿每遇到新事物，在认知过程中，总是试图用原有的图式去同化，如果成功，就能得到暂时的认知上的平衡；反之，婴幼儿就做出顺应，调整原有图式或创立新图式去接受新事物，直到达到认知上的新平衡。

2. 维果茨基认知发展理论

维果茨基认知发展理论主要包括4个方面：一是社会文化，他认为历史传承、社会规范、家庭及其托育机构教育所教给婴幼儿的语言、文字、符号、解决问题的方法及工具制作和使用等都是影响婴幼儿认知发展的因素；二是语言和言语，语言是维果茨基认知发展理论的核心，他认为语言与思维的关系是前者为因，后者为果，语言具有促进婴幼儿认知发展的功能；三是内化，他认为人的心理发展的一般机制即"内化"机制，实质上就是从社会的、集体的、合作的活动形式向个体的、独立的活动形式的转换，是从外部的、心理间的活动形式向内部的心理过程活动形式的转化；四是最近发展区，这是维果茨基思想影响最大的概念，他认为教学与婴幼儿发展的一定水平相适应，即婴幼儿现有心理机能的水平及在成人的指导和帮助下所达到的解决问题的水平。

3. 布鲁纳的认知发展理论

布鲁纳是认知主义学习观的重要代表人物，他认为学习的实质在于主动形成认知结构，把认知结构称为"表征"，分为 3 种，即动作性表征、映象性表征和符号性表征。3 种表征在儿童智力发展中不断演变，经历 3 个阶段，即：婴幼儿时期（0～3 岁，主要是依靠动作去处理问题）、3～7 岁时期（开始在头脑中利用视觉和听觉的表象或映象解决问题）、6～7 岁时期（个体运用语言、数字等符号代表经验，同时应用这些符号来学习和获得经验）。

4. 凯斯的认知发展理论

凯斯将儿童的认知发展分为 4 个阶段：一是感觉运动阶段（0～1 岁半或 2 岁），此阶段婴幼儿的表征是感觉输入，与其所采取行动的表征相对应的是身体的运动；二是表征运算阶段（1 岁半或 2 岁～5 岁或 7 岁），儿童的表征包括了持久、具体、内部的想象，其行动能够促进更多的内部表征；三是逻辑运算阶段（5 岁或 7 岁～11 岁或 12 岁），儿童在此阶段能够再现抽象的刺激，其行动依赖于对这些表征的转换；四是形式运算阶段（11 岁或 12 岁～成人），儿童也会再现抽象的刺激，但他们能进行更复杂的信息转换。

五、认知发展与教育之托育职业伦理规范

（一）尊重规律，科学设计

托育机构及其工作人员应当尊重心理学和神经科学的研究成果，以 0～3 岁年龄阶段涉及人终身发展所需要的核心能力作为婴幼儿认知发展的依据，遵循婴幼儿的认知发展规律，科学设计认知发展与教育课程体系，合理创设婴幼儿认知发展与教育的条件与环境，培养婴幼儿的各类认知能力，提升婴幼儿认知发展与教育托育工作的科学性与规范性。

（二）注重差异，发展个性

婴幼儿个体从环境中吸取感知信息时存在不同的感官偏好，个体会按照自己不同的

感官偏好，选择合适的刺激与学习方式，即婴幼儿认知发展中的个性。同时，个性又受社会文化历史条件的制约，差异明显。托育机构及其工作人员在婴幼儿认知发展与教育过程中应该尊重婴幼儿的感官差异，采取不同的引导与教育方式进行培养，要注重婴幼儿的个性差异，注重发展婴幼儿的个性。

（三）尊重婴幼儿主体，鼓励操作

婴幼儿的天性是活泼好动，是主动积极的探索者，他们在探索的过程中与外界发生相互作用，不断地构建对外界的认知。托育工作人员在婴幼儿认知发展与教育活动中，要尊重婴幼儿的主体地位，提供婴幼儿操作的有利条件，鼓励婴幼儿自己操作，在操作实践中学会与他人交往，发展其全面认知能力。

（四）避免伤害，安全至上

坚持儿童优先，最大程度地保护婴幼儿，确保婴幼儿的安全和健康，这是托育机构及其工作人员必须遵循的基本原则。婴幼儿认知发展的活动内容种类繁多，这决定了需要运用多种类器具、材料，尤其是容易误服、误吸、误塞的各类细小玩具，容易给婴幼儿的生命健康造成威胁。托育机构及其工作人员在活动中要严格保障器具和材料清洁卫生、无毒无害、无安全隐患，为婴幼儿的认知发展保驾护航。

第三节　语言发展与教育之托育职业伦理

语言与直立行走、使用工具一样，被视为人类进化和个体发展历程中极其重要的能力之一。语言发展在婴幼儿个体认知发展和社会性发展的过程中起着重要的作用，对婴幼儿个体的心理发展有着深远而重大的影响。

一、概念

语言是指生物同类之间由于沟通的需要而制定的具有统一编码解码标准的声音（图像）指令，是一种以声音（符号）为物质外壳，以含义为内涵，由词汇和语法构成并能表达人类思想的指令系统。语言是一种社会现象，是人类最重要的沟通工具。

语言发展与教育是指托育机构及其工作人员依据婴幼儿的语言发展规律，科学、系统地创设各类学习环境，对婴幼儿进行语言教育与训练，使其获得对母语的产生和理解能力（主要指的是口语中的说和听能力的获得），提升个体语言素养的照育活动。婴幼儿语言的发展是一个连续的、顺序的、有规律的过程。

二、婴幼儿语言的发展阶段

0～3岁婴幼儿语言的发展可以划分为既有差异又有关联、相互交叉的3个阶段：0～12个月是婴幼儿语言发生的准备阶段，又称为前语言阶段；9～14个月是婴幼儿语言理解与表达能力产生的阶段，又称为语言发生阶段；13～36个月是婴幼儿口头语言发生与发展的阶段，又称为语言发展阶段。

（一）前语言阶段——语音敏感期

0～1岁是婴幼儿的语言知觉能力、发音能力和对语言的理解能力初步发展的阶段。婴幼儿语言发生的准备主要有两个方面：一是理解词语的准备，包括语音知觉和对词语的理解；二是说出词语的准备，包括发出语音和说出最初的词。

（二）语言发生阶段——学话萌芽期

婴幼儿在1岁左右说出第一个具有一定意义的词，标志着真正意义上语言的产生。婴幼儿语言产生的过程包括两个方面：语言理解的发生和语言表达的发生（开口说话）。

（三）语言发展阶段——正式学说话

经过近1年的语言准备阶段，婴幼儿开始进入正式学说话阶段，即语言发展阶段。1岁以后的婴幼儿进入学习口语的全盛时期，以词汇学习为主，通过大量词汇的积累，婴幼儿语言的理解能力与表达能力迅速发展。3岁左右的婴幼儿基本掌握了口头语言，可以用语言表达自己的需要和情感，用语言来调节自己的动作和行为，基本上能运用语言与人进行交往。

三、婴幼儿语言的发展规律

婴幼儿语言的发展是一个连续、有序、有规律的过程，是不断由量变到质变的过程。由于受遗传、成熟度、环境、教育、营养和健康等多种因素的影响，每个婴幼儿语言的发展各有其特征，与此同时，婴幼儿语言的发展在顺序与特点上又有着众多共同的趋势。

（一）先理解，后表达

语言是一种双向活动，其活动过程主要包括语言接受（包括语言感知与语言理解）和语言表达两个方面。在婴幼儿语言的发展过程中，以上两个方面并不完全同步，语言接受先于语言表达发生、发展。

（二）先非语言、口语，后书面语言

语言是社会交往的重要手段，在语言产生之前，0～1岁的婴儿主要依靠声音、身体姿势和动作来进行交流，这属于非语言交流阶段；2～3岁的幼儿以口语表达为主；4岁以后的幼儿逐渐掌握书面语言。

（三）从情境性语言到连贯性语言

婴幼儿在对话中常用不连贯的短句，时常辅以手势、动作和表情进行补充表达，听者必须结合具体情境才能理解说话者的意思，即情境性语言。句子表达完整，前后连贯，听者不需要依靠说话者的手势、表情做补充，仅从语言本身就能理解说话者的意思，即连贯性语言。0～3岁的婴幼儿只能进行对话，不会独白，所以他们的语言主要是情境性语言表达；6岁或7岁后的儿童随着逻辑思维的发展，能运用独白进行完整、连贯的表达。

（四）从外部语言到内部语言

婴幼儿语言的发展会经历从外部语言到自言自语再到内部语言的过程。

外部语言是用来与他人进行交流的语言，包括口头语言和书面语言。口头语言是个体通过发音器官发出语音，表达思想和情感的语言，包括对话和独白两种形式，0～3岁的婴幼儿掌握的语言主要是口头语言中的对话，不会独白；书面语言是用文字来表达思想、情感的语言，一般4岁以后才会出现。

内部语言常见于4岁以后的儿童，是一种无声的、对自己讲的语言，与婴幼儿的抽象思维和行为联系密切。

知识链接

婴幼儿语言发展理论

1. 后天学习决定论

后天学习决定论包括模仿说和强化说，主要强调环境和学习对个体语言获得的决定性影响。

（1）模仿说。由美国心理学家阿尔波特率先提出，他认为婴幼儿语言只是对成人语言的模仿，是成人语言的简单翻版；后来的社会学习理论学者班杜拉认为婴幼儿的语言能力主要是通过对各种社会语言模式的观察和模仿而获得的，其中大部分是在没有强化的条件下进行的。婴幼儿在语言获得的过程中，会产生4种语言模仿行为：1）即时的、完全的模仿；2）即时的、不完全的模仿；3）延迟模仿；4）选择性模仿。

（2）强化说。强化说盛行于20世纪四五十年代，美国行为主义心理学家斯金纳认为婴幼儿的语言学习是自发的操作行为，婴幼儿是通过不断地强化而学会语言的。强化说充分肯定了语言教育和训练在婴幼儿语言发展中的重要作用。

2. 先天决定论

先天决定论包括转换生成说和自然成熟说，其共同点是否认环境和学习是语言获得的决定性因素，强调先天禀赋的作用。

（1）转换生成说。20世纪60年代，美国语言学家乔姆斯基认为语言基本上不是后天习得的，而是天生的，婴幼儿天生具有一种语言习得装置（Language Acquisition Device，LAD）。

（2）自然成熟说。美国心理学家勒纳伯格提出自然成熟说，他以生物学和神经生理学为理论基础，将婴幼儿语言的发展看作一个受发音器官和大脑等神经机制制约的自然成熟过程。他认为生物遗传素质是人类获得语言的决定性因素，语言是大脑功能成熟的产物，语言能力是先天的。

3. 相互作用论

（1）认知相互作用论。皮亚杰认为语言能力是认知能力的一个方面，认知结构是语言发展的基础，语言结构随着认知结构的发展而发展。婴幼儿语言的发展是主客体相互作用的结果，其语言获得既要依赖于生理成熟度，又必须有一定的认知基础。

（2）社会相互作用论。该理论认为婴幼儿和成人的语言交流是语言获得的决定性因素，如果从小剥夺婴幼儿和成人的语言交流权利，婴幼儿就不可能学会说话，强调语言环境和对婴幼儿语言输入的作用。

四、婴幼儿语言发展的影响因素

语言发展是一个极为复杂的过程，是生理基础、认知发展、语言环境等多因素共同作用的结果。

（一）生理基础

拥有健康发育的大脑和健全的听音、发音器官等是婴幼儿语言发展的生理基础。如大脑语言中枢发生病变或受损，可引发失语症等语言障碍，许多天生失聪或发音器官不健全的儿童很难掌握口头语言。

生理因素只是提供了婴幼儿语言发展的潜在可能性和规定性，先天的这种潜在的可能性和规定性要在后天得以实现，会受到后天各种因素的影响。

（二）认知发展

1. 依赖于一定的认知发展水平

婴幼儿语言的产生、发展依赖于其一定的认知发展水平，只有婴幼儿能把词语或词句所指示的事物从环境中区别出来时，才可能真正掌握这些话语，概括能力的发展使婴幼儿有可能不同程度地概括成人语言中的规则和结构，婴幼儿已有的经验和知识结构对其语言的发展有显著影响。

2. 与认知发展一致

婴幼儿语言的获得与发展与其认知发展一致，遵循着从具体到抽象的发展趋势。婴幼儿的语言获得与发展以一定的认知发展为基础，认知能力的提高有助于婴幼儿语言的习得，与此同时，婴幼儿语言能力的发展，也会促进认知能力和认知水平在更高层次上的发展。

（三）语言环境

语言环境是婴幼儿语言获得与发展的社会基础，婴幼儿都是在特定的社会生活环境中获得语言的。

1. 家庭环境

家庭是婴幼儿早期主要的活动场所，家庭关系是婴幼儿最早接触和认识的社会关系，家庭环境是影响婴幼儿语言习得与发展的最直接因素。不同形态的家庭环境与婴幼儿的语言发展密切相关，家庭的生活质量、教育条件、教养方式等与婴幼儿的语言发展均有相关性。此外，父母的语言习惯对婴幼儿语言的习得与发展也有潜移默化的影响，孩子对父母有着一种先天的趋近感，导致孩子会不自觉地模仿父母的语言，孩子的语言就像是父母语言的影子。

2. 托育环境

托育机构是婴幼儿语言发展过程中的一个重要活动场所，托幼关系是婴幼儿接触与认识的社会关系之一，托育机构及其工作人员创设的语言发展环境是影响婴幼儿语言习得与发展的重要因素，托育质量、托育条件以及托育机构及其工作人员的语言教育模式、方法等都会制约婴幼儿语言的获得与发展。

3. 社会环境

社会地域文化对婴幼儿的语言习得与发展有一定的影响，不同的地域由于地理环境、地方习俗等方面的不同，形成特有的地域文化，不同的地域文化又体现在婴幼儿语言习得与发展过程中。例如由于地域文化背景不同，婴幼儿对不同词汇的敏感度及掌握程度也就不同。

（四）个体差异

从单个的、具体的婴幼儿来看，由于个体的发展存在着差异性、特殊性，制约和影响婴幼儿语言获得与发展的因素发挥作用的具体方式、程度及结果必然千差万别。例如婴幼儿的外貌、气质、情绪等个体差异会影响其语言发展速度，越是活泼开朗、漂亮的婴幼儿，越容易获得周围人的喜爱，其所处的语言环境越有利于其语言的发展。

五、婴幼儿语言的发展与教育意义

语言能力的发展水平在一定程度上决定了婴幼儿的智力、情感、社会性等方面的发展水平，0～3 岁是人语言发展的关键期，利用各种手段与途径积极促进婴幼儿语言能力的发展，对其身心健康、全面发展具有重要意义。

（一）促进婴幼儿的社会性发展

语言是人类在实践活动中形成的由语音、词汇、语法规则构成的符号系统，语言作为一种社会现象，其本质特征就是交际性和工具性。语言是社会交往的工具，一定的语言理解能力和表达能力能够促进婴幼儿与他人进行交往，从而掌握社会交往规则，增强其社会适应能力。

婴幼儿出生后就能运用表情、动作来引起周围人的关注，随着个体的发展，逐渐具有语言能力，能更加准确地表达自我，与他人进行交往。总而言之，语言的获得与发展是婴幼儿社会化进程中的一个里程碑，婴幼儿接触社会、融入社会、与社会相互作用的主要方式就是与他人进行语言交流。

（二）促进婴幼儿情感与个性品质的发展

情绪的良好发展是婴幼儿健康成长的重要标志之一，语言能够帮助婴幼儿与他人积极交流互动，悦纳自我，理解他人，及时倾诉内心的想法，宣泄消极情绪，积极表达对客观世界的感受。婴幼儿情绪多变，语言的获得与发展能培养、提升其表达和控制情绪的能力，从而培养健康、积极、乐观向上的情感，有利于婴幼儿形成良好的个性品质。

（三）婴幼儿智力发展标志

语言是标志事物和现象的符号，借助语言，个体才能对事物进行概括，从而感知、了解事物的特征和本质属性。婴幼儿通过语言了解外部世界，表达感知结果，将直觉形象思维发展到抽象概括思维，从而认识不能直接感知的事物，并对事物进行概括、分类、综合、判断、推理。因此，智力发展的第一个因子就是语言能力，婴幼儿语言能力的强弱直接影响着其智力水平的高低。

六、语言发展与教育之托育职业伦理规范

（一）科学设计，适度适宜

托育机构及其工作人员在组织开展语言活动时，要注意发展与教育目标、内容应适合 0 ～ 3 岁婴幼儿语言发展的阶段、特点和需要。托育工作人员要充分了解 0 ～ 3 岁婴幼儿语言发展的特点与规律，了解每个婴幼儿的语言发展水平，使所设计的语言活动既要符合大多数婴幼儿的发展水平，又要满足个别的发展需要；既要考虑婴幼儿现有的语言能力与水平，又要着眼于未来能够达到的更高水平。

（二）注重差异，因材施教

在 0 ～ 3 岁婴幼儿期，由于遗传、成熟度、环境、教育、营养和健康等多重因素影响，每一个婴幼儿的语言发展各不相同，具有明显的差异性，如开口说话的月龄不同、

发音的清晰度不同、语言内容的兴趣点不同等。托育机构及其工作人员应充分尊重婴幼儿的差异性，根据其差异性因材施教，有针对性地进行指导。

（三）家托联合，延伸合作

0～3岁婴幼儿有相当长的时间在家庭，家庭的语言行为直接影响着婴幼儿的语言获得和发展。托育机构及其工作人员在设计语言活动时要考虑到对婴幼儿家庭的指导，向家长进行必要的讲解，帮助家长了解活动价值，通过示范效应，帮助家长掌握教育技巧，活动后可以提出任务或建议。通过家托联合、延伸合作，帮助婴幼儿家庭获得科学的育儿观念，掌握促进婴幼儿语言发展的教养方法和技能，更好地推动婴幼儿语言的获得和发展。

（四）语言准确，温柔体贴

0～3岁是婴幼儿语言发展的关键期，托育工作人员是婴幼儿语言发展的第二榜样，托育工作人员在语言活动中，语言运用合理准确、发音标准等是婴幼儿语言发展的基础；同时，托育工作人员在活动互动中，动作温柔体贴，态度亲切和蔼，容易取得婴幼儿的认同，并与之建立良好的托幼关系，更好地促进婴幼儿语言的发展。

第四节　社会性发展与教育之托育职业伦理

社会性发展是每个婴幼儿成长为负责任的、有独立行为能力的社会成员的必经之路，婴幼儿的社会性发展离不开与社会、集体、他人的相互作用与影响，也离不开自身主动积极地掌握社会经验，婴幼儿正是在社会性发展过程中丰富自身的社会经验，形成个性，成为具有社会作用的主体的。

一、概念

社会性是生物作为集体活动中的个体或作为社会的一员而活动时所表现出的有利于集体和社会发展的特性。社会性是个体不能脱离社会而孤立生存的属性。

在发展心理学中，社会性概念有广义和狭义之分。广义的社会性是指人在社会生存过程中所形成的全部社会特性的总和，包括人的社会心理特性、政治特性、道德特性、经济特性、审美特性等；狭义的社会性是指由于个体参与社会生活，与人交往，在其固有的生物特性基础上形成的独特心理特征，包括信念、价值观和行为方式等。社会性使个体能够适应周围的社会环境，正常地与他人进行交往，并与之相互影响，在努力实现自我完善的过程中积极地影响和改造环境。

婴幼儿社会性发展又称婴幼儿社会化，是指在一定社会环境的影响下，婴幼儿通过与社会、集体、个人的相互作用与影响，丰富自己的社会经验，形成个性，朝着社会要求的方向不断发展并逐渐达到这种要求并取得社会生活适应性的过程。婴幼儿社会性发展强调社会化过程、道德发展、与同伴和家庭成员的关系。

社会性发展与教育是指托育机构及其工作人员有目的、有计划地对婴幼儿施加教育，引导婴幼儿积极主动地参与活动，并促进其社会认知、社会情感和社会行为及个性等方面良好发展的过程。

婴幼儿社会性发展与教育旨在通过家庭、托育机构的努力，为婴幼儿创设一个适合的环境，促进婴幼儿的社会化，使婴幼儿从出生时的自然个体逐渐转变为一个适应社会生活的社会个体，在此过程中发展自己的社会性。

二、婴幼儿社会性发展的特点

（一）可塑性强

婴幼儿的社会性发展在速度、方式上不平衡和运行机制上不一致，导致婴幼儿的社会认知发展相对较快，社会性情感发展较慢，社会行为既不成熟也不稳定。一方面，个别婴幼儿社会性发展速度快，具有可变性；另一方面，这种特点也为社会性教育提供了良好契机。

（二）快速且不平衡

人的智力发展在婴幼儿期处于加速发展阶段，为其社会性的快速发展提供了强有力的内部动力，尤其体现在社会认知和社会情感两方面。随着社会活动范围的扩大，婴幼儿的社会认知结构不断完善，人际交往中社会性知识、技能逐渐丰富，获得广泛社会印象；伴随着社会认知水平的提高，婴幼儿社会性情感也随之升华。社会认知和社会情感互为条件，相互作用，形成了一个社会性快速发展的阶段。

（三）奠基性

婴幼儿社会性发展是个体从自然人转向社会人的关键节点，因此婴幼儿期是人社会性发展的奠基期。婴幼儿社会化是人早期社会化的一个阶段，其社会性发展具有奠基性、初级性，为其后的社会化和再社会化提供社会心理基础。

三、婴幼儿社会性发展的规律

（一）从简单到复杂

1. 从单纯的社会化反应到社会性情感发展的丰富化

婴儿出生时就具有发出信号的能力，通过笑声、哭声等引起周围人对其注意，这是一种无分化的先天性社会行为；4～5 个月的婴儿在与成人的社会交往中，逐渐懂得对他人的行为给予反应，并学会了预期自身行为对周围人的影响；6～7个月婴儿的社会行为有了显著变化，开始产生明显的对最亲近的人的依恋行为；随着婴幼儿社会化交往的范围不断扩大，从最初的单纯社会化反应逐渐过渡到社会性情感联结的丰富性反应。

2. 从单一亲子交往到多样化同伴交往

家庭是婴幼儿生活的主要场所，婴幼儿最初的交往行为就是单一的亲子式的简单交往。伴随着婴幼儿对事物认知的不断加深，他们也同时需要在群体中与同伴进行交往，例如，2岁以后的幼儿能够忍受与依恋对象在一段时间内的分离，逐渐习惯于与同龄伙伴及其他人的交往等。

（二）由外而内

婴幼儿摆脱自我中心倾向，客观地多维度理解他人的情感体验，即为观点采择。婴幼儿由外而内的观点采择能力发展需要一个过程，婴幼儿对情绪情感、行为意图及社会规则的认识表现出的由表及里的过程体现了婴幼儿从外部到内部的社会性发展趋势。

（三）从被动规范化到主动失范化

婴幼儿的社会行为与个体的自我控制有着密切的关系。2岁前婴幼儿表现出明显的遵从行为，遵从来自成人的外在要求，是一种被动的规范化；2～3岁的幼儿随着自我意识的发展，行动能力、语言能力及模仿能力的增强，开始表现出极其不合作和抗拒行为，甚至不听从来自外界的要求，故意违背外界的要求与规范，只专注于自己的行为，他们想通过按照自己的方式做事来体现自己的独立性，即使拒绝别人或被人不喜欢。这就是一种主动失范化。

四、婴幼儿社会性发展的影响因素

（一）内部因素

1. 气质

气质是影响婴幼儿社会性发展的重要因素，其对婴幼儿的社会性发展有直接作用，又通过婴幼儿父母或监护人的教养行为而对婴幼儿的社会性发展产生间接影响。

2. 性别与年龄

婴幼儿的性别与年龄也是影响婴幼儿社会性发展的重要因素。一方面，婴幼儿社会性发展在性别上存在差异，例如男孩的身体、语言攻击水平高于女孩，与女孩相比，较多的男孩沿着高身体攻击、高语言攻击轨迹发展，男孩身体攻击的个别差异的稳定性比女孩的略明显；另一方面，婴幼儿社会性发展会随着年龄的不同具有不同的发展侧重，随着婴幼儿年龄的增长，家庭对婴幼儿安全的关注度逐渐下降，对婴幼儿生活自理能力的培养则逐渐增强。

（二）外部因素

1. 家庭

（1）教养方式。家庭抚养行为造成了婴幼儿生理和心理水平差异，与婴幼儿的自我系统发展、安全感以及安全依恋的形成，以及焦虑、退缩行为等问题密切相关。家庭的温情对于婴幼儿的社会性发展非常重要，父母与孩子的感情联系制约着孩子对父母的反应，热情的父母经常使用说理和解释，使婴幼儿能将社会规范内化，父母的热情与关心与他们对婴幼儿需要的积极反应相联系，更有利于婴幼儿的社会性发展。

（2）亲子关系。亲子关系是婴幼儿最初的社会关系，婴幼儿早期的亲子依恋及亲子间日常的互动是婴幼儿发展同伴关系的实验地。亲密的亲子关系有助于婴幼儿体验到较多的关怀和爱护，获得安全感，家庭除给予婴幼儿情感支持、尽力满足婴幼儿的情感需要外，还通过鼓励婴幼儿表达情感、让婴幼儿与情感丰富的人交往等方式促进婴幼儿社会情感的发展。

2. 托育机构

托育机构及其工作人员主要是通过设计、组织社会性发展与教育活动来促进婴幼儿的社会性发展，其设计开展的活动主要以游戏来呈现，游戏能够促进婴幼儿适应社会环境能力的发展，游戏训练能够促进婴幼儿的社会性技能和从他人的角度看问题能力的发展，例如规则游戏和角色扮演游戏等。

知识链接

婴幼儿社会性发展理论

1. 弗洛伊德精神分析理论

弗洛伊德是19世纪末20世纪初著名的心理学家、精神病学家，是精神分析学派创始人。他在与精神病人的长期接触中，发现许多人的发病与其童年早期经验有关，因此提出了早期经验对个人社会化和人格形成的作用。他认为人的个性由本我、自我、超我三部分组成：本我是指本能的心理能量储藏室，由一种先天遗传的本能冲动或内驱力组成，代表人的生物主体，是一切驱欲能量的来源；自我由本我发展而来，自我遵循现实原则，调节外界与本我之关系，使本我适应外界要求，推迟本我能量的释放，直到真正能够满足需要的对象被发现或产生出来为止；超我来自自我，又超脱自我，是道德化了的自我，超我的作用在于管制那些不容于社会的原始冲动，诱导自我，使之能够以合乎社会道德规范的目标代替较低的现实目标，使人们向理想的目标努力，以形成一种完善的个性。他认为在一个正常人身上，本我、自我、超我三者处于相对平衡状态，能较好地适应社会生活，应对内外各种刺激，平衡一旦被打破，人就会产生不良的社会行为。

2. 埃里克森心理社会发展理论

埃里克森作为新精神分析学派的代表人物，在人格发展问题上改变了弗洛伊德过分强调个性驱动力的作用，更强调社会文化因素和自我理智对人格发展的影响，认为人格的发展不限于个性心理的发展，更重要的是人的社会性发展。

3. 皮亚杰认知发展理论

皮亚杰认为儿童的社会性发展依赖于认知的发展，儿童的社会认知影响着儿童的社会行为，儿童在每一发展阶段的道德成长，都是在家庭、学校与儿童间的社会交往和社会合作中完成的。

4. 班杜拉社会学习理论

班杜拉认为儿童的个性是由行为、个人认知和环境因素三者相互作用决定的，提出观察学习的社会学习理论观，认为人的个性是在观察过程中形成的，强调榜样的作用。

五、婴幼儿社会性教育的特点

（一）对环境的依存性

社会性教育旨在塑造婴幼儿的社会能力和人格品质，主要是社会认知、社会适应和人格发展。其教育过程中的学习甚至模仿起主要作用，婴幼儿的基本任务是社会学习，并以此实现人格的发展，因而，环境的熏陶极为重要。社会性教育中的社会学习是隐性的，主要依存于社会环境的潜移默化。

（二）目标的整合性

社会性教育在目标定位上强调认知、情感和行为的整体发展，主张知情意行的整合性发展。在目标实现的过程中，社会性教育强调从婴幼儿认知和情感入手，最后落实在儿童行为上，并内化成其行为品质的组成部分。由于社会性教育目标的整合性，必然要求其过程具有复合性和多元化的特点。

（三）教育方法的自然性

社会性教育在教育方法上强调直接经验的社会学习，主张认知与实践并重，强调自然、真实，在自然发生的真实情境中随机进行或者在托育机构、家庭创设的模拟情境中进行，突出婴幼儿的主动参与、积极创造。

（四）教育途径的协同性

社会性教育强调托育机构教育、家庭教育和社会教育的协同作用，形成教育合力，共同促进婴幼儿社会性的全面发展。

六、社会性发展与教育之托育职业伦理规范

（一）尊重婴幼儿，平等互动

托育机构及其工作人员在组织开展社会性活动时，要尊重婴幼儿的主体地位，以期建立平等互动、积极有效的托幼关系，这是实施婴幼儿社会性发展与教育活动的前提与基础。托幼互动不仅会影响互动中的托育工作人员和孩子，也会影响其他在场的托育工作人员和孩子，形成场效应。托幼关系建立的本身就是婴幼儿社会性发展与教育的重要内容和途径，在良好的托幼互动中，托育工作人员是良好互动环境的创设者、交往机会的创造者、积极有效托幼互动的参与者、婴幼儿社会性发展与教育的支持者和促进者。

（二）积极指导，鼓励操作

婴幼儿是社会性发展与教育活动的主体，托育工作人员设计组织的社会性活动应尽量鼓励婴幼儿有“动手”操作式的主动参与，婴幼儿只有在活动中主动参与并有感知体验，才能真正达到促进婴幼儿社会性发展的目的。0～3岁的婴幼儿由于注意力不稳定，维持时间短暂，更多地需要借助材料的动手操作来感知和学习；同时，由于多感官学习是婴幼儿学习的一大特点，因此需要托育工作人员在活动中积极指导婴幼儿，利用其视觉、听觉、嗅觉、味觉、触觉等多感官来体验和感知世界。

（三）家托社联合，延伸合作

0～3岁的婴幼儿相当一部分时间是在家庭里，家庭的社会性行为直接影响着婴幼儿的社会性发展与教育。托育机构及其工作人员在设计社会性活动时要考虑到对婴幼儿家庭的指导，对家长进行必要的讲解，帮助家长了解活动价值，通过示范效应，帮助家长掌握教育技巧，活动后可以提出任务或建议。同时托育工作人员在指导婴幼儿社会性发展与教育活动时，要善于利用多种社会资源如社区资源等，对婴幼儿进行社会性教育。

（四）态度亲切，耐心引导

托育工作人员在婴幼儿社会性发展与教育活动中，对婴幼儿要热情周到、态度亲切和蔼，这是关爱婴幼儿的集中体现，是取得婴幼儿及其家庭认同的基础；托育工作人员在活动指导过程中，要允许婴幼儿犯错，给婴幼儿自由自主的空间，不能过于限制婴幼儿的自由；与此同时，当婴幼儿完全不被活动所吸引而不愿意参与时，托育工作人员要保持最大的耐心，积极等待，科学引导，直至婴幼儿独立完成活动任务。

第五节　艺术教育之托育职业伦理

0～3岁婴幼儿时期是人格塑造的关键期和奠基期，也是婴幼儿艺术启蒙的关键期。科学适宜的早期艺术教育有助于开启婴幼儿艺术智能的发展，激发婴幼儿对艺术的兴趣，奠定其艺术能力发展的基础。在艺术教育的过程中，发挥艺术教育启真、储善、促美功能，促进婴幼儿全面、健康发展。

一、概念

艺术是指借助一些手段或媒介，塑造形象、营造氛围，来反映现实、寄托情感的一种文化。艺术是一种社会现象、社会事物，属于上层建筑中的社会意识形态，它以自身独有的方式能动地认识世界。关于艺术，并没有普遍认同的定义，且随着时间的推移也在不断变化。

艺术教育是指托育机构及其工作人员通过对婴幼儿进行有目的、有计划的美术、音乐、戏剧、舞蹈等艺术形式的教育和培训，促进个体的全面发展和个性化成长的照育活动。艺术教育不仅注重技能培养，更强调创造力、想象力和审美能力的发展。

二、内容

（一）婴幼儿的音乐能力

1. 婴幼儿音乐能力的概念

婴幼儿的音乐能力是指婴幼儿在个体发展过程中逐步形成的音乐能力，如音高感、音长感、乐感等核心能力，以及在核心能力基础上延伸出来的各项能力。

2. 婴幼儿音乐能力的发展

婴幼儿的音乐能力是渐进发展、逐步培养形成的。

（1）0～12个月婴儿的音乐能力发展迅速，每个月都有极大的变化。一是在对音乐的反应上，6个月前很少有主动反应，6个月后有主动反应的意识；二是在音高感发展方面，6个月前音高感的发展要早于音长感和乐感的发展，6个月后逐渐有了音长感和乐感的发展。

（2）相对于12个月前的婴儿，12～24个月幼儿音乐能力的发展速度逐渐放缓，但主动参与音乐表现的意识和能力加强，随着自身动作能力的发展，用肢体进行音乐表现和反应的能力增强，音乐表现的持续性增强。

（3）24 ～ 36 个月幼儿音乐能力的发展更为全面，参与音乐的主动性进一步增强，在音高感、音长感、乐感方面都有较大进步，在身体随乐而动以及打击乐器的演奏能力方面有极大提高，尤其是对音乐的快慢、强弱、情绪等能够敏锐地感受与表现。

3. 婴幼儿音乐能力的培养

婴幼儿音乐能力的培养可以通过婴幼儿倾听能力、歌唱能力、身体随乐而动能力、乐器演奏能力、音乐欣赏及音乐表现能力的培养来实现。

（二）婴幼儿的美术能力

1. 婴幼儿美术能力的概念

婴幼儿的美术能力是指婴幼儿在从事美术实践活动中所表现出来的本领和个体的审美特征，是多种能力的综合。

2. 婴幼儿美术能力的发展

（1）0 ～ 1 岁的婴儿初始涂鸦，这一时期的婴儿已经可以用他们的手臂运动留下痕迹，而且还可以用笔作为工具在白纸上留下线痕迹，这成为婴幼儿热爱绘画的原动力。

（2）1 ～ 2 岁的幼儿无规则涂鸦，这一时期的幼儿享受移动手臂和头的动作，在无意识的情况下画出一些具象符号，留下一些随意和偶然的痕迹组合。

（3）2 ～ 3 岁的幼儿控制涂鸦，这一时期的幼儿开始手眼配合画画，形成直线，能够有准备地使用线条画出稳定而有意义的形状，开始有意识控制涂画，并对画加以解释说明，婴幼儿的控制力有了一定的发展，能绘制想要的标记，开始用线条描画故事中的形象。

三、婴幼儿艺术教育意义

热爱艺术是婴幼儿的天性。婴幼儿早期接触艺术会带来积极的效果，艺术在婴幼儿的思维发展过程中影响巨大，给其带来无数自然、直接的快乐。积极参与艺术活动不仅有助于促进婴幼儿的智力向更高层次发展，而且为他们将来的艺术能力发展打下良好基础，更是可以通过艺术教育促进婴幼儿健康、全面发展。

（一）促进婴幼儿身体的发展

1. 艺术教育能够促进婴幼儿大脑的发育

在婴幼儿时期有意识地开展艺术教育，创设一个适宜而丰富的艺术教育环境，能有效地促进婴幼儿大脑中对应的神经元和突触联结的发展，提高大脑处理信息的效率，促进婴幼儿大脑对应功能区的发育和成熟，为大脑更高级的功能发育奠定基础；艺术教育活动加强了大脑不同部分之间信息的交流与沟通，有利于婴幼儿大脑左右半球的协同发展。

2. 艺术教育能够提高婴幼儿的运动能力

美术训练可以促进婴幼儿小肌肉动作的发展，例如，美术活动可以促进婴幼儿手部的小肌肉群的发育，促进手指和手腕配合一致，各种动作协调发展；音乐训练活动可以锻炼婴幼儿身体各部分的大小肌肉、骨骼、韧带，提高神经系统反应的速度，增强协调能力和心肺等器官的耐受力，经常参加韵律活动的婴幼儿更有可能获得健美的体形、端正的姿态和良好的发育。

3. 艺术教育能够促进婴幼儿的身心健康发展

艺术活动过程本身就与婴幼儿的趣味相联，伴随婴幼儿的肢体活动和愉快、欢乐的情绪体验进行，往往对婴幼儿极具吸引力，而在艺术活动中，这种愉快、欢乐的情绪体验有助于婴幼儿身心健康发展。

（二）促进婴幼儿语言的发展

1. 音乐教育能够促进婴幼儿语言能力的发展

音乐训练有助于婴幼儿区分单个的声音，促进婴幼儿语音辨别能力的发展，能提高婴幼儿的音调意识，促进婴幼儿语言理解能力的发展，能够丰富婴幼儿的语言词汇数量，促进婴幼儿语言表达能力的发展。

2. 美术教育能够促进婴幼儿语言能力的发展

婴幼儿在美术活动过程中，通过观察教师的言语示范可以丰富词汇，通过对作品的描述可以加强对词汇的理解与运用，从而促进语言表达能力的发展。

（三）促进婴幼儿认知能力的发展

1. 音乐教育能够促进婴幼儿听觉能力的发展

音乐训练可以促进婴幼儿倾听能力的发展，同时音乐倾听训练、音乐欣赏、歌唱等活动能使婴幼儿的听辨能力迅速提高，逐渐具有敏锐的声音反应能力，并逐渐形成良好的音乐听觉能力。

2. 美术教育能够促进婴幼儿视觉能力的发展

美术是一种视觉艺术，婴幼儿美术能力的发展与其视觉能力的发展是同步的，婴幼儿时期对婴幼儿进行绘画教育，可以促进婴幼儿视觉能力的发展。

3. 音乐教育能够促进婴幼儿记忆力的发展

音乐以两种方式促进婴幼儿大脑记忆系统的发展和维持：一是激活婴幼儿的注意系统，对某事物的注意增加了记住它的可能性；二是激活并增强多个记忆系统，促进外显记忆和内隐记忆的效果。婴幼儿在音乐活动中不仅喜欢听，更喜欢记，音乐记忆能力发展了、增强了，自然就促进婴幼儿整体记忆能力的发展。

4. 艺术教育能够促进婴幼儿想象、联想能力的发展

艺术是婴幼儿想象力最丰富的源泉，艺术活动离不开想象，想象又是婴幼儿从艺术活动中获取快乐的重要途径，艺术启蒙的意义就在于保护和不断发展婴幼儿的创造想象能力，使它不至于随着年龄的增长而衰减、丧失。

（四）促进婴幼儿情感的发展

1. 音乐教育能够促进婴幼儿情感的发展

音乐可以提高婴幼儿的情绪智力，早期音乐接触能够帮助婴幼儿识别并管理自己的情绪状态；音乐能够激发婴幼儿的情感反应，并能够很好地促进婴幼儿情感的健康发展。

2. 美术教育能够促进婴幼儿情感的发展

婴幼儿的美术活动充满了情感色彩，利用婴幼儿的这种本能色彩感情，充分激发婴幼儿的本能情感冲动，为他们提供多样的颜料、工具、纸张，训练他们使用工具的必要技能，让婴幼儿获得早期丰富的色彩经验和充分表现潜力的机会，从而促进婴幼儿情感的发展；美术活动为婴幼儿提供了一个情感沟通与满足的机会，从而使美术活动成为他们喜爱的活动，由美术这种符号化的人类情感形式泛化到生活的其他领域，丰富和发展其情感世界。

总之，婴幼儿的生活离不开艺术，美好的艺术与婴幼儿纯真的心灵相通。婴幼儿的发展需要艺术，艺术可以促进婴幼儿全面和谐发展。婴幼儿艺术教育就是为婴幼儿创造一个良好的艺术环境，通过音乐、美术等艺术的美来熏陶感染婴幼儿，采取多种形式和生动有效的方法对婴幼儿进行教育，使其在愉悦的、生动有益的艺术活动中发展各种心理品质和能力。

四、艺术教育之托育职业伦理规范

（一）科学设计，适宜适合

托育机构及其工作人员要在尊重婴幼儿身心健康发展规律的基础上，科学设计艺术教育课程体系、模式、方法，选取那些对婴幼儿有足够吸引力的艺术教育内容，认真研究内容是否符合婴幼儿的生理、心理特点，能否激发婴幼儿的创造力，使婴幼儿愉快地参与艺术活动，促进婴幼儿艺术能力的发展。

（二）婴幼儿优先，安全至上

托育机构及其工作人员在艺术教育活动中，应当坚持婴幼儿优先，关爱保护婴幼儿，在设计艺术活动时，注意活动的安全性，活动环境、器具和材料清洁卫生、无毒无害、无安全隐患，注意保护婴幼儿的生命和健康不受伤害。

（三）尊重婴幼儿，培养兴趣

托育机构及其工作人员在艺术教育活动中，要尊重婴幼儿的主体地位，坚持兴趣引导。培养兴趣是婴幼儿接受艺术教育的先导，只有萌发对艺术的兴趣，婴幼儿才会积极主动地参与到艺术活动中。托育工作人员可以采用诸如游戏化的教学方法和组织形式，让婴幼儿在活动中保持轻松愉快的心情，积极参与到艺术活动中，同时营造宽松、民主的艺术活动心理环境，激发婴幼儿的兴趣与创造性。

（四）注重个性，多样发展

由于遗传、家庭和教育的不同，婴幼儿个体的兴趣、爱好、知识、经验存在差异，导致其艺术能力存在明显个体差异。托育工作人员在艺术教育活动中，要注重婴幼儿个体的差异性，根据婴幼儿的实际情况，针对每个婴幼儿的不同特点，区别对待，因材施教，使每个婴幼儿的潜能得到充分发挥，最大限度地发展自己，促进婴幼儿艺术能力的多样发展。

（五）亲切平等，和蔼可亲

在婴幼儿艺术教育活动中，托育工作人员的一个眼神、一句评价、一个行为都会对婴幼儿艺术能力的发展产生很大影响。托育工作人员在婴幼儿艺术教育活动中，要把握婴幼儿的实际情况，使用亲切、平等、幽默的语言，展示和蔼可亲的态度，从而营造温馨、温暖的艺术活动环境，让婴幼儿放松心情，无拘无束，热情、专心致志地投入艺术活动中，有效地促进婴幼儿艺术能力的发展。

第六节 营养与喂养之托育职业伦理

营养是维持人体正常生理、生化、免疫功能及生长发育、代谢、修补等生命现象的基础要素，对婴幼儿来说，身体的迅速发育及大脑神经系统的生长与成熟，生活及社会知识的积累及生活技能的提高，都需要适当的营养作为基础。营养对于婴幼儿生长发育的影响是一个渐进过程，营养失调对于婴幼儿个体的不利影响，需要经过长时间才会以各种营养失调性疾病表现出来，因此，合理的膳食喂养对于婴幼儿来说就显得尤为重要。

一、概念

（一）营养

营养是指人体为了维持正常的生理、生化、免疫功能及生长发育、代谢、修补等生命活动而摄取和利用食物养料的生物学过程。它是人类从外界摄取需要的养料以维持生长发育等生命活动，抑或是人体获得并利用其生命活动所必需的物质和能量的过程。

用现代科学的语言讲，营养就是机体摄取食物，经过消化、吸收、代谢和排泄，利用食物中的营养素和其他对身体有益的成分构建组织器官、调节各种生理功能，维持正常生长、发育和防病保健的过程。

（二）喂养

喂养是指给婴幼儿或动物幼崽东西吃并加以照料，使之得以生存或成长。

（三）合理喂养

合理喂养即合理膳食，是指一日三餐所提供的营养必须满足人体的生长、发育和各种生理、体力活动的需要，各种营养素相互之间要保持合适的比例。合理喂养也指人体的营养需要与饮食的供给之间建立合理的平衡关系，即有足够的热量、适量的蛋白质、充分的无机盐、丰富的维生素、适量的食物纤维、充足的水分等。

二、托育机构的喂养

托育机构是婴幼儿生活的第二主要场所，婴幼儿的营养喂养（膳食）60% ～ 70% 由托育机构来供给，因此，托育机构的喂养是否卫生、健康、安全，对婴幼儿的生长发育和身心的健康发展有着极其重要的作用。

（一）婴幼儿的喂养（膳食）特点

不同年龄的婴幼儿具有不同的喂养（膳食）特点，对喂养（膳食）的要求也各不相同，婴幼儿的喂养（膳食）应科学合理、营养平衡、增进食欲、有利消化。

1. 从奶类食物逐步过渡，接近成人喂养（膳食）

4 个月以前的婴儿提倡母乳喂养；4 ～ 12 个月的婴儿逐步添加辅食；1 ～ 2 岁的幼儿不再以奶类为主食，食物形式由流质、半流质逐渐过渡到软食；3 岁的幼儿基本接近成人喂养（膳食）。

2. 喂养（膳食）结构多样化

为了保证婴幼儿的健康，促进婴幼儿生长发育，婴幼儿喂养（膳食）应提供多种食物，主食与副食搭配，粗粮与细粮结合，荤素搭配，以使婴幼儿获得丰富的营养和充足的能量，有助于婴幼儿养成不偏食的好习惯。

3. 食物色香味形俱佳

婴幼儿喂养（膳食）要色彩鲜艳、香甜可口、咸淡适宜、形状可爱，色香味形俱佳，这样才容易引起婴幼儿食欲。

4. 少量多餐

婴幼儿的身形决定了其胃容量小，每次喂养量要小，不宜过多。但婴幼儿好动，代谢旺盛，容易很快饥饿，要适当增加进餐次数。因此，婴幼儿喂养应少量多餐。

（二）托育机构的喂养（膳食）卫生

托育机构应加强喂养（膳食）卫生管理，在食品选购、烹调制备、食物贮存等环节保证食物的新鲜和卫生，加强托育工作人员的卫生监督，确保婴幼儿的身体健康。

三、营养与喂养之托育职业伦理规范

（一）安全至上，预防为主

托育机构及其工作人员应当坚持婴幼儿优先，以保障和促进婴幼儿身体健康成长为根本目标。在婴幼儿喂养活动过程中，坚持婴幼儿生命健康、安全至上，遵守科学的喂养（膳食）卫生管理制度，完善托育工作人员的卫生监督管理，坚持预防为主，将婴幼儿营养喂养的卫生安全隐患消灭在萌芽之中。

（二）合理搭配，均衡营养

托育机构及其工作人员在婴幼儿营养与喂养活动过程中，要坚持婴幼儿膳食营养供给均衡，食物种类齐全、数量充足、比例合适，还要注重主副食、荤素菜、粗细粮、干稀、色彩、咸甜味、形状等的合理搭配，从而激发婴幼儿的食欲，同时保证易于消化吸收，为婴幼儿的身心健康供给充足的营养。

（三）科学喂养，尊重差异性

托育机构及其工作人员应当根据婴幼儿的身心发育特点，遵循婴幼儿身体发展规律，制订科学喂养计划，为婴幼儿提供与年龄发育特点相适应的食物，规律进餐。针对每一个婴幼儿的饮食差异性进行差异性喂养，特别是为有特殊饮食需求的婴幼儿提供喂养建议。

（四）关爱婴幼儿，耐心喂养

托育工作人员在婴幼儿喂养过程中，积极关爱婴幼儿，言语温柔，态度和蔼可亲，为婴幼儿创造安静、轻松、愉快的进餐环境，协助婴幼儿进食，并鼓励婴幼儿表达需求，及时回应，顺应喂养，不强迫进食。

本章小结

本章主要介绍了婴幼儿动作、认知、语言、社会性、艺术发展与教育的概念、规律、影响因素、意义，婴幼儿动作、认知、语言、社会性、艺术发展与教育及营养与喂养的托育职业伦理规范的内容，婴幼儿营养与喂养的概念、特点、卫生要求。通过学习，掌握各类托育工作任务的伦理规范要求，理解各类托育工作任务的伦理基础知识，在托育工作实践中能够理论联系实际，运用所学托育工作任务的伦理理论，分析、解决在各类托育工作任务实践中遇到的问题。

同步练习

一、单项选择题（将下列正确选项的字母填入括号中）

1.（　　）是具有一定动机和目的，并指向一定客体的运动系统。

A. 认知　　B. 意识

C. 动作　　D. 行为

2. 按照牵引动作产生的肌肉类型，可以将婴幼儿的动作进一步细分为粗大动作和(　　)。

A. 无条件反射动作　　B. 条件反射动作

C. 下肢动作　　D. 精细动作

3. 影响婴幼儿动作发展的因素主要包括(　　)和环境因素。

A. 温度　　B. 湿度

C. 生理　　D. 高度

4. (　　)是一种意识活动，是个体认识客观世界的信息加工过程和结果，是对事物概念的判断和对事物规律的总结。

A. 认知　　B. 行为

C. 动作　　D. 活动

5. 婴幼儿艺术教育的内容主要有音乐能力和(　　)。

A. 舞蹈能力　　B. 美术能力

C. 语言能力　　D. 体育能力

二、多项选择题(将下列正确选项的字母填入括号中)

1. 按照动作的活动性质，可以将婴幼儿动作细分为(　　)。

A. 生活动作　　B. 游戏动作

C. 头颈部动作　　D. 体育动作

2. 婴幼儿的动作发展遵循(　　)的规律。

A. 从头到脚　　B. 从远及近

C. 先小后大　　D. 从无到有

3. 以下符合婴幼儿喂养特点的有(　　)。

A. 从奶类食物逐步过渡，接近成人喂养

B. 膳食结构讲究单一

C. 少量多餐

D. 色香味形俱佳

4. 0～3 岁婴幼儿语言的发展阶段可以划分为(　　)。

A. 前语言阶段——语音敏感期

B. 语言发生阶段——学话萌芽期

C. 语言发展阶段——正式学说话

D. 语言提升阶段——流利说话期

三、判断题（下列描述，对的在括号中画“√”，错的在括号中画“×”）

1. 人的性别是遗传的结果，性别的差异对婴幼儿动作的发展具有非常大的影响。（　　）

2. 语言是影响婴幼儿认知发展的内部因素。（　　）

3. 婴幼儿社会性发展遵循从内向外的规律。（　　）

4. 影响婴幼儿社会性发展的内部因素主要有气质、性别与年龄。（　　）

5. 亲子关系是婴幼儿最初的社会关系，亲密的亲子关系有利于婴幼儿体验到较多的关怀和爱护。（　　）

第八章 托育职业伦理教育、修养与评价

学习目标

知识目标

1. 了解托育职业伦理教育、修养与评价的概念、特点；
2. 理解托育职业伦理教育、修养与评价的原则、标准、目标与目的；
3. 掌握托育职业伦理教育、修养与评价的途径与方式、方法。

能力目标

能够学以致用，找到适合自身的托育职业伦理教育、修养与评价途径与方式、方法，不断提高托育道德素养，养成良好的托育道德行为习惯。

素养目标

树立“婴幼儿优先”的托育道德信念，培养“尊重、关爱婴幼儿”的托育道德情感，在托育工作实践中，培育和践行社会主义核心价值观。

案例导入

想念妈妈的婴幼儿

某托育机构工作人员张某同往常一样组织婴幼儿进行语言活动“绘本阅读”，热情、耐心、富有感染力的阅读深深地吸引着小朋友们，不时引来小朋友们的阵阵欢声笑语。与此同时，细心的张某发现有一位小朋友有些闷闷不乐，于是就停止绘本阅读，问这位小朋友：“是不是身体不舒服？”“是不是不喜欢老师准备的绘本阅读？”“还是有其他的原因？”小朋友面对张某的询问，闭口不答，甚至情绪崩溃，哭闹起来。事后，张某得知这位小朋友是由于妈妈离开，想念妈妈。张某对工作中的这种情况进行反思，如果在活动开始前，提前了解婴幼儿的情况，进行适当的安抚与干预，是否可以避免这种情况的出现？

问题：案例中张某的行为体现了托育职业伦理修养的什么特点？

托育职业伦理的基本原则和规范转化为托育工作人员的道德意识、道德行为和道德品质，主要是通过开展托育职业伦理教育、修养和评价来实现的。托育职业伦理教育、修养和评价，是形成良好托育道德的三要素。这三要素相辅相成，相得益彰，因此，常开展托育职业伦理教育、修养和评价活动，有助于提高广大托育工作人员的职业道德素质，改善托幼关系，促进社会主义精神文明建设。

第一节　托育职业伦理教育

一、概念

托育职业伦理教育是有计划、有组织地对托育工作人员进行系统的道德灌输，施加系统的道德影响，为塑造良好的托育道德品质打下基础的道德活动。托育职业伦理教育的内容非常广泛，主要包括：世界观、人生观和价值观教育，奉献精神、敬业精神教育，服务意识教育，托育道德原则、规范、范畴教育，职业纪律教育等。

托育职业伦理教育是一个知行统一的教化过程。评价托育职业伦理教育效果的基本标准是看教育是否对托育工作人员产生了有效的道德影响；是否强化了其道德义务感；是否规范了托育工作人员的托育服务行为。进行托育职业伦理教育旨在对托育工作人员的品格进行陶冶和塑造，使托育职业伦理原则与规范转化为托育工作人员的内在品质，以提高托育工作人员对托育道德的认识，培养高尚的托育道德情操，树立坚定的托育道德信念，锻炼坚强的托育道德意志，养成良好的托育道德行为习惯，使托育工作人员更加自觉地履行自己的职责和义务，更好地为婴幼儿安全、健康、全面发展服务。

二、特点

（一）实践性

托育职业伦理学是一门实践性很强的学科，在整个托育职业伦理教育中，要十分注意贯彻理论和实践相统一的原则，既要加强理论研究，又要重视托育实践。托育职业伦理教育要适应时代和社会的客观要求，不同时期有不同的伦理要求。按照托育职业伦理原则，调整托育道德内容。托育职业伦理教育要引导托育工作人员在日常工作中践行托育道德义务，并以此来衡量和检验教育成效大小。进行托育职业伦理教育时，应充分了解托育相关专业学生学习的动机和对托育职业伦理教育的要求，选取适合的正反两方面典型的教学案例，避免空洞的理论说教，提高教育的实效性。

（二）长期性

培养托育工作人员良好的道德品质是一个长期的教育过程，不可能一蹴而就，需要循序渐进。应从托育相关专业学生入学时开始教育，逐步培养学生热爱托育职业，做到尊重婴幼儿，关爱婴幼儿，养成严谨的学习和工作作风。人的知识和道德修养的养成是不断积累的过程，托育职业伦理教育在托育工作中要常抓不懈，持之以恒，这样才能使托育工作人员达到更高的托育道德水平。

（三）多样性

进行托育职业伦理教育、培养良好的托育道德素养，应从实际情况出发，采取多种途径和形式，使教育不断深入，取得成效。如邀请当地托育机构优秀托育工作人员作报告、观看电教片等，用感人事例感染和激励托育工作人员；开展“假如我是一个婴幼儿”的讨论，改善服务态度，为婴幼儿提供优质服务；开展文明卫生竞赛活动，为婴幼儿创造舒适的、清洁的托育环境；开展“无差错、零事故”活动，增强责任感；开展拒收“红包”礼品活动，廉洁自律，树立托育道德新风等。

（四）同时性

在进行托育职业伦理教育的过程中，应兼顾托育工作人员的道德认识、情感、意志、信念和行为习惯等诸要素，使受教育者的各种道德品质得到共同提高。

（五）层次性

在进行托育职业伦理教育的过程中，要根据托育工作人员的托育道德水平层次，因材施教。由于托育工作人员的托育道德水准处于不同层次，托育工作人员的专业学历、职称职务、工作经历也处于不同层次，加之托育工作人员的生活经历也有所不同，因此托育职业伦理教育应讲究层次规律，承认差别，应该因时、因地、因人区别对待，选择最适合受教育者的内容进行教育，即对不同层次的托育工作人员提出不同的教育要求，切忌“一刀切”。

三、目的

托育职业伦理教育的过程就是灌输托育职业伦理知识、培养托育工作人员高尚的道德品质的过程。托育职业伦理教育就是把人们在长期的托育服务实践活动中所总结出的托育职业伦理的基本原则和规范，转化为托育工作人员的内心信念及行为的重要过程。概括起来，托育职业伦理教育的整个过程要达到以下目的。

（一）提高托育道德素养

托育职业伦理教育实际上就是托育道德品质教育，以提高职业道德素养为目标，通过教育使托育工作人员掌握托育职业伦理理论、原则和规范，从而提高托育道德品质，激发托育道德意识和情感，从而进一步提高托育工作人员的职业道德素养。在托育职业伦理教育中有意识地培养托育工作人员对托育道德的认识水平是十分重要的。一个合格的托育人才，除了要具备丰富的托育专业知识、精湛的托育服务技术外，还必须具有高尚的托育道德品质。只有具备高尚的托育道德品质的托育工作人员，才能在工作中知道哪些该干、哪些不该干，表现出高度的托育道德责任感；才能真正做到急婴幼儿之所急，想婴幼儿之所想，全心全意地为婴幼儿服务。

（二）陶冶托育道德情感

托育道德情感是托育工作人员根据一定的伦理观念，在处理托育职业伦理关系、评价托育职业伦理行为时，所产生的同情或冷漠、爱慕或憎恨、喜好或厌恶等心理反应。一个托育工作人员对自己的托育事业是否热爱、有没有情感以及是一种什么样的情感，这与托育工作人员对婴幼儿采取什么态度和行动有着直接的关系。情感是行为的内在动力。通过托育职业伦理教育，帮助托育工作人员真正树立婴幼儿优先理念，激发托育工作人员对婴幼儿的关爱之心，使之对托育工作产生强烈的责任感和事业感。托育道德情感是在托育工作实践和不断提高道德认识的基础上逐步形成和发展起来的。良好的托育道德情感一旦形成，托育工作人员会在工作中真正做到坚持以婴幼儿为先，甚至为了婴幼儿不惜牺牲个人利益。因此，培养托育道德情感是提高托育道德水平的重要环节。

（三）锻炼托育道德意志

托育道德意志是指托育工作人员选择托育职业伦理行为的决断能力和履行托育道德义务时克服困难和阻力的毅力。托育职业伦理道德教育不能只限于培养托育工作人员的道德情感，还需要进一步培养托育工作人员的道德意志。托育工作人员在托育服务实践中，必然会遇到这样或那样的困难、阻力或曲折。若没有坚强的意志，就可能向困难低头，屈从于错误的思想影响。如果托育工作人员意志坚强，就能够排除各种障碍，坚定不移地实现自己的信念和诺言。通过托育职业伦理教育，托育工作人员对社会主义托育职业伦理有了正确的认识，就会逐步形成坚强的托育道德意志和坚定的托育道德信念，就能在托育服务实践中不畏艰险，勇往直前。

（四）树立托育道德信念

托育道德信念是指托育工作人员对托育职业伦理原则、正确性、正义性的信服，并坚定不移地奉为自己的行为准则的观念。它是深刻的认识、炽热的情感和顽强的意志的有机统一，是高级的托育道德意识，是托育道德品质构成的核心要素。托育工作人员一旦确立了道德信念，就能在其职业活动中迅速定向，毫不犹豫地按照道德规范行事，而且还能在复杂变化的道德冲突实践中明辨是非、善恶，克服内心矛盾，做出合理的行为抉择并加以执行。托育工作人员一旦牢固地确立了托育道德信念，就能自觉地、坚定不移地依照自己确定的信念来坚定自己的行为。培养托育工作人员坚定的托育道德信念是托育职业伦理教育的关键环节。

（五）养成良好的托育道德行为和道德习惯

托育道德行为是指托育工作人员在一定的托育道德认识的指导下，通过情感、意志、信念的支配与调节所采取的实际行动；托育道德习惯是指托育工作人员在托育工作中逐渐形成的，不需要任何意志约束和监督的经常的、持续的、自然而然的行为。培养托育道德行为和习惯是托育职业伦理教育的最终目标。在托育职业伦理教育的过程中，不仅要求托育工作人员能够自觉地遵守社会主义托育职业伦理的基本原则和规范，还要求能够将良好的托育道德行为转化为托育道德习惯，托育职业伦理教育的最高目标是帮助广大托育工作人员养成良好的托育道德行为和习惯。

托育职业伦理教育的上述 5 个目的是相互联系、相互作用的。在托育职业伦理教育的过程中，提高托育道德认识是前提和依据，培养托育道德情感、锻炼托育道德意志是必备的内在条件，树立托育道德信念是主导和核心，养成良好的托育道德行为和道德习惯则是最终目的和归宿。没有一定的托育道德认识，就不能形成托育道德信念；没有正确的托育道德认识作为指导的行动，也是盲目的行动。同样，只有托育道德认识而没有行动的人，也不能视为有良好托育道德素养的人。托育职业伦理教育的过程是晓之以理、动之以情、炼之以志、笃之以念、导之以行的综合动态过程。

四、原则

（一）概念

托育职业伦理教育的原则是指托育职业伦理教育应该遵守的准则，也是组织实施托育职业伦理教育的基本要求和重要依据，并贯穿于托育教育的始终。

（二）基本内容

1. 理论联系实际原则

托育职业伦理教育既要系统地灌输托育职业伦理学的基础理论知识，培养受教育者的托育道德意识，使之明白如何去解决有关托育职业伦理道德问题，又要使受教育者学会运用托育职业伦理理论去分析和解决托育服务实践中存在的问题，培养托育工作人员分析问题和解决问题的能力；还要善于引导、培养托育工作人员“知、信、行”的统一、言行一致的作风和乐于践行的求实精神。

2. 因材施教原则

教育者应从受教育者的实际情况出发，依据其年龄特征、个性差异、知识层次等，有的放矢地进行施教。一是教育的内容要适合受教育者的知识层次和接受能力；二是教育者必须考虑每个受教育者的独特个性，如性格、脾气、修养、气度等，保持教育的针对性。托育职业伦理教育虽然要求对全体托育工作人员实施，但全员性教育不是“一刀切”，教育者只有从实际情况出发，分层次、分对象地进行教育，有的放矢、恰如其分施教，才可能达到良好的教育效果；否则，易流于形式，难以达到预期目的。

3. 情理相融原则

托育职业伦理教育要以理服人，以情动人。教育者应以理服人、寓情于理、情理结合，并以真诚、信任的态度关心帮助托育工作人员，调动其自身的积极因素，使其心悦诚服地接受教育。教育者既要讲清道理，以深刻的道理去教导人、说服人，让受教育者弄清、弄懂道理，又要避免单纯的理论说教，忽视情感因素的巨大力量。对受教育者的表扬与批评、帮助与鼓励、检查与评议、比较与分析都要晓之以理、动之以情、寓情于理、情理并举。这样，才能将托育职业伦理观念根植于托育工作人员的内心深处，转化为托育工作人员的实际行动。

4. 目标一致原则

托育职业伦理教育的内容是丰富的，方式也是多种多样的，托育工作实践的环境和条件也是千差万别的，因此托育职业伦理教育必须与其他方面的素质教育和各种实践教育有机地结合起来，并且要保持方向一致，前后一贯，避免相互冲突，彼此矛盾。同时，托育职业伦理教育也必须与国家托育事业管理、改革的大政方针保持一致，不能朝令夕改。

五、方法

（一）概念

托育职业伦理教育的方法是指运用多种有效的教育形式或措施，组织实施托育职业伦理教育。托育职业伦理教育的方法应该是灵活多样的，但又不能主观随意，应根据托育职业伦理本身的特点和教育对象的实际来确定。

（二）基本内容

1. 正面教育，以理服人

培养和塑造托育工作人员优良的道德品质，必须正面灌输系统的托育职业伦理学知识。教育者要正面传授托育道德规范等托育职业伦理学知识，讲清道理，以理服人，启发自觉，又要注意和受教育者进行心理沟通，动之以情，晓之以理，循循善诱。教育者要发扬民主，尊重、信任受教育者，与之达到思想一致，产生共鸣，使受教育者能从内心深处接受正确的知识和道理，养成良好的托育道德行为和习惯。

2. 典型引导，榜样示范

榜样或先进典型集中体现着一定时代的道德要求和社会所要求的道德水准。榜样好似一面旗帜，其形象具有说服力、感染力和号召力。因此，教育者要善于利用古今中外托育领域道德高尚的人物、事例，进行引导、教育，使受教育者受到感染和熏陶，产生共鸣，激发其效法之情。只要典型事例选择得好，就会在托育职业伦理教育中发挥重大的作用，甚至影响一个人终身的托育工作行为。

3. 结合实践，分析案例

教育者要善于利用发生在托育工作人员周围和自身的“活教材”或典型案例来进行教育，教育者可以利用托育工作实践中发生的个案，采用实践见习教育，对托育人员进行具象的警示教育。如对托育工作差错、事故、损害婴幼儿利益的案例进行分析，揭示其中的道德问题，激发受教育者的情绪反应，理解不良的托育道德行为的危害性，使托育工作人员能够认真吸取他人的经验和教训，形成牢固而强烈的托育道德信念。

4. 言传身教，集体熏陶

在托育职业伦理教育中，不仅要求教育者的理论要科学、正确，而且要身体力行，言传身教，这是托育职业伦理教育的关键，“其身正，不令而行”的道理就在于此。教育者必须努力做到为人师表，要求学生做到，教师必须首先做到，在托育职业伦理教育中能起表率作用，从而使托育职业伦理教育具有更强的说服力。集体是个人成长的土壤，在集体中，人人既是教育者，又是受教育者。集体是个人成长的沃土，在一个团结、互助、勤学向上的集体环境中，人们将会受到良好的道德感染和熏陶；相反，正气不足或风气不正的集体，其成员就会受到不良的道德影响。因此，在托育职业伦理教育中，要尽可能发挥受教育者所在班级或集体内部各成员间的相互影响作用，建立互相尊重、互相信任、互相学习、互相监督、互相效仿的良好环境，促进彼此托育道德水平的提高。

第二节 托育职业伦理修养

一、概念

“修养”即“修身”“养性”，是指人们对思想、道德、学识、技术等方面进行勤奋学习和锻炼陶冶，经过长期努力所达到的涵养水平或者境界。

托育职业伦理修养是指托育工作人员在托育道德的培养形成过程中，依照托育职业伦理原则和规范所进行的自我锻炼、自我改造、自我陶冶、自我培养的过程和活动，以及经过这种努力和锻炼所形成的托育道德情操和托育道德境界。托育职业伦理修养是一个循序渐进的过程，只有不断地努力才能够达到较高的托育道德水平。

二、特点

托育工作人员所具有的道德品质不是与生俱来的，也不是自发养成的，其培养既需要潜移默化地熏陶，也需要有意识地学习和锻炼，经过后天的努力，逐步培养形成。

（一）自觉性

托育工作人员要想具有一定的托育道德情操和托育道德境界，必须发挥自身的主观能动性，自觉地对照托育道德基本原则、规范和范畴，进行反省、检查、自我批评和自我剖析，才能在托育工作实践中不断提高自己的道德水平，形成良好的托育道德行为和习惯。托育工作人员能否严格要求自己，自觉地改造自己的主观世界，是托育道德修养形成的关键。

（二）艰巨性

托育职业伦理修养绝不是一朝一夕能够形成的，它是一个长期的艰巨的过程，会遇到阻碍，会出现反复，托育工作人员必须坚持不懈、持之以恒。只有在复杂的社会环境中不断增强自身的抵抗力，以坚忍不拔的毅力，坚持不懈地进行自我成长和自我改造，才能不断向崇高的托育道德修养的目标迈进。

（三）实践性

托育职业伦理问题产生于托育工作实践之中，需要在实践中加以鉴别和处理。只有在托育工作实践中，在同婴幼儿及其父母或监护人、其他托育工作人员、社会的实际关系中，才会发生行为的善恶，才能做出托育道德判断。托育职业伦理修养绝非脱离托育工作实践的闭门思过、坐而论道，高尚的托育道德品质只能在托育工作实践中通过锻炼和修养才能形成。

三、目标

托育职业伦理修养的目标在于通过在托育工作实践中的自我锻炼和修养，提高托育职业伦理境界，树立崇高的托育道德理想。

（一）托育职业伦理境界

托育职业伦理境界是指托育工作人员的道德修养能力所达到的程度和水平。托育工作人员在锻炼和修养过程中，其道德水平不断从一个高度达到另一个高度，即从低级到高级不断发展。在现实生活中，由于个人的世界观、人生观、价值观等方面存在着差异，使得托育职业伦理修养水平呈现出不同的层次。

1. 极端自私境界

这是极少数道德素质低劣之人的道德境界。这种道德境界的特点是认识和处理一切关系均以满足私利为目的，可以为自己的私利而不择手段。其表现为工作责任心不强，服务态度恶劣，自私自利，一事当前先替自己打算，在工作上拈轻怕重，推卸责任等；当个人利益不能被满足时，甚至会大吵大闹、消极怠工。这种行为，既损害了婴幼儿的利益，又使托育工作人员的形象受到损害，影响十分恶劣。

2. 先私后公境界

处于这种境界的托育工作人员人数也不多，其信奉的原则是“奉公守法、互惠互利”。他们一般具有一定的职业良心，关爱婴幼儿，愿意在力所能及的范围内帮助婴幼儿及其父母或监护人，但私心较重，不能处理好个人与他人、个人与集体的关系，在服务态度上表现出不稳定、责任心和服务质量也不够稳定的特点；当集体利益和个人利益发生冲突时，常常要求集体利益服从个人利益。

3. 先公后私境界

这种境界的托育工作人员占多数，其能够做到以婴幼儿的利益为重，关爱婴幼儿，服务态度热情、主动，工作认真负责、作风端正，善于和别人团结协作，能正确处理个人与他人、集体的关系，当利益关系发生冲突时，能做到个人利益服从集体利益，当不发生冲突时，也不忘争取自己的合法权益。

4. 大公无私境界

这是少数优秀托育工作人员具备的最高尚的道德境界，是先公后私道德境界的升华，是托育职业伦理修养的最终目标。其特征是毫不利己、专门利人。达到这种境界的托育工作人员具有全心全意为婴幼儿安全、健康、全面发展服务和为托育事业发展献身的精神。他们公而忘私，对托育工作极端负责，对婴幼儿及其父母或监护人特别热情，处处以婴幼儿的利益为重，甚至为婴幼儿、集体、国家的利益毫不犹豫地作出自我牺牲。他们无论处于困境还是顺境，不论有人监督还是无人监督，都始终如一地履行托育职业伦理准则和规范。每一位托育工作人员都应把这种高尚的托育道德境界作为自己的理想境界而不断地去追求。

（二）托育职业伦理理想

1. 概念

理想是人们在实践中形成的、具有实现的可能性、对未来社会和自身发展目标的向往与追求，是人们的世界观、人生观和价值观在奋斗目标上的集中体现。

托育职业伦理理想是托育工作人员在托育工作实践中形成的、具有实现可能性的、对未来社会和自身所要达到的托育职业伦理境界的向往和追求，是托育工作人员进行伦理修养的奋斗目标，也是托育工作人员完善道德品格的体现。

2. 基本内容

（1）热爱托育事业。

婴幼儿安全、健康、快乐、全面地成长与发展，有赖于托育机构及其工作人员和家庭、社会的密切配合，托育服务质量的优劣，关系到婴幼儿的身心是否健康发展、家庭是否幸福和社会是否安定，因此托育工作人员的劳动更具有特殊意义。托育工作人员一定要克服工作过程中的困难与挫折，正确理解自己所从事的职业价值，树立热爱自己职业、立志献身于托育事业的道德理想。

（2）奉献托育事业。

随着中国特色社会主义进入新时代，我国实现第一个百年奋斗目标，全面建成小康社会，迈上全面建设社会主义现代化国家新征程，全社会托育工作也随之进入了全新阶段。托育工作人员要适应新形势的变化，不断优化自己的专业知识结构，提高专业知识水平和能力，将进一步发展托育事业作为己任，为托育事业做出自己毕生的努力，这也是托育道德理想的重要内容。

3. 全心全意为婴幼儿服务

无私奉献和全心全意为婴幼儿服务既是托育工作人员崇高道德境界的体现，也是其所要追求的崇高道德理想和奋斗目标。在“坚持以婴幼儿为中心”的托育职责中树立“一切为了婴幼儿”的思想和观念，全心全意为婴幼儿服务，勤勤恳恳、任劳任怨地做好自己的工作，并使自己的一切托育工作行为都以维护婴幼儿的利益为前提。

四、途径和方法

（一）途径

托育职业伦理修养养成的过程，实际上是托育工作人员托育道德品质的形成和完善过程，是一个不断认识、实践和完善的过程。它不仅需要正确的世界观和人生观作指导，而且必须与托育实践和具体行为相联系，所以托育实践是托育职业伦理修养养成的根本途径。

托育实践是托育职业伦理修养养成的前提和基础。托育工作人员只有在托育实践中才能表现出托育道德活动；也只有在托育实践中才能深刻认识和理解各种托育人际关系，才能暴露自己的思想矛盾，认识到自己的行为是否符合托育职业伦理的要求。

托育工作人员新旧思想的斗争是一个长期反复的过程，只有在长期反复、不断深入的托育实践中，托育工作人员才能形成和完善托育道德品质，并推动托育道德水平的提高。托育工作人员的托育职业伦理修养程度如何，也只有通过托育实践才能显现并得到检验。因此，托育工作人员的伦理修养是理论与实践的统一，是学以致用、身体力行的，要把托育职业伦理原则、规范及其理论知识运用到自己的托育工作实践中去，并在实践中对托育道德的成果进行检验，不断改进自己的工作，提高道德修养。

（二）方法

托育实践是托育职业伦理修养养成的根本途径，也是托育职业伦理修养养成的根本方法。托育工作人员要进行伦理修养养成，达到高尚的托育道德境界，需要掌握以下几种方法。

1. 加强学习

苏格拉底认为“美德出于有知，知识是一切德行之母”，因此，提高托育职业伦理修养就要加强学习，包括理论学习、思想学习和行为学习3个方面。理论学习就是托育工作人员要加强托育科学文化知识学习和托育职业伦理知识学习，提高自身的基本素质，增强善恶、是非、荣辱观念，保证自己托育道德行为方向的正确性，学会做人做事，提高托育职业伦理修养水平；思想学习是学习古今中外优秀的托育职业伦理思想，学习同行优秀的道德品质，完善自己的人格，向托育道德理想境界迈进；行为学习是学习先进人物的托育行为，以榜样的力量来鞭策自己。

2. 加强实践

托育实践是培养和提高托育工作人员托育职业伦理修养的根本方法。托育职业伦理修养来源于托育实践，服务于托育实践。托育实践不仅是托育工作人员进行托育职业伦理修养的现实基础，同时也是检验托育职业伦理修养的唯一标准。

一个人只有积极投身于道德实践之中，才可能真正理解道德的内涵，才能培养发自内心的道德情感，养成相应的道德行为习惯。因此，托育工作人员只有投身于托育实践中才能真正理解托育道德的内涵，才能认识到个人的品德和行为有哪些与托育职业伦理相抵触或不协调的地方，从而促使自己积极地进行思想斗争，积极地提高托育职业伦理修养水平。托育实践是进行托育职业伦理修养的动力，托育职业伦理修养在托育实践中得到不断提高和完善。

3. 内省和慎独

内省是指在自己的内心深处用托育道德标准检查、反省，找出自己道德上的不足或缺陷，并加以克制。它是靠自觉性来约束的，不自觉或自觉性不高就难以进行内在的自我反省。托育工作人员在托育工作中难免存在某些缺点、弱点甚至错误，因此，要经常回忆和检点自己的思想、意识、言论、行为，自觉地改正自己的不足。

慎独，既是一种修养方法又是思想修养的境界，是指在没有外人监督的情况下仍坚持自己的道德信念，自觉地按照道德要求行事，不因无人监督就肆意妄为。托育工作人员只有养成了良好的自律品格，才能够用坚强的毅力克服托育工作的各种困难，又可以有效地约束可能发生的不良行为，从而使自己的托育工作行为时时处处有利于婴幼儿和社会。

4. 持之以恒，坚持不懈

高尚托育道德品质的形成既非一蹴而就，也不能一劳永逸，必须持之以恒，坚持不懈。托育工作人员在托育实践中常会遇到许多困难和曲折，犹如逆水行舟，不进则退，越是困难越要发奋图强。只有坚持不懈地学习托育职业伦理理论，不断地在托育实践中丰富充实自己，不断加强自我锻炼和修养，才能把自己培养成一个具有社会主义高尚托育道德情操的托育工作人员。

第三节 托育职业伦理评价

在托育实践中，人们总是自觉或不自觉地根据一定的托育职业伦理规范去衡量自己或去评价他人的行为，批评和谴责托育道德低下或不道德的托育行为，支持和赞扬符合托育职业伦理规范要求并具有高尚道德情操的托育思想和行为。如此，托育职业伦理评价堪称托育行为的“监视器”和托育道德关系的“调节器”。

一、概念

托育职业伦理评价，是指在托育实践中人们根据一定的托育职业伦理原则和规范，通过社会舆论、内心信念、传统习惯等方式，对托育工作人员的言行所具有的道德价值做出判断。

托育职业伦理评价包括社会评价和自我评价两种类型：社会评价是指第三方组织或个人对托育机构及其工作人员的职业行为做出道德价值判断；自我评价是指托育工作人员对自己的职业行为所做的自我道德价值判断。自我评价一般依赖于托育工作人员的道德良知和职业操守。

社会评价主要是指社会舆论和传统习俗，是一种客观评价力量；自我评价主要是指内心信念，是一种主观评价力量。两者相互联系，相互影响，共同发生作用。在托育职业伦理评价中，必须将两种评价结合起来，才能保证评价的客观和公正。

二、标准

（一）概念

标准是衡量事物的尺度或准则。道德的评价标准是善与恶。

托育职业伦理评价的标准是衡量托育工作人员行为的善恶及其社会效果优劣的尺度和依据。

（二）基本内容

1. 育效标准

育效标准是指托育工作人员的托育服务行为是否有利于婴幼儿安全、健康、全面地成长与发展。托育工作人员最基本的托育道德义务和责任是尊重儿童、安全健康、积极回应、科学规范，创设适宜环境，合理安排一日生活和活动，提供生活照料、安全看护、平衡膳食和早期学习机会，促进婴幼儿身体和心理的全面发展。因此，育效标准成为评价和衡量托育工作人员的职业行为是否符合托育道德及道德水平高低的主要依据和尺度。凡是有利于婴幼儿安全、健康、全面发展的行为就是道德的，反之则是不道德的。育效标准要求托育工作人员和托育机构在任何时候都坚持以婴幼儿为中心，以此作为托育行为的出发点和落脚点。

2. 社会标准

社会标准是指托育工作人员的托育服务行为是否有利于婴幼儿安全、健康、全面发展，是否有利于社会普惠托育服务的发展和人口均衡发展，实现幼有所育。托育机构及其工作人员在托育服务实践中采取的托育服务措施与方法要考虑是否会对他人、家庭、社会造成影响。应将婴幼儿的个人利益与他人、社会、国家的普惠托育服务业发展的整体利益统一起来。

3. 科学标准

科学标准是指托育工作人员的托育服务行为是否适宜、合理、科学，从而促进婴幼儿身体和心理安全、健康、全面发展；是否有利于促进托育科学的发展；是否有利于社会的进步。随着托育新技术在托育实践中的应用，托育水平不断提高，托育服务功能不断扩大，托育科研不断发展。

三者辩证统一是考核托育行为是否做到了追求局部利益与整体利益、眼前利益与长远利益、个人利益与社会利益相统一的综合评价标准。在进行托育职业伦理评价时不能机械套用某一项标准，应将三者结合起来，从辩证统一中去掌握。

三、方式

托育职业伦理评价的方式有社会舆论、传统习俗和内心信念。前两种方式是社会评价，属于第三方评价；后一种方式是自我评价，属于主体评价。在进行托育职业伦理评价时，三者相互补充，相辅相成，必须把三者有机结合才能更好地发挥作用。

（一）社会舆论

社会舆论（public opinion），简称舆论，是指一定的社会群体或一定数量的公民，依据一定的道德观念，对个体的行为和社会组织的活动发表看法或意见。它是社会（群众、群体、周围的人）对个体行为和社会组织的活动施加精神影响的手段，是道德关系和人际关系的一种表现，对群体执行着调节、教育与管理的职能，从中反映了公众的知识水平、道德水平、价值取向、需要和期望。

常见的托育社会舆论分为两类：一类是婴幼儿、家庭和社会对托育机构及其工作人员的托育服务行为与活动，通过褒扬与批评、肯定与否定等方式进行评价，由此形成一种扬善抑恶的精神力量，增强托育机构及其工作人员对自身托育服务行为和活动的社会道德责任感；另一类是同行评价，即托育领域自我评价，它有利于从托育学科的特点和规律出发，进行深层次的职业道德论证，进而解决技术操作是否符合托育道德规范等问题，是对托育工作人员进行直接监督的有效途径。

社会舆论是最重要、最普遍的托育职业伦理评价方式，对托育工作人员的良好托育行为的选择、良好托育道德品质的培养和良好育德育风的建设发挥着特殊的作用。通过社会舆论，人们对托育工作人员的言行做出肯定、赞许或否定、谴责的评价，给托育工作人员营造广泛包容的道德氛围，具有强大的肯定或威慑作用，无形中影响着托育工作人员的言行举止。受到社会舆论肯定、褒扬的托育言行，会得到鼓励，其他托育工作人员会受到感召和引导，使整个社会良好的育德育风得以形成、提高。

（二）传统习俗

传统习俗是指人们在社会生活中逐渐形成的，从历史沿袭而巩固下来的，具有稳定性的社会风俗和行为习俗，并且已同民族情绪和社会心理密切结合，成为人们自觉或不自觉的行为准则。传统习俗不仅具有评价道德好坏、善恶的作用，而且是道德规范的补充。

传统习俗具有三大特点：一是形成历史悠久，即传统习俗是在社会发展中逐渐形成的，是评价托育道德行为最初、最基本的标准；二是具有相对稳定性，传统习俗一旦作为托育道德价值判断和准则得以巩固和流传的外在表现形式，就会在托育工作人员的日常生活、工作中形成较为稳定的行为习惯，甚至会成为倾向性的托育道德品质予以固定并传承；三是具有普遍约束性，传统习俗源远流长、约定俗成，对人们心理和行为会产生极大制约，成为一种不言自明的行为规范，对全体成员都具有普遍约束性。

随着人类文明进步、社会发展，以及托育学、托育职业伦理学、托育道德的不断发展，各国各地逐步积累并世代相传着许多约定俗成的托育传统习俗。对待托育传统习俗要有批判的眼光和分析的态度，既要继承和发扬优秀的托育传统习俗，又要剔除其糟粕，移风易俗，制定和形成适应新时代、新形势下社会生活的托育新习俗，以推动托育事业的不断发展，更好地为家庭、社会提供优质托育服务。

（三）内心信念

内心信念，即良心，是指人们根据一定社会的道德准则、规范所形成的某种道德观念、道德理想的真挚信仰，是人们依照自己已形成的道德观念对自己的行为进行自觉的肯定或否定，是一种内在的、自觉的道德评价行为。

托育工作人员的内心信念是指托育工作人员发自内心的对托育道德义务的真诚信仰和强烈责任感，是将外在的托育道德规范转化为内在的托育道德意识和托育道德品质，是对自己行为进行善恶道德评价的一种精神力量。内心信念是托育道德行为最直接的内在动力，一般情况下，外部社会舆论只有通过内心信念才能起作用，对于没有托育道德信念、没有荣辱感的托育工作人员，社会舆论是不起作用的。

内心信念具有三大特点：一是稳定性，即托育工作人员内心信念是建立在个人笃信基础上的，一旦形成就不会受外界条件的影响而轻易改变，且在相当长的时间内支配自身行为；二是深刻性，即内心信念凝聚了托育工作人员内心深处的道德认识、情感和意志的力量，反映托育工作人员对托育道德规范的理解与领悟，一个托育道德高尚的托育工作人员，必然认为自己所从事的托育职业是光荣、高尚的，并愿意为之奋斗终身；三是约束性，即内心信念作为一种强烈的托育道德责任感，推动着托育工作人员进行善恶评价和行为选择，它具有监督性和约束性。

综上所述，社会舆论是现实的力量，具有广泛性；传统习俗是历史的力量，具有持久性；内心信念是自我的力量，具有深刻性。三种托育职业伦理评价方式各具特点，在托育职业伦理评价中发挥着各自的作用，它们也是托育职业伦理评价的三条途径。只有将三者有机结合起来，才能更好地发挥托育职业伦理评价的作用，才能更好地培育和形成托育工作人员高尚的托育道德品质。

四、意义

托育职业伦理评价是托育道德实践活动中一个重要的组成部分，它对于托育工作人员形成高尚的托育道德品质、促进良好的育德育风建设乃至推动整个托育事业的发展都有着非常重要的意义。

（一）有利于形成良好的托育道德风尚

托育职业伦理评价通过社会舆论、传统习俗、内心信念等形式对托育机构及其工作人员的托育职业伦理行为进行评价，通过褒扬与谴责、肯定与否定，使托育机构及其工作人员明确托育行为的道德界限，加深他们对托育道德规范的理解与深化，从而达到约束和控制不良托育行为的目的，有助于形成良好的托育道德风尚。

（二）有利于提高托育工作人员的道德品质

通过托育职业伦理评价，托育工作人员明确是非、善恶的标准，分析托育行为的目的与手段、动机与效果及其相互关系，从中深刻了解和判断自己托育行为的道德性。托育职业伦理评价的过程，就是向托育工作人员灌输、宣传、推广托育道德准则和规范的过程，也是托育工作人员接受托育道德淬炼的过程。托育工作人员从正向事例中受到激励，从反向事例中得到教育，做到弃恶扬善，克服自身托育道德的不足，从而逐渐养成个人优良的托育道德品质。

（三）有利于促进托育事业的发展

通过托育职业伦理评价，提高托育工作人员的道德品质，不仅有助于提升托育工作水平与托育服务质量，同时以点带面，更能助推社会良好托育道德风尚的形成与发展，从而有利于促进托育事业的发展。

本章小结

本章主要介绍了托育职业伦理教育的概念、特点、目的、原则与方法；托育职业伦理修养的概念、特点、目标、途径与方法；托育职业伦理评价的概念、标准、方式与意义。通过学习，能够学以致用，找到适合自身的托育职业伦理教育、修养与评价途径与方式、方法，不断提高托育道德素养，养成良好的托育道德行为习惯；树立“婴幼儿优先”的托育道德信念，培养“尊重、关爱婴幼儿”的托育道德情感，在托育工作实践中，培育和践行社会主义核心价值观。

同步练习

一、单项选择题（将下列正确选项的字母填入括号中）

1.（　　）是有计划、有组织地对托育工作人员进行系统的道德灌输，施加系统的道德影响，为塑造良好的托育道德品质打下基础的道德活动。

A. 托育职业伦理法规　　B. 托育职业伦理教育

C. 托育职业伦理规范　　D. 托育职业伦理修养

2.（　　）是托育职业伦理修养形成的前提和基础。

A. 托育职业伦理法规　　B. 托育品格

C. 托育实践　　D. 托育职业伦理理想

3.（　　）是在自己的内心深处用托育道德标准检查、反省，找出自己道德上的不足或缺陷，并加以克制。

A. 社会舆论　　B. 内省

C. 抽查　　D. 传统习俗

4. 托育职业伦理评价主要包括社会评价和（　　）两种类型。

A. 机构评价　　B. 上级评价

C. 同事互评　　D. 自我评价

5.（　　）是最重要、最普遍的托育职业伦理评价方式。

A. 社会舆论　　B. 风俗习惯

C. 自我评价　　D. 第三方评价

二、多项选择题（将下列正确选项的字母填入括号中）

1. 以下属于托育职业伦理教育内容的有（　　）。

A. 奉献精神、敬业精神教育　　B. 职业纪律教育

C. 服务意识教育　　D. 世界观、人生观和价值观教育

2. 托育职业伦理教育可采用的方法有（　　）。

A. 灌输系统的托育职业伦理学知识

B. 利用古今中外托育领域道德高尚人物的感染力

C. 身体力行，言传身教

D. 利用周围活教材或典型案例进行教育

3. 托育职业伦理境界具有明显的层次性，大致可划分为（　　）。

A. 极端自私境界　　　　B. 先私后公境界
C. 先公后私境界　　　　D. 大公无私境界

4. 托育职业伦理评价的方式主要有（　　）。

A. 社会舆论　　　　B. 传统习俗
C. 法律规范　　　　D. 内心信念

5. 托育职业伦理理想的基本内容包括（　　）。

A. 热爱托育职业　　　　B. 奉献托育事业
C. 全心全意为婴幼儿服务　　　　D. 卓越托育成就

三、判断题（下列描述，对的在括号中画“√”，错的在括号中画“×”）

1. 托育工作人员所具有的道德品质是与生俱来的，是自发养成的。（　　）

2. 知识是一切德行之母。（　　）

3. 托育工作人员的内心信念在形成后很容易受外界条件的影响而发生改变。（　　）

4. 传统习俗不仅具有评价道德好坏、善恶的作用，而且是道德规范的补充。（　　）

5. 凡是有利于婴幼儿安全、健康、全面发展的行为就是道德的，反之则是不道德的。（　　）

参考文献

[1] 刘晓东，卢乐珍．学前教育学．南京：江苏教育出版社，2004．

[2] 联合国．儿童权利公约．1990．

[3] 刘济良．教师职业道德．北京：华文出版社，2008．

[4] 地球脚印．幸福主义：掀开幸福的盖头来．长春：吉林出版集团，2013．

[5] 唐大章，唐爽．婴儿动作指导活动设计与组织．北京：科学出版社，2015．

[6] 彭聃龄．普通心理学．北京：北京师范大学出版社，2010．

[7] 庞丽娟，李辉．婴儿心理学．杭州：浙江教育出版社，1993．

[8] 黄希庭．心理学导论．北京：人民教育出版社，2007．

[9] 石瑞．食品营养学．北京：化学工业出版社，2012．

[10] 代晓明，谭文，喻正莹．学前儿童卫生学．上海：复旦大学出版社，2017．

[11] 丁春锁，孙莹．婴幼儿营养与配餐．上海：复旦大学出版社，2016．

[12] 刘济良．幼儿教师职业道德．上海：复旦大学出版社，2020．

[13] 郑健成．学前教育学．上海：复旦大学出版社，2019．

[14] 文颐，石贤磊．婴儿认知指导活动设计与组织．北京：科学出版社，2015．

[15] 杨春华，张远丽．婴儿语言指导活动设计与组织．北京：科学出版社，2015．

[16] 文颐，程敏．婴儿社会性指导活动设计与组织．北京：科学出版社，2015．

[17] 肖素芬，丁玲．婴儿艺术教育指导活动设计与组织．北京：科学出版社，2015．

[18] 杨丽珠，吴文菊．幼儿社会性发展与教育．大连：辽宁师范大学出版社，2000．

[19] 吴鹏飞．儿童权利一般理论研究．北京：中国政法大学出版社，2013．

[20] 王柱国．学习自由与参与平等：受教育权的理论和实践．北京：中国民主法治出版社，2009．

[21] 付小兰，张凯．中国国民心理健康发展报告（2019—2020）．北京：社会科学文献出版社，2021．

[22] 秦惠民．走入教育法制的深处：论教育权的演变．北京：中国人民公安大学出版社，1998．

[23] 卡尔·H.G. 威特．卡尔·威特的天才教育．张兵，译．北京：朝华出版社，2008．

[24] 约翰·罗尔斯. 正义论. 何怀宏，何包钢，廖申白，译. 北京：中国社会科学出版社，1988.

[25] 张卫东. 幼儿园安全管理及风险防范. 济南：山东大学出版社，2016.

[26] 周天枢. 老师和家长需要知道的100个幼儿园法律问题. 广州：中山大学出版社，2005.

[27] 张燕，邢丽娅. 幼儿园管理案例及评析. 北京：北京师范大学出版社，2002.

[28] 杨莉君. 学前教育政策法规论述. 长沙：湖南师范大学出版社，2018.

[29] 周永坤. 法理学：全球视野. 4版. 北京：法律出版社，2016.

[30] 张本波，魏义方，魏国学. 从新开端到新希望：新时代托育服务体系的构建和发展. 北京：企业管理出版社，2021.

[31] 刘婷. 0～3岁婴幼儿心理发展与教育. 上海：华东师范大学出版社，2021.

[32] Julia Luckonbill, Janet Thompson. 0～3岁婴幼儿游戏适宜的环境创设与师幼互动. 张和颐，尹雪力，译. 北京：中国轻工业出版社，2022.

[33] Robert S. Feldman. 儿童发展心理学. 北京：机械工业出版社，2022.

附　录

附录 1　托育机构登记和备案办法（试行）

2019 年 12 月，根据《国务院办公厅关于促进 3 岁以下婴幼儿照护服务发展的指导意见》（国办发〔2019〕15 号）要求，为规范托育机构的登记和备案管理，国家卫生健康委办公厅、中央编办综合局、民政部办公厅、市场监管总局办公厅制定了《托育机构登记和备案办法（试行）》。

第一条　为贯彻落实《国务院办公厅关于促进 3 岁以下婴幼儿照护服务发展的指导意见》（国办发〔2019〕15 号）精神，规范托育机构的登记和备案管理，依据《国家卫生健康委关于印发托育机构设置标准（试行）和托育机构管理规范（试行）的通知》（国卫人口发〔2019〕58 号）及相关规定，制定本办法。

第二条　本办法适用于为 3 岁以下婴幼儿提供全日托、半日托、计时托、临时托等服务的托育机构。

第三条　举办托育机构的，应当按照本办法规定办理登记和备案。

法律、行政法规另有规定的，依照有关规定执行。

第四条　举办事业单位性质的托育机构的，向县级以上机构编制部门申请审批和登记。

举办社会服务机构性质的托育机构的，向县级以上民政部门申请注册登记。

举办营利性托育机构的，向县级以上市场监督管理部门申请注册登记。

第五条　托育机构申请登记时，应当在业务范围（或经营范围）中明确托育服务内容。

托育机构申请登记的名称中可包含“托育”字样。

第六条　登记机关应当及时将托育机构登记信息通过共享、交换等方式推送至同级卫生健康部门。

第七条　县级卫生健康部门负责辖区内已登记托育机构的备案。

第八条 托育机构应当及时向机构所在地的县级卫生健康部门备案，登录托育机构备案信息系统，在线填写托育机构备案书、备案承诺书，并提交以下材料扫描件：

（一）营业执照或其他法人登记证书；

（二）托育机构场地证明；

（三）托育机构工作人员专业资格证明及健康合格证明；

（四）评价为“合格”的《托幼机构卫生评价报告》；

（五）消防安全检查合格证明；

（六）法律法规规定的其他相关材料。

提供餐饮服务的，应当提交《食品经营许可证》。

第九条 卫生健康部门在收到托育机构备案材料后，应当在 5 个工作日内提供备案回执和托育机构基本条件告知书。

卫生健康部门发现托育机构备案内容不符合设置标准和管理规范的，应当自接收备案材料之日起 15 个工作日内通知备案机构，说明理由并向社会公开。

第十条 托育机构变更登记、注销登记后，应当及时登录托育机构备案信息系统向卫生健康部门变更备案信息或报送注销信息。

第十一条 卫生健康、编制、民政、市场监管等部门应当将托育服务有关政策规定、托育机构登记和备案要求、托育机构有关信息在官方网站公开，接受社会查询和监督。

第十二条 省级卫生健康、编制、民政、市场监管部门可结合当地实际情况制定实施细则。

第十三条 本办法自印发之日起施行。

附录2　托育机构设置标准（试行）

为加强托育机构专业化、规范化建设，按照《国务院办公厅关于促进3岁以下婴幼儿照护服务发展的指导意见》（国办发〔2019〕15号）的要求，国家卫生健康委组织制定了《托育机构设置标准（试行）》，自2019年10月8日起施行。

第一章　总则

第一条　为建立专业化、规范化的托育机构，根据《中华人民共和国未成年人保护法》等法律法规以及《国务院办公厅关于促进3岁以下婴幼儿照护服务发展的指导意见》，制定本标准。

第二条　坚持政策引导、普惠优先、安全健康、科学规范、属地管理、分类指导的原则，充分调动社会力量积极性，大力发展托育服务。

第三条　本标准适用于经有关部门登记、卫生健康部门备案，为3岁以下婴幼儿提供全日托、半日托、计时托、临时托等托育服务的机构。

第二章　设置要求

第四条　托育机构设置应当综合考虑城乡区域发展特点，根据经济社会发展水平、工作基础和群众需求，科学规划，合理布局。

第五条　新建居住区应当规划建设与常住人口规模相适应的托育机构。老城区和已建成居住区应当采取多种方式完善托育机构，满足居民需求。

第六条　城镇托育机构建设要充分考虑进城务工人员随迁婴幼儿的照护服务需求。

第七条　在农村社区综合服务设施建设中，应当统筹考虑托育机构建设。

第八条　支持用人单位以单独或联合其他单位共同举办的方式，在工作场所为职工提供福利性托育服务，有条件的可向附近居民开放。

第九条　鼓励通过市场化方式，采取公办民营、民办公助等多种形式，在就业人群密集的产业聚集区域和用人单位建设完善托育机构。

第十条　发挥城乡社区公共服务设施的婴幼儿照护服务功能，加强社区托育机构与社区服务中心（站）及社区卫生、文化、体育等设施的功能衔接。

第三章 场地设施

第十一条 托育机构应当有自有场地或租赁期不少于 3 年的场地。

第十二条 托育机构的场地应当选择自然条件良好、交通便利、符合卫生和环保要求的建设用地，远离对婴幼儿成长有危害的建筑、设施及污染源，满足抗震、防火、疏散等要求。

第十三条 托育机构的建筑应当符合有关工程建设国家标准、行业标准，设置符合标准要求的生活用房，根据需要设置服务管理用房和供应用房。

第十四条 托育机构的房屋装修、设施设备、装饰材料等，应当符合国家相关安全质量标准和环保标准，并定期进行检查维护。

第十五条 托育机构应当配备符合婴幼儿月龄特点的家具、用具、玩具、图书和游戏材料等，并符合国家相关安全质量标准和环保标准。

第十六条 托育机构应当设有室外活动场地，配备适宜的游戏设施，且有相应的安全防护设施。

在保障安全的前提下，可利用附近的公共场地和设施。

第十七条 托育机构应当设置符合标准要求的安全防护设施设备。

第四章 人员规模

第十八条 托育机构应当根据场地条件，合理确定收托婴幼儿规模，并配置综合管理、保育照护、卫生保健、安全保卫等工作人员。

托育机构负责人负责全面工作，应当具有大专以上学历、有从事儿童保育教育、卫生健康等相关管理工作 3 年以上的经历，且经托育机构负责人岗位培训合格。

保育人员主要负责婴幼儿日常生活照料，安排游戏活动，促进婴幼儿身心健康，养成良好行为习惯。保育人员应当具有婴幼儿照护经验或相关专业背景，受过婴幼儿保育相关培训和心理健康知识培训。

保健人员应当经过妇幼保健机构组织的卫生保健专业知识培训合格。

保安人员应当取得公安机关颁发的《保安员证》，并由获得公安机关《保安服务许可证》的保安公司派驻。

第十九条 托育机构一般设置乳儿班（6 ～ 12 个月，10 人以下）、托小班（12 ～ 24 个月，15 人以下）、托大班（24 ～ 36 个月，20 人以下）三种班型。

18 个月以上的婴幼儿可混合编班，每个班不超过 18 人。

每个班的生活单元应当独立使用。

第二十条 合理配备保育人员，与婴幼儿的比例应当不低于以下标准：乳儿班 1 : 3，托小班 1 : 5，托大班 1 : 7。

第二十一条 按照有关托儿所卫生保健规定配备保健人员、炊事人员。

第二十二条 独立设置的托育机构应当至少有1名保安人员在岗。

第五章 附则

第二十三条 各省、自治区、直辖市卫生健康行政部门可根据本标准制订具体实施办法。

第二十四条 本标准自发布之日起施行。

附录 3 托育机构管理规范（试行）

为加强托育机构专业化、规范化建设，按照《国务院办公厅关于促进 3 岁以下婴幼儿照护服务发展的指导意见》（国办发〔2019〕15 号）的要求，国家卫生健康委组织制定了《托育机构管理规范（试行）》，自 2019 年 10 月 8 日起施行。

第一章 总则

第一条 为加强托育机构管理，根据《中华人民共和国未成年人保护法》等法律法规以及《国务院办公厅关于促进 3 岁以下婴幼儿照护服务发展的指导意见》，制定本规范。

第二条 坚持儿童优先的原则，尊重婴幼儿成长特点和规律，最大限度地保护婴幼儿，确保婴幼儿的安全和健康。

第三条 本规范适用于经有关部门登记、卫生健康部门备案，为 3 岁以下婴幼儿提供全日托、半日托、计时托、临时托等托育服务的机构。

第二章 备案管理

第四条 托育机构登记后，应当向机构所在地的县级以上卫生健康部门备案，提交评价为“合格”的《托幼机构卫生评价报告》、消防安全检查合格证明、场地证明、工作人员资格证明等材料，填写备案书（见附件 1）和承诺书（见附件 2）。提供餐饮服务的，应当提交《食品经营许可证》。

第五条 卫生健康部门应当对申请备案的托育机构提供备案回执（见附件 3）和托育机构基本条件告知书（见附件 4）。

第六条 托育机构变更备案事项的，应当向原备案部门办理变更备案。

第七条 托育机构终止服务的，应当妥善安置收托的婴幼儿和工作人员，并办理备案注销手续。

第八条 卫生健康部门应当将托育服务有关政策规定、托育机构备案要求、托育机构有关信息在官方网站公开，接受社会查询和监督。

第三章 收托管理

第九条 婴幼儿父母或监护人（以下统称婴幼儿监护人）应当主动向托育机构提出入托申请，并提交真实的婴幼儿及其监护人的身份证明材料。

第十条 托育机构应当与婴幼儿监护人签订托育服务协议，明确双方的责任、权利义务、服务项目、收费标准以及争议纠纷处理办法等内容。

第十一条 婴幼儿进入托育机构前，应当完成适龄的预防接种，经医疗卫生机构健康检查合格后方可入托；离开机构 3 个月以上的，返回时应当重新进行健康检查。

第十二条 托育机构应当建立收托婴幼儿信息管理制度，及时采集、更新，定期向备案部门报送。

第十三条 托育机构应当建立与家长联系的制度，定期召开家长会议，接待来访和咨询，帮助家长了解保育照护内容和方法。

托育机构应当成立家长委员会，事关婴幼儿的重要事项，应当听取家长委员会的意见和建议。

托育机构应当建立家长开放日制度。

第十四条 托育机构应当加强与社区的联系与合作，面向社区宣传科学育儿知识，开展多种形式的服务活动，促进婴幼儿早期发展。

第十五条 托育机构应当建立信息公示制度，定期公示收费项目和标准、保育照护、膳食营养、卫生保健、安全保卫等情况，接受监督。

第四章 保育管理

第十六条 托育机构应当科学合理安排婴幼儿的生活，做好饮食、饮水、喂奶、如厕、盥洗、清洁、睡眠、穿脱衣服、游戏活动等服务。

第十七条 托育机构应当顺应喂养，科学制定食谱，保证婴幼儿膳食平衡。有特殊喂养需求的，婴幼儿监护人应当提供书面说明。

第十八条 托育机构应当保证婴幼儿每日户外活动不少于 2 小时，寒冷、炎热季节或特殊天气情况下可酌情调整。

第十九条 托育机构应当以游戏为主要活动形式，促进婴幼儿在身体发育、动作、语言、认知、情感与社会性等方面的全面发展。

第二十条 游戏活动应当重视婴幼儿的情感变化，注重与婴幼儿面对面、一对一的交流互动，动静交替，合理搭配多种游戏类型。

第二十一条 托育机构应当提供适宜刺激，丰富婴幼儿的直接经验，支持婴幼儿主动探索、操作体验、互动交流和表达表现，发挥婴幼儿的自主性，保护婴幼儿的好奇心。

第二十二条 托育机构应当建立照护服务日常记录和反馈制度，定期与婴幼儿监护人沟通婴幼儿发展情况。

第五章 健康管理

第二十三条 托育机构应当按照有关托儿所卫生保健规定，完善相关制度，切实做好婴幼儿和工作人员的健康管理，做好室内外环境卫生。

第二十四条 托育机构应当坚持晨午检和全日健康观察，发现婴幼儿身体、精神、行为异常时，应当及时通知婴幼儿监护人。

第二十五条 托育机构发现婴幼儿遭受或疑似遭受家庭暴力的，应当依法及时向公安机关报案。

第二十六条 婴幼儿患病期间应当在医院接受治疗或在家护理。

第二十七条 托育机构应当建立卫生消毒和病儿隔离制度、传染病预防和管理制度，做好疾病预防控制和婴幼儿健康管理工作。

第二十八条 托育机构工作人员上岗前，应当经医疗卫生机构进行健康检查，合格后方可上岗。

托育机构应当组织在岗工作人员每年进行 1 次健康检查。在岗工作人员患有传染性疾病的，应当立即离岗治疗；治愈后，须持病历和医疗卫生机构出具的健康合格证明，方可返岗工作。

第六章 安全管理

第二十九条 托育机构应当落实安全管理主体责任，建立健全安全防护措施和检查制度，配备必要的安保人员和物防、技防设施。

第三十条 托育机构应当建立完善的婴幼儿接送制度，婴幼儿应当由婴幼儿监护人或其委托的成年人接送。

第三十一条 托育机构应当制订重大自然灾害、传染病、食物中毒、踩踏、火灾、暴力等突发事件的应急预案，定期对工作人员进行安全教育和突发事件应急处理能力培训。

托育机构应当明确专兼职消防安全管理人员及管理职责，加强消防设施维护管理，确保用火用电用气安全。

托育机构工作人员应当掌握急救的基本技能和防范、避险、逃生、自救的基本方法，在紧急情况下必须优先保障婴幼儿的安全。

第三十二条 托育机构应当建立照护服务、安全保卫等监控体系。监控报警系统确保 24 小时设防，婴幼儿生活和活动区域应当全覆盖。

监控录像资料保存期不少于 90 日。

第七章 人员管理

第三十三条 托育机构工作人员应当具有完全民事行为能力和良好的职业道德，热爱婴幼儿，身心健康，无虐待儿童记录，无犯罪记录，并符合国家和地方相关规定要求的资格条件。

第三十四条 托育机构应当建立工作人员岗前培训和定期培训制度，通过集中培训、在线学习等方式，不断提高工作人员的专业能力、职业道德和心理健康水平。

第三十五条 托育机构应当加强工作人员法治教育，增强法治意识。对虐童等行为实行零容忍，一经发现，严格按照有关法律法规和规定，追究有关负责人和责任人的责任。

第三十六条 托育机构应当依法与工作人员签订劳动合同，保障工作人员的合法权益。

第八章 监督管理

第三十七条 托育机构应当加强党组织建设，积极支持工会、共青团、妇联等组织开展活动。

托育机构应当建立工会组织或职工代表大会制度，依法加强民主管理和监督。

第三十八条 托育机构应当制订年度工作计划，每年年底向卫生健康部门报告工作，必要时随时报告。

第三十九条 各级妇幼保健、疾病预防控制、卫生监督等机构应当按照职责加强对托育机构卫生保健工作的业务指导、咨询服务和监督执法。

第四十条 建立托育机构信息公示制度和质量评估制度，实施动态管理，加强社会监督。

第九章 附则

第四十一条 各省、自治区、直辖市卫生健康行政部门可根据本规范制订具体实施办法。

第四十二条 本规范自发布之日起施行。

（附件 1 至附件 4 略）

附录 4　北京市婴幼儿托育服务合同（试行）

BF—2023—2736　　合同编号：

北京市婴幼儿托育服务合同（试行）

北京市卫生健康委员会
北京市市场监督管理局
2023 年 4 月

使用说明

1. 本合同为示范文本，供本市入托婴幼儿的监护人与托育机构之间签订托育服务合同时使用。本合同适用于全日托和半日托。托育机构可以使用本合同，也可以参照本合同自行制定合同文本。

2. 本合同所称托育机构是指依法在机构编制部门或民政部门、市场监督管理部门登记，为 3 岁以下婴幼儿提供托育服务的机构。入托婴幼儿的监护人在签订合同前，要注意查看托育机构的经营资质。

3. 合同双方可以针对本合同文本中没有约定或者约定不明确的内容，根据托育服务的具体情况在相关条款后的空白行中进行补充约定，也可以另行签订补充协议，但补充的内容不得减轻或者免除托育机构应承担的责任。

4. 合同双方应当结合具体情况选定本示范文本的选择性条款，划线处应当以文字或数字填写完整。文中“□”中选择内容，以画“√”方式选定。

5. 托育机构有义务就合同重大事项对婴幼儿监护人进行提示。婴幼儿监护人应当审慎签订合同。在签订本合同前，要仔细阅读合同条款，特别是审阅其中具有选择性、补充性、修改性的内容，注意防范潜在的风险。

6. 合同双方可以根据实际情况决定本合同原件的份数，并在签订合同时认真核对，以确保各份合同内容一致；在任何情况下，各方当事人都有权持有至少一份合同原件。

7. 本示范文本由北京市卫生健康委员会和北京市市场监督管理局共同制定。

甲方（婴幼儿监护人）：

监护人一

姓名：__________ 与婴幼儿关系：__________________________

身份证号：____

工作单位：____

联系电话：____

联系地址：____

监护人二

姓名：__________ 与婴幼儿关系：__________________________

身份证号：____

工作单位：____

联系电话：____

联系地址：____

乙方（托育机构）：

机构名称（与营业执照一致）：________________________________

机构地址（与营业执照一致）：________________________________

统一社会信用代码：____

法定代表人：____

联系人（负责人）：____

联系电话：____

根据《中华人民共和国民法典》《中华人民共和国人口与计划生育法》《中华人民共和国消费者权益保护法》《中华人民共和国未成年人保护法》《北京市人口与计划生育条例》《北京市单用途预付卡管理条例》等法律法规和有关规定，遵循自愿平等、公平契约、诚实守信的原则，甲乙双方经协商一致，订立本托育服务合同。

第一条　托育服务内容

1.1　服务对象

婴幼儿姓名：______________ 性别：____ 民族：____

身份证号：____

出生日期：____年____月____日

户籍所在地：____

住址：____

1.2 服务期限及场所

服务期限：____年____月____日至____年____月____日

服务场所地址：____

服务场所归属：□乙方自有

□乙方租赁（租期：____年____月____日至____年____月____日）

□其他（请注明）：____

1.3 服务类型

□全日托（在托时间：____时____分至____时____分）

□半日托（在托时间：____时____分至____时____分）

第二条 收费条款

托育服务费包括：托育费、餐费、物品费、延时服务费等费用。

2.1 收费标准

□托育费 □全日托：¥________元 / 月

□半日托：¥________元 / 月

□餐费 □全日托：¥________元 / 天（________餐________点 / 天）

□半日托：¥________元 / 天（________餐________点 / 天）

□物品费________元

物品明细：____

□延时服务费：¥________元 / 月

延时服务内容：____

延时服务时间：____时____分至____时____分

□其他________________，¥________元

2.2 关于收费优惠的约定：

____。

2.3 托育服务费总金额：¥________元（大写：________________）

2.4 临时服务费用：甲方因突发情况或其他临时性事由，未能按本合同约定时间接走婴幼儿的，如甲方超时 30 分钟以上，将收取临时服务费（____元 /30 分钟，不足 30 分钟按 30 分钟收取）。

临时服务费的收取方式为：____。

2.5 收费方式及时间

按______个月支付托育服务费（支付月的____日前支付____个月费用）。

提示：长时间预付消费具有风险，请甲方谨慎选择。对于托育机构使用租赁场地提供托育服务的，甲方一次性缴费时间跨度尽量不超过场地剩余的租赁期限。

乙方不得一次性收取或变相收取时间跨度超过 3 个月的费用；不得早于新的托育周

期开始前 1 个月收取费用。

2.6 收费渠道

（1）甲方采取□现金 □银行卡 □微信 □支付宝

□其他____________________方式支付托育服务费。

（2）乙方收款账户信息如下：

开户银行：____________________，银行账号：____________________

（以上账户 □是 / □否 为预收资金专用存管账户）

支付宝账户：____

微信账户：____

其他方式：____

2.7 履约保证措施：

□资金存管 □保函 □其他 □无

2.8 费用核算

全日托及半日托按月计费。每月出勤天数少于当月工作日天数一半的，收取半个月托育费。出勤天数累计达到当月工作日天数一半及以上的，收取整月托育费。每月餐费按婴幼儿实际出勤天数收取。

请假 1 个月以上，须提前____天提出申请，托育费可顺延至来园日期，不足整月的部分，按本条第一款计费。

每月托育服务费乙方应进行月度核算，并将收费金额及余额与甲方进行书面确认。

第三条 甲方的权利和义务

3.1 甲方有权在提出入托申请时，查看乙方相关保育人员健康证和其他相关资质证明。

3.2 甲方有权在婴幼儿在托期间，要求乙方定期书面反馈婴幼儿在托育机构的生活情况和成长情况。

3.3 甲方提出入托申请时，应当向乙方提交婴幼儿的真实信息材料、监护人的身份证明材料和联系方式。在本合同履行期间，如甲方变更联系方式，应及时告知乙方，并签订书面确认书。

3.4 甲方应配合乙方老师完成新生面谈，帮助老师更迅速地了解婴幼儿。

3.5 甲方应当如实填写《入托登记表》（附件一）并向乙方告知婴幼儿特殊喂养需求、食物、药物过敏史、特异体质、疾病、伤情、异常心理状态、异常行为等，不得隐瞒、谎报、迟报。若婴幼儿入托后身体状况发生变化，甲方应及时告知乙方，以便乙方采取相应的处理措施。

3.6 甲方应当在婴幼儿完成预防接种并经医疗卫生机构健康检查合格后，方可送托。

3.7 婴幼儿需在甲方的陪同下送入、离开托育机构。送婴幼儿入托、离托时，甲方需将婴幼儿交给本班老师或乙方指定老师，并当面确认后再离开。

3.8 甲方应遵守乙方的各项规章制度。

3.9 甲方不得给入托的婴幼儿佩戴任何首饰、胸针、挂件等饰物或玩具。除婴儿必备的存储式母乳、奶粉、辅食外，不得携带其他任何食品入托。

3.10 如婴幼儿身体不适或其他特殊原因，应及时打电话向本班教师请假。入托后，乙方发现婴幼儿体温超过37.2℃或有传染病症状，婴幼儿将不得进班，暂时由专门老师陪伴隔离，等待甲方接走。

3.11 婴幼儿如有身体不适，甲方应让婴幼儿在家休息，必要时就诊；出现发热、咳嗽等呼吸道症状，应及时就诊。待婴幼儿发热、呼吸道症状等消失，身体康复后方可入托。

甲方若发现婴幼儿有以下传染病病症（包括但不限于传染性病毒感冒、结膜炎、红眼病、脓毒性咽喉炎、手足口病、水痘、痢疾、肝炎、头虱、呕吐或其他传染病等）后，应让婴幼儿在家休息并告知乙方，婴幼儿病愈后并持医疗卫生机构诊断证明方可继续入托。

3.12 对于乙方组织的家长教育课程，甲方应积极参与每一场家庭活动，配合和支持乙方的教育活动。

3.13 甲方在参加乙方组织的亲子活动中，有义务做好甲方及婴幼儿的安全防范。

3.14 甲方因特殊情况不能亲自接送婴幼儿，应事先告知乙方，经乙方确认后可以委托他人接送。委托他人接送的，甲方应出具委托书予以确认。

3.15 甲方应当尊重乙方的知识产权，未经乙方同意，甲方不得对托育及教学活动进行拍照、录像、录音。对于乙方拥有知识产权的课程材料或课件，甲方不得擅自复制、散发、销售及通过互联网进行扩散和传播。

3.16 婴幼儿暂停托育3个月及以上再入托的，返回入托时甲方应当向乙方提供新的健康检查证明材料。

第四条 乙方的权利和义务

4.1 乙方有权制作包含婴幼儿姓名、所在班级、家庭电话等内容的通讯录，仅用于乙方提供服务和内部管理。

4.2 乙方有权拒绝除甲方之外的人员探视婴幼儿，甲方许可的除外。

4.3 乙方有权拒绝甲方及甲方委托的人、婴幼儿等携带与托育生活无关的物品及食品进入机构。

4.4 乙方有权要求甲方委托的接送人出具授权委托书（标明授权范围及期限）及本人的身份信息资料等，并有权与甲方核实相关信息。

4.5 乙方向甲方提供服务的质量标准应当符合国家和本市的规定，符合《托育机构设置标准（试行）》《托育机构管理规范（试行）》和《托育机构婴幼儿伤害预防指南》等规定。在本合同履行期间如国家和本市颁布相关新标准的，乙方应当执行新标准。如乙方提供服务的质量标准优于国家和本市规定的服务质量标准的，则按照乙方的质量标准执行。

4.6　乙方应当按照婴幼儿身心发展规律和特点实施托育服务，根据年龄特点培养婴幼儿的自理能力，开展符合婴幼儿发展基本要求、有利于婴幼儿身心健康的活动。

4.7　乙方托育人员应当取得托育机构工作人员健康合格证，并经过相关职业技能培训合格后持证上岗。上岗人员应当无虐待性侵儿童记录、无犯罪记录。

4.8　乙方场地设施应当符合国家相关安全质量和环保标准，应当配备符合婴幼儿月龄特点且安全、环保的家具、用具、玩具、图书和游戏材料等。

4.9　乙方应当建立积极密切的甲方联系制度，及时反馈婴幼儿的健康、生活状况，接待来访和咨询，指导甲方科学育儿。

4.10　乙方应当建立晨午晚检、全日健康观察、卫生消毒、病儿隔离、传染病预防和处置、在岗工作人员健康检查、紧急事件处理预案等制度，做好婴幼儿和工作人员的健康管理。

4.11　晨检发现婴幼儿疑似患病，乙方应及时告知甲方，并有权要求甲方或甲方委托的受托人带婴幼儿去医院检查或治疗。乙方有权拒绝喂食甲方提供的无处方药品、保健食品。

4.12　乙方应当健全安全防护制度和措施，建立完善的婴幼儿接送制度，严格教育规范教师日常行为和教学方式方法，配备必要的安保人员和物防、技防设施，做到婴幼儿生活和活动区域安防监控全覆盖。监控视频资料存档不少于 3 个月，不能删改，不能随意公开监控视频；甲方如果要查看视频，应向乙方提出书面申请。乙方向主管部门或者公安机关报批，获准后方可调取。

4.13　乙方发现婴幼儿出现突发疾病或受伤，应及时通知甲方或甲方指定的受托人到园处理。情况危急时，乙方应及时拨打 120 急救中心电话，同时联系甲方，费用由责任方承担。

当乙方无法联系到甲方时，甲方□准许 / □不准许乙方或 120 急救中心为婴幼儿进行紧急医疗处理。

4.14　乙方在工作中发现婴幼儿遭受或者疑似遭受不法侵害以及面临不法侵害危险的，应当立即制止并向公安机关报案或者举报。

4.15　乙方不得泄露、散布甲方及在托婴幼儿的隐私和个人信息。经甲方书面同意，乙方可使用婴幼儿在托育机构内的照片及音视频，且仅限用于乙方经营范围内的宣传活动。

4.16　若园内发生传染性疾病，具体应急处置办法按照所在地妇幼保健机构或疾控部门规定进行处理。

4.17 乙方应当按照国家有关规定向甲方出具以乙方名义开具的发票等消费凭证，甲方索要消费凭证的，乙方不得以任何理由拒绝。同时乙方不得以举办者或其他公司名义向甲方开具消费凭证。

4.18 乙方向甲方告知调整营业时间、暂停营业等重要事项，应当采用店堂告示及□书式 □电子邮件 □传真 □短信 □微信 □微信公众号 □乙方网站方式。

第五条 合同的变更和解除

5.1 合同的变更

（1）在本合同履行过程中，双方经协商一致，可以签订补充协议，变更服务项目、服务费用、合同期限以及其他事项。补充协议签订生效后，即成为本合同不可分割的组成部分，并具有同等的法律效力。

（2）甲乙双方需更改联系方式或其他信息的，应及时以书面形式告知另一方，未及时告知的，以原留存信息为准。

5.2 合同的解除

5.2.1 出现下列情形之一的，甲方有权解除本合同：

（1）婴幼儿首次入托______日内不适应居住环境或服务方式的。

（2）甲方因疾病、转学或者其他原因离开乙方，且甲方提前______日书面通知乙方解除合同并结清服务费用的。

（3）乙方提供的服务不符合托育服务行业规范标准，经甲方书面提出后______日内不改正的。

（4）因乙方或乙方工作人员的故意或者重大过失造成甲方人身或重大财产损害的。

（5）由于乙方的原因，包括但不限于乙方主体资格终止、被吊销营业执照、被责令停业整顿，或者乙方场所毁损、灭失等原因，无法继续向甲方提供托育服务的。

5.2.2 出现下列情形之一的，乙方有权解除本合同：

（1）甲方无故拖欠各项费用，逾期未补足超过______日的。

（2）甲方不遵守乙方的各项规章制度，导致乙方的运营秩序无法正常维持的。

（3）婴幼儿入托后，因甲方在《入托登记表》等报名信息中未能如实填写或报告，导致乙方无法为婴幼儿提供约定服务的。

（4）甲方婴幼儿患有必须隔离治疗的疾病或者精神障碍等人身危险的。

（5）甲方婴幼儿无法适应集体生活或者出现不适宜继续入托的其他情况的。

第六条 退费条款

6.1 甲方自缴费之日起 7 日内，婴幼儿尚未入托的，甲方有权要求同乙方解除合同并退款，乙方应当自甲方提交退费申请单之日起 5 日内一次性全额退回甲方预付款。

6.2 合同履行过程中，如发生本合同第五条所约定情形，甲方或乙方解除合同的，合同双方须填写并签署《退费申请单》(附件二)。乙方应于双方签署退费申请单之日起，15 日内退还甲方预付款的余额。

（1）由于甲方原因导致合同解除，且合同实际履行天数少于合同约定时间 1/2 的，甲方不再享有缴费时的优惠方案，每月托育费按照正价计算；合同实际履行天数等于或超过合同约定时间 1/2 的，甲方可享有缴费时的优惠方案。已产生的托育服务费按本合同 2.8 条第一款计费，餐费按照婴幼儿实际出勤天数计费。

（2）由于乙方原因以及不可抗力因素导致合同解除的，乙方按照原约定的优惠方案计算托育费。餐费按婴幼儿实际出勤天数计费。

（3）物品费等一次性费用，在物品没有拆封或不影响二次销售的情况下，可以退还。

6.3 退费方式：按甲方缴费原路径或双方协商一致路径退回。

第七条 违约责任

7.1 因甲方原因造成乙方或第三人损害的，甲方应当承担赔偿责任。

7.2 甲方未按约定时间向乙方支付服务费用或者其他应付款项的，应向乙方支付逾期应付款金额______% 的违约金。

7.3 因乙方及其工作人员的过错，造成甲方经济损失的，乙方应当赔偿损失。

7.4 乙方或其工作人员侵犯甲方知情权的，甲方有权要求乙方改正；造成甲方经济损失的，乙方应当赔偿损失。

7.5 乙方提供的服务不符合约定的质量标准，甲方有权要求乙方减少相应的收费；造成甲方经济损失的，乙方应当赔偿损失。

7.6 乙方未按约定时间退还约定的退费金额的，应当向甲方支付逾期应退还金额______% 的违约金。

第八条 不可抗力约定

8.1 甲、乙双方中的任何一方因遭受不可抗力导致未能履行其在本合同下的全部或部分义务的，不承担违约责任。遭受不可抗力的一方应及时将发生不可抗力的情形通知对方，并在______个工作日内将不可抗力发生的有效证明提供给对方。

8.2 不可抗力指在签订合同时不可预见，在合同履行过程中不可避免且不能克服的自然灾害和社会性突发事件，包括但不限于疫情、地震、海啸、骚乱、戒严、暴动、战争、政府行为等其他情形。

8.3 因不可抗力导致本合同无法履行的，遭受不可抗力的一方应在不可抗力发生后及时通知合同其他当事人，本合同自动解除，双方互不承担违约责任。遭受不可抗力的一方应及时将发生不可抗力的情形通知对方。不可抗力解除后，双方愿意继续履行原合同的，原合同期限顺延，具体期限由双方协商一致决定。

第九条　争议处理

因本合同产生的纠纷，双方应当首先协商解决。协商不成的，按下列第______种方式处理：

（1）提交______仲裁委员会仲裁。

（2）依法向______人民法院起诉。

第十条　其他约定

10.1　甲乙双方在本合同期满前 30 日内同意按照本合同的条款续约的，可以直接签订补充协议续约。如需对续约的条款内容进行变更的，可以针对变更的内容签订续约的补充协议。

10.2　本合同及附件未尽事宜，法律法规有规定的，按规定执行；法律法规没有规定的，由双方协商确定并签订补充协议。

10.3　本合同一式两份，甲乙双方各执一份，自双方签字或盖章后生效。

10.4　本合同的附件如下：

附件一：《入托登记表》(略)

附件二：《退费申请单》(略)

甲方签名：________　　　　乙方机构负责人（签字）：________

　　　　　　　　　　　　　乙方（盖章）：

年　月　日　　　　　　　　年　月　日

附录 5 国家职业技能标准——婴幼儿发展引导员

为规范从业者的从业行为，引领职业教育培训的方向，为职业技能鉴定提供依据，依据《中华人民共和国劳动法》，适应经济社会发展和科技进步的客观需要，立足培育工匠精神和精益求精的敬业风气，人力资源和社会保障部组织有关专家，制定了《婴幼儿发展引导员国家职业技能标准》(以下简称《标准》)。

一、本《标准》以《中华人民共和国职业分类大典（2015 年版)》为依据，严格按照《国家职业技能标准编制技术规程（2018 年版)》有关要求，以“职业活动为导向、职业能力为核心”为指导思想，对婴幼儿发展引导员从业人员的职业活动内容进行规范细致描述，对各等级从业者的技能水平和理论知识水平进行了明确规定。

二、本《标准》依据有关规定将本职业分为四级 / 中级工、三级 / 高级工、二级 / 技师、一级 / 高级技师四个等级，包括职业概况、基本要求、工作要求和权重表四个方面的内容。本《标准》以客观反映现阶段本职业的水平和对从业人员的要求为目标，在充分考虑经济发展、科技进步和产业结构变化对本职业影响的基础上，对职业的活动范围、工作内容、技能要求和知识水平作了明确规定。

三、本《标准》起草单位有：山东省教育科学研究院、山东省公共就业和人才服务中心、山东省教育学会家庭教育专业委员会、山东成人教育协会、山东师范大学、山东女子学院、山东省委机关第二幼儿园、山东省妇幼保健院、河北清华发展研究院、济南幼儿师范高等专科学校、济南市历下区第一实验幼教集团文东园、山东义方教育发展有限公司。主要指导人员有：黄琦、李文军、丁文花。主要起草人员有：王治芳、张根建、王俊玲、何孔潮、顾吉有、徐爽、张晓杰、王明辉、齐文辉、李苏。参与起草人员有：贾雪、黄振中。

四、本《标准》审定单位及人员有：北京师范大学洪秀敏、上海市早期教育指导服务中心茅红美、山东省卫生健康委员会许春华、中国教育发展战略学会家校协同专业委员会程锦慧、温州大学宋占美、青岛市妇女儿童医院许培斌、淄博师范高等专科学校赵瑜、西南大学杨晓萍、成都师范学院文颐。

五、本《标准》在制定过程中，得到人力资源社会保障部职业技能鉴定中心葛恒双、贾成千的指导和大力支持，在此一并感谢。

六、本《标准》业经人力资源社会保障部批准，自公布之日①起施行。

---

① 2021 年 12 月 2 日，本《标准》以《人力资源社会保障部办公厅关于颁布网约配送员等 18 个国家职业技能标准的通知》(人社厅发〔2021〕92 号）公布。

婴幼儿发展引导员国家职业技能标准（2021 年版）

1. 职业概况

1.1 职业名称

婴幼儿发展引导员

1.2 职业编码

4-10-01-01

1.3 职业定义

从事 0 ～ 3 岁婴幼儿身心健康发展引导，并对婴幼儿看护人提供辅助咨询服务工作的人员。

1.4 职业技能等级

本职业共设 4 个等级，分别为四级 / 中级工、三级 / 高级工、二级 / 技师、一级 / 高级技师。

1.5 职业环境条件

室内、外，常温。

1.6 职业能力特征

人格健全，身心健康；尊重婴幼儿，支持看护人；细心，有爱心、耐心和责任心；观察敏锐，善于表达。

1.7 普通受教育程度

初中毕业（或相当文化程度）。

1.8 培训参考学时

四级 / 中级工 120 标准学时，三级 / 高级工 100 标准学时，二级 / 技师 100 标准学时，一级 / 高级技师 80 标准学时。

1.9 职业技能鉴定要求

1.9.1 申报条件

具备以下条件之一者，可申报四级 / 中级工：

（1）取得相关职业[①]五级 / 初级工职业资格证书（技能等级证书）后，累计从事本职业或相关职业工作 3 年（含）以上。

（2）累计从事本职业或相关职业工作 4 年（含）以上。

（3）取得技工学校本专业或相关专业[②]毕业证书（含尚未取得毕业证书的在校应届

---

① 相关职业：育婴员、保育师、孤残儿童护理员、生殖健康咨询师、母婴护理员、幼儿教育教师、儿科护士、儿科医师等职业。下同。

② 本专业或相关专业：中等职业教育的幼儿保育、母婴照护专业，高等职业教育专科的婴幼儿托育服务与管理、早期教育、学前教育专业及健康管理、护理、儿童康复治疗等专业，普通高等学校本科的学前教育专业及临床医学、护理学、妇幼保健医学等专业，研究生教育的学前教育学、少儿卫生与妇幼保健学二级学科及儿科学、护理学、中医儿科学等专业，技工院校的婴幼儿托育及相关护理、幼儿教育、健康服务与管理、健康与社会照护等专业。下同。

毕业生）；或取得经评估论证、以中级技能为培养目标的中等及以上职业学校本专业或相关专业毕业证书（含尚未取得毕业证书的在校应届毕业生）。

具备以下条件之一者，可申报三级 / 高级工：

（1）取得本职业或相关职业四级 / 中级工职业资格证书（技能等级证书）后，累计从事本职业或相关职业工作 5 年（含）以上。

（2）取得本职业或相关职业四级 / 中级工职业资格证书（技能等级证书），并具有高级技工学校、技师学院毕业证书（含尚未取得毕业证书的在校应届毕业生）；或取得本职业或相关职业四级 / 中级工职业资格证书（技能等级证书），并具有经评估论证、以高级技能为培养目标的高等职业学校本专业或相关专业毕业证书（含尚未取得毕业证书的在校应届毕业生）。

（3）具有大专及以上本专业或相关专业毕业证书，并取得本职业或相关职业四级 / 中级工职业资格证书（技能等级证书）后，累计从事本职业或相关职业工作 2 年（含）以上。

具备以下条件之一者，可申报二级 / 技师：

（1）取得本职业或相关职业三级 / 高级工职业资格证书（技能等级证书）后，累计从事本职业或相关职业工作 5 年（含）以上。

（2）取得本职业或相关职业三级 / 高级工职业资格证书（技能等级证书）的高级技工学校、技师学院毕业生，累计从事本职业或相关职业工作 3 年（含）以上；或取得本职业或相关职业预备技师证书的技师学院毕业生及本科院校毕业生，累计从事本职业或相关职业工作 2 年（含）以上。

具备以下条件之一者，可申报一级 / 高级技师：

（1）取得本职业或相关职业二级 / 技师职业资格证书（技能等级证书）后，累计从事本职业或相关职业工作 5 年（含）以上。

（2）具有研究生教育本专业或相关专业毕业证书，并取得本职业或相关职业二级 / 技师职业资格证书（技能等级证书）后，累计从事本职业或相关职业工作 3 年（含）以上。

1.9.2　鉴定方式

分为理论知识考试、技能考核以及综合评审。理论知识考试以笔试、机考等方式为主，主要考核从业人员从事本职业应掌握的基本要求和相关知识要求；技能考核主要采用现场操作、模拟操作及笔试等方式进行，主要考核从业人员从事本职业应具备的技能水平；综合评审主要针对技师和高级技师，通常采取审阅申报材料、答辩等方式进行全面评议和审查。

理论知识考试、技能考核和综合评审均实行百分制，成绩皆达 60 分（含）以上者为合格。

1.9.3　监考人员、考评人员与考生配比

理论知识考试中的监考人员与考生配比不低于 1∶15，且每个考场不少于 2 名监考人员。技能考核采用现场操作或模拟操作时，考评人员与考生配比不低于 1∶5，且

考评人员为3人（含）以上单数；技能考核采用笔试时，考评人员与考生配比不低于1∶15，且每个考场不少于2名考评人员。综合评审委员为3人（含）以上单数。

1.9.4 鉴定时间

理论知识考试时间不少于90min；技能考核时间：采用现场操作或模拟操作方式考核时不少于30min，采用笔试方式考核时不少于90min；综合评审时间不少于30min。

1.9.5 鉴定场所设备

理论知识考试在标准教室或在计算机机房进行。技能考核采取模拟操作时，应在具有婴儿模型、喂养用具、烹饪器具、流动水源、日常保健用品及婴幼儿睡眠、就餐、活动等必需的物品，配备现场全方位监控和即时录像设备，且室内卫生通风条件良好、光线充足、设施安全的场所进行；采取笔试时，应在配备投影仪和音视频播放设备的标准教室进行。

2. 基本要求

2.1 职业道德

2.1.1 职业道德基本知识

2.1.2 职业守则

（1）遵纪守法，诚信服务。

（2）爱岗敬业，恪尽职守。

（3）关爱孩子，尊重差异。

（4）认真观察，积极回应。

（5）好学善思，主动发展。

2.2 基础知识

2.2.1 孕期引导知识

（1）孕产妇身心变化规律及特点。

（2）胎儿发育规律及特点。

（3）孕期营养和运动。

2.2.2 婴幼儿身心发育知识

（1）婴幼儿生理发育规律及特点。

（2）婴幼儿心理发育规律及特点。

2.2.3 婴幼儿发展引导知识

（1）婴幼儿动作发展及其环境营造。

（2）婴幼儿认知发展及其环境营造。

（3）婴幼儿语言发展及其环境营造。

（4）婴幼儿情感与社会性发展及其环境营造。

2.2.4 婴幼儿照护基本知识

（1）婴幼儿营养与喂养。

（2）婴幼儿睡眠与日常生活习惯。

（3）婴幼儿常见病与预防。

（4）婴幼儿回应性照护。

（5）婴幼儿早期学习及机会创设。

（6）婴幼儿发展及养育环境评估。

2.2.5 婴幼儿安全知识

（1）婴幼儿安全的基本理念。

（2）婴幼儿日常居家与出行安全。

（3）婴幼儿伤害预防。

（4）婴幼儿常见伤害紧急处理。

2.2.6 相关法律、法规知识

（1）《中华人民共和国劳动法》相关知识。

（2）《中华人民共和国母婴保健法》相关知识。

（3）《中华人民共和国未成年人保护法》相关知识。

（4）《中华人民共和国食品安全法》相关知识。

（5）《中华人民共和国妇女权益保障法》相关知识。

（6）《中华人民共和国消防法》相关知识。

（7）《中华人民共和国传染病防治法》相关知识。

（8）《托育机构管理规范（试行）》《托育机构设置标准（试行）》相关知识。

（9）《托儿所幼儿园卫生保健管理办法》相关知识。

（10）《托儿所幼儿园保健工作规范》相关知识。

（11）《托育机构保育指导大纲（试行）》相关知识。

（12）《0～6岁儿童健康管理服务规范》相关知识。

（13）《0～6岁儿童健康管理技术规范》相关知识。

（14）《全国家庭教育指导大纲（修订）》相关知识。

3. 工作要求

本标准对四级/中级工、三级/高级工、二级/技师、一级/高级技师的技能要求和相关知识要求依次递进，高级别涵盖低级别的要求。

（各级别的工作内容和要求及权重表略。）

附录 6　国家职业技能标准——保育师

为规范从业者的从业行为，引导职业教育培训的方向，为职业技能鉴定提供依据，依据《中华人民共和国劳动法》，适应经济社会发展和科技进步的客观需要，立足培育工匠精神和精益求精的敬业风气，人力资源和社会保障部组织有关专家，制定了《保育师国家职业技能标准》(以下简称《标准》)。

一、本标准以《中华人民共和国职业分类大典（2015 年版)》为依据，严格按照《国家职业技能标准编制技术规程（2018 年版)》有关要求，以“职业活动为导向、职业能力为核心”为指导思想，对保育师从业人员的职业活动内容进行规范细致描述，对各等级从业者的技能水平和理论知识水平进行了明确规定。

二、本标准依据有关规定将本职业分为五级 / 初级工、四级 / 中级工、三级 / 高级工、二级 / 技师、一级 / 高级技师五个等级，包括职业概况、基本要求、工作要求、权重表和附录五个方面的内容。本次修订内容主要有以下变化：

——将“保育员”职业名称变更为“保育师”，增加了二级 / 技师和一级 / 高级技师两个职业技能等级。

——依据国家卫生健康委员会《托育机构设置标准（试行)》《托育机构管理规范（试行)》《托育机构保育指导大纲（试行)》，“职业功能”聚焦生活照料、安全健康管理、早期学习支持和合作共育，增加了环境创设职业功能，满足托育机构保育工作不断发展的需要。

——“工作内容”和“技能要求”遵循婴幼儿成长特点和规律，促进婴幼儿身体和心理的全面发展。

三、本标准起草单位有：国家卫生健康委员会能力建设和继续教育中心、清华大学教育研究院、青岛儿童医院、温州大学、武汉大学、河南春苗职业培训学校。主要起草人有：李曼丽、许培斌、宋占美、余立平、程冠三、贾雪、黄振中、宋仙保、周伟、马慧芬。

四、本标准审定单位有：国家卫生健康委员会人口监测与家庭发展司、人力资源和社会保障部职业技能鉴定中心。主要审定人员有：徐轶群、贾成千、郝晓宁、王晓华、池瑾、王翠丽、胡丹、郝颖、张淑一、庄太凤、马菁、杨静文、韩颖、王治芳、王安林。

五、本标准在制定过程中，得到人力资源社会保障部职业能力建设司、人力资源社会保障部职业技能鉴定中心的指导和大力支持，在此一并感谢。

六、本标准业经人力资源社会保障部批准，自公布之日起[①]施行。

保育师国家职业技能标准（2021 年版）

1. 职业概况

1.1 职业名称

保育师

1.2 职业编码

4-10-01-03

1.3 职业定义

在托育机构及其他保育场所中，从事婴幼儿生活照料、安全看护、营养喂养和早期发展工作的人员。

1.4 职业技能等级

本职业共设五个等级，分别为：五级 / 初级工、四级 / 中级工、三级 / 高级工、二级 / 技师、一级 / 高级技师。

1.5 职业环境条件

室内、外，常温。

1.6 职业能力特征

身心健康，人格健全；热爱婴幼儿，认真负责；亲切和蔼，善于沟通；观察敏锐，身体灵活。

1.7 普通受教育程度

高中毕业（或同等学力）。

1.8 培训参考学时[②]

五级 / 初级工不少于 160 标准学时，四级 / 中级工不少于 120 标准学时，三级 / 高级工不少于 80 标准学时，二级 / 技师不少于 80 标准学时，一级 / 高级技师不少于 60 标准学时。

1.9 职业技能鉴定要求

1.9.1 申报条件

具备以下条件之一者，可申报五级 / 初级工：

（1）累计从事本职业或相关职业[③]工作 1 年（含）以上。

---

① 2021 年 12 月 2 日，本《标准》以《人力资源社会保障部办公厅关于颁布网约配送员等 18 个国家职业技能标准的通知》(人社厅发〔2021〕92 号）公布。

② 参考学时：完成本职业等级基本要求和工作要求所需的培训学时数。学时数仅作培训参考，培训单位可据实调整，不与晋级条件挂钩。

③ 相关职业：育婴员、婴幼儿发展引导员、母婴保健技术服务人员、母婴护理员、健康管理师、公共营养师、幼儿教育教师、助产士、儿科护士、儿科医师等。下同。

（2）本职业或相关职业学徒期满。

具备以下条件之一者，可申报四级 / 中级工：

（1）取得本职业或相关职业五级 / 初级工职业资格证书（技能等级证书）后，累计从事本职业或相关职业工作 4 年（含）以上。

（2）累计从事本职业或相关职业工作 6 年（含）以上。

（3）取得技工学校本专业或相关专业毕业证书（含尚未取得毕业证书的在校应届毕业生）；或取得经评估论证、以中级技能为培养目标的中等及以上职业学校本专业或相关专业毕业证书（含尚未取得毕业证书的在校应届毕业生）。①

具备以下条件之一者，可申报三级 / 高级工：

（1）取得本职业或相关职业四级 / 中级工职业资格证书（技能等级证书）后，累计从事本职业或相关职业工作 5 年（含）以上。

（2）取得本职业或相关职业四级 / 中级工职业资格证书（技能等级证书），并具有高级技工学校、技师学院毕业证书（含尚未取得毕业证书的在校应届毕业生）；或取得本职业或相关职业四级 / 中级工职业资格证书（技能等级证书），并具有经评估论证、以高级技能为培养目标的高等职业学校本专业或相关专业毕业证书（含尚未取得毕业证书的在校应届毕业生）。

（3）具有大专本专业或相关专业毕业证书，并取得本职业或相关职业四级 / 中级工职业资格证书（技能等级证书）后，累计从事本职业或相关职业工作 2 年（含）以上。

（4）具有本科及以上本专业或相关专业毕业证书，累计从事本职业或相关职业工作 2 年（含）以上。

具备以下条件之一者，可申报二级 / 技师：

（1）取得本职业或相关职业三级 / 高级工职业资格证书（技能等级证书）后，累计从事本职业或相关职业工作 4 年（含）以上。

（2）取得本职业或相关职业三级 / 高级工职业资格证书（技能等级证书）的高级技工学校、技师学院毕业生，累计从事本职业或相关职业工作 3 年（含）以上；或取得本职业或相关职业预备技师证书的技师学院毕业生，累计从事本职业或相关职业工作 2 年（含）以上。

具备以下条件者，可申报一级 / 高级技师：

---

① 技工学校本专业为婴幼托育，相关专业包括护理、幼儿教育、健康服务与管理、健康与社会照护、公共营养保健、家政服务等。

职业学校本专业包括中等职业教育的婴幼儿托育，高等职业教育专科的婴幼儿托育服务与管理，高等职业教育本科的婴幼儿发展与健康管理等。

职业学校相关专业包括中等职业教育的幼儿保育、母婴照护、护理、中医护理、营养与保健、现代家政服务与管理等；高等职业教育专科的早期教育、学前教育、护理、食品营养与健康、健康管理、医学营养、预防医学、助产、特殊教育、心理健康教育、现代家政服务与管理、心理咨询等；高等职业教育本科的护理、儿童康复治疗、健康管理、学前教育、现代家政管理等，以及普通高等学校本科的教育学类、护理学类、心理学类、公共卫生与预防医学类、儿科学、健康服务与管理、公共事业管理、家政学等。下同。

取得本职业或相关职业二级/技师职业资格证书（技能等级证书）后，累计从事本职业或相关职业工作4年（含）以上。

1.9.2　鉴定方式

分为理论知识考试、技能考核以及综合评审。理论知识考试以笔试、机考等方式为主，主要考核从业人员从事本职业应掌握的基本要求和相关知识要求；技能考核主要采用模拟操作等方式进行，主要考核从业人员从事本职业应具备的技能水平；综合评审主要针对技师和高级技师，通常采取审阅申报材料、答辩等方式进行全面评议和审查。

理论知识考试、技能考核和综合评审均实行百分制，成绩皆达60分（含）以上者为合格。

1.9.3　监考人员、考评人员与考生配比

理论知识考试中的监考人员与考生配比不低于1∶15，且每个考场不少于2名监考人员；技能考核中的考评人员与考生配比1∶5，且考评人员为3人（含）以上单数；综合评审委员为3人（含）以上单数。

1.9.4　鉴定时间

理论知识考试时间不少于90min，技能考核时间不少于30min。综合评审时间不少于30min。

1.9.5　鉴定场所设备

理论知识考试在标准教室或在计算机机房进行；技能考核应配备实操考核所需的场地、玩具以及现场全方位监控和即时录像设备，室内卫生通风良好、光线充足、设施设备齐全；综合评审在小型会议室进行，备有实操模型、全方位监控和即时录像设备、音视频播放设备、投影仪等。

2. 基本要求

2.1　职业道德

2.1.1　职业道德基本知识

2.1.2　职业守则

（1）品德高尚，富有爱心。

（2）敬业奉献，素质优良。

（3）尊重差异，积极回应。

（4）安全健康，科学规范。

2.2　基础知识

2.2.1　婴幼儿生理和心理知识

（1）婴幼儿生理学知识。

（2）婴幼儿心理学知识。

2.2.2　婴幼儿营养、喂养知识

（1）婴幼儿营养知识。

（2）婴幼儿喂养知识。

2.2.3　婴幼儿安全照护知识

（1）婴幼儿伤害预防知识。

（2）婴幼儿急救常识。

2.2.4　婴幼儿常见病和传染病知识

（1）婴幼儿常见病及保健知识。

（2）婴幼儿传染病及预防知识。

2.2.5　相关环境知识

（1）婴幼儿生活环境创设知识。

（2）婴幼儿支持性环境创设知识。

（3）合作共育基本知识。

2.2.6　相关法律、法规知识

（1）《中华人民共和国母婴保健法》相关知识。

（2）《中华人民共和国未成年人保护法》相关知识。

（3）《中华人民共和国食品安全法》相关知识。

（4）《中华人民共和国劳动法》相关知识。

（5）《托儿所、幼儿园卫生保健管理办法》相关知识。

（6）《托育机构设置标准（试行）》相关知识。

（7）《托育机构管理规范（试行）》相关知识。

（8）《托育机构保育指导大纲（试行）》相关知识。

3. 工作要求

本标准对五级 / 初级工、四级 / 中级工、三级 / 高级工、二级 / 技师、一级 / 高级技师的技能要求和相关知识要求依次递进，高级别涵盖低级别的要求。

（各级别的工作内容和要求以及权重表略。）